U0044114

WHO ARE YOU
IN THE TAROT?

生日塔羅
密碼書

一次看懂
人格牌、靈魂牌、陰影牌、流年牌
認識你的天賦與使命

Discover Your Birth and Year Cards and
Uncover Your Destiny

瑪莉·K·格瑞爾〔Mary K. Greer〕/著　Delphin/譯

如何知道自己的「塔羅家族排列」？

1 計算你的**人格牌**

> **步驟** 根據以下公式，算出你的人格牌：

加總：你出生的月份：＿＿＿＿＿＿＿

你出生的日期：＿＿＿＿＿＿＿

你出生的年份：＿＿＿＿＿＿＿

等於：＿＿＿＿＿＿＿

將出生年月日分別加總：＿＿＿＿＋＿＿＿＿＋＿＿＿＿＋＿＿＿＿

＝＿＿＿＿

如果得出數字大於22，就再相加一次：＿＿＿＿＋＿＿＿＿

＝＿＿＿＿

我的人格數字是＿＿＿＿＿

對應此數字的塔羅牌是＿＿＿＿＿＿＿＿＿

【舉例】在此以知名演員布萊德‧彼特的生日1963年12月18日
作為舉例：

月　　　12
日　　　18
年　　＋1963
―――――――――――
　　　　1993

將這些數字分別加總起來：1＋9＋9＋3＝22
所以，布萊德‧彼特的人格數字是22，對應到
第22號塔羅牌「愚者」。

2 計算你的靈魂牌

步驟 ▶ 將你的人格數字相加，即是你的靈魂數字。（若你
的人格數字為1-9，它同時即是你的靈魂數字。）

【舉例】承上例布萊德‧彼特的人格數字為22，
靈魂數字為2＋2＝4，對應到4號塔羅牌
「皇帝」。

3 找出你的**隱藏牌**

步驟 ➤ 計算出你的人格牌和靈魂牌之後，根據下表，即可找到對應的隱藏牌。

隱藏牌表

人格牌和靈魂牌	隱藏（導師）牌
1-1 10-1 19-10-1	10, 19 19 10（導師）
2-2 11-2 20-2	11, 20 20 11
3-3 12-3 21-3	12, 21 21 12
4-4 13-4 22-4	13, 22 22 13
5-5 14-5	14 *
6-6 15-6	15 *
7-7 16-7	16 *
8-8 17-8	17 *
9-9 18-9	18 *

布萊德·彼特 的**人格數字** ⟶ 22

布萊德·彼特 的**靈魂數字** ⟶ 4

布萊德·彼特 的**隱藏牌數字** ⟶ 13

＊介於14和18之間的人格牌是夜間牌，該牌已經包含一些隱藏特質的個性，因此沒有另外的隱藏牌。

【舉例】承上例布萊德‧彼特的人格數字為22，
　　　　靈魂數字4，根據上表，他的隱藏牌是
　　　　第13號塔羅牌「死神」。

4 閱讀專屬於你的**塔羅家族排列章節**

當你算出自己的人格牌和靈魂牌之後，即可找到你的隱藏牌，由
此可知道你的塔羅家族排列，並且閱讀專屬於你的章節，詳細解
說你的牌所代表的意義。整理如下：

你的人格牌和靈魂牌	請閱讀專屬於你的章節
1-1、10-1、19-10-1	第 5 章「魔術師」
2-2、11-2、20-2	第 6 章「女祭師」
3-3、12-3、21-3	第 7 章「皇　后」
4-4、13-4、22-4	第 8 章「皇　帝」
5-5、14-5	第 9 章「教　皇」
6-6、15-6	第10章「戀　人」
7-7、16-7	第11章「戰　車」
8-8、17-8	第12章「力　量」
9-9、18-9	第13章「隱　者」

5 計算你的**流年牌**

步驟 ▶ 根據以下公式，算出你的流年牌：

你的出生月　＿＿＿＿＿

你的出生日　＿＿＿＿＿

今年年份　＋＿＿＿＿＿

加總　　　　＿＿＿＿＿

＿＿＋＿＿＋＿＿＋＿＿＝＿＿＿＿＿（年份數）

今年是西元 ＿＿＿＿＿ 年，我的流年數字是 ＿＿＿＿＿，

對應到塔羅牌的：＿＿＿＿＿＿＿＿＿＿

【舉例】布萊德·彼特的生日是 12 月 18 日：

出生月	12
出生日	18
今年	＋2016
	2046

流年數字是：2＋0＋4＋6＝12

對應到第 12 號塔羅儀牌「吊人」。

【解釋你的流年牌意義】

★流年牌是「魔術師」（1號牌）：請閱讀第264頁。

★流年牌是「女祭司」（2號牌）：請閱讀第265頁。

★流年牌是「皇后」（3號牌）：請閱讀第266頁。

★流年牌是「皇帝」（4號牌）：請閱讀第267頁。

★流年牌是「教皇」（5號牌）：請閱讀第268頁。

★流年牌是「戀人」（6號牌）：請閱讀第269頁。

★流年牌是「戰車」（7號牌）：請閱讀第270頁。

★流年牌是「力量」（8號牌）：請閱讀第271頁。

★流年牌是「隱者」（9號牌）：請閱讀第273頁。

★流年牌是「命運之輪」（10號牌）：請閱讀第274頁。

★流年牌是「正義」（11號牌）：請閱讀第275頁。

★流年牌是「吊人」（12號牌）：請閱讀第277頁。

★流年牌是「死神」（13號牌）：請閱讀第278頁。

★流年牌是「節制」（14號牌）：請閱讀第279頁。

★流年牌是「惡魔」（15號牌）：請閱讀第280頁。

★流年牌是「塔」（16號牌）：請閱讀第281頁。

★流年牌是「星星」（17號牌）：請閱讀第282頁。

★流年牌是「月亮」（18號牌）：請閱讀第283頁。

★流年牌是「太陽」（19號牌）：請閱讀第284頁。

★流年牌是「審判」（20號牌）：請閱讀第285頁。

★流年牌是「世界」（21號牌）：請閱讀第285頁。

★流年牌是「愚者」（22號牌）：請閱讀第286頁。

推薦《生日塔羅密碼書》

瑪莉・K・格瑞爾邀請你進入塔羅的內在寶藏，以你已經擁有的珍寶來裝扮你自己。這是給所有塔羅愛好者的驚人寶庫。

> ——凱特琳・馬修（Caitlín Matthews），《亞瑟王塔羅牌》（*The Arthurian Tarot*）作者

瑪莉・K・格瑞爾再次對塔羅領域做出重大貢獻。她的作品永遠易於理解、實用、激發靈感且受人歡迎。她是傑出的教師，以及塔羅象徵學的實踐者。

> ——安哲莉・亞立恩（Angeles Arrien），人類學者，
> 《塔羅手冊：實際應用古代視覺象徵》
> （*The Tarot Handbook: Practical Applications of Ancient Visual Symbols*）作者

瑪莉・K・格瑞爾把塔羅帶到一個新的理解與應用層次，所有重要的人物原型都在我們之內。當你在智慧之徑敦促自己時，這部作品是了解你自身的極佳機會，最終體現你的完美原型。

> ——詹姆斯・華勒斯（James Wanless, PhD）
> 「領航者塔羅牌」（The Voyager Tarot）創作者
> 和《偉大神諭之路》（*Way of the Great Oracle*）作者

瑪莉・K・格瑞爾在塔羅中對人們「生命家族」的精闢探索，引領我們深深地進入塔羅牌的世界，如此我們便能發現自己。密切地運用我們的生日牌，我們不只是設定一連串的架構，更是與人生的可能性創造鮮明的對話。

> ——瑞秋・波拉克（Rachel Pollack），《塔羅智慧》（*Tarot Wisdom*）作者

《生日塔羅密碼書》是對塔羅出色洞見的深度探索。此書對所有程度的塔羅研究倡導者是寶貴的資料來源。我相當享受沿著這趟旅行所點綴的整個迷人練習。書中也有便於使用的牌陣、圖表和清單能夠簡易對照。好極了，格瑞爾女士，你再次地提升了塔羅文學。

> ——南希・安特努奇（Nancy Antenucci），《通靈塔羅牌》（*Psychic Tarot*）作者

《生日塔羅密碼書》是充滿力量的靈魂探索！瑪莉‧K‧格瑞爾身為我們這個時代最傑出的塔羅先驅，在超過四十年的服務後，她持續以思想和技巧鍛造，使每個人能更親近塔羅。了解你的個人塔羅曼陀羅──你的人格藍圖和直覺模式，影響到一個人對情境如何非常本能地反應──這樣，你便可以更好地理解每一天你為何對情境有反應、並創造情境。在經驗中找到意義，開始了解心靈，並且在意識層次與靈魂交互作用，可以改變你對當下的態度，如此一來，你就可以創造更好的明天。

——唐納莉‧德拉羅西（Donnaleigh de LaRose），教育塔羅廣播電台主持人

藉由瑪莉‧K‧格瑞爾的這部作品，在塔羅牌牌組中找到你自己，是簡單又有趣的事。只需幾個簡單步驟，你會蒐集到對自己人格的新洞見，也會發現有用的資訊可以加進你的塔羅解讀中。瑪莉的系統不僅僅具有娛樂性，其精確度也令人大為驚奇。她的解說、學術成就以及歷史觀念，帶給潘蜜拉‧史密斯（Pamela Colman Smith，塔羅牌繪圖者）永恆的圖像，以及塔羅精髓的新生命。無論你正成為一個塔羅狂熱者或是經驗豐富的專家，瑪莉的專業引導會幫助你達成作夢也想不到的連結。

——柯琳‧肯納（Corrine Kenner），《塔羅與占星》（Tarot and Astrology）、
《用塔羅開啟創意寫作之路》（Tarot for Writers）、《巫師塔羅》（Wizards Tarot）作者

在《塔羅家族排列》（Tarot Constellations）的傑出昂揚中，瑪莉‧K‧格瑞爾提供容易理解的工具書，將你的完整自我置於塔羅裡。基於你的名字與出生資訊提供一系列工具，透過靈數學，對應占星學，這本書將塔羅契入你的人生之中。我自己的塔羅家族排列複本已經因為使用與對照而磨損變薄，我期待《生日塔羅密碼書》同樣帶給你滿滿的收穫。

——馬庫斯‧克茲（Marcus Katz），《塔羅學》（Tarosophy）作者，
「專業塔羅」（Tarot Professionals）的聯席董事與www.Tarot-Town.com的共同創辦人，
這個社交網路是給那些純粹喜愛塔羅的人

無論我什麼時候教塔羅，我都喜歡向新學生介紹瑪莉‧K‧格瑞爾的系統，讓他們了解自己的個人牌，像是他們的人格牌、靈魂牌與流年牌。這能馬上令塔

羅牌以熟悉的方式為他們活了起來。我們已經等待《生日塔羅密碼書》好久了！無論我們是塔羅初學者或老手，這個受到鍾愛的經典之作延伸版將會協助我們更深入地探索我們個人的命運。

——喬安娜・波渥・寇伯特（Joanna Powell Colbert），
「蓋亞塔羅牌」（Gaian Tarot）創作者

瑪莉・K・格瑞爾是塔羅學者和具有天賦的占卜師。在這本書中，她簡化你的生日和名字，進一步運用靈數學，不僅是運用一個數字，而是一連串數字，或是塔羅家族排列，道出你的命運或人生方向。在承認這份努力非理性的特質時，她有足夠智慧辨認出這不合邏輯之處實際上便是其力量。它形成的這個系統與塔羅家族排列，允許我們跨越孤單，藉由世界的靈魂決定的人生途徑，而不僅僅是我們的自我，來看見我們是宇宙整體的一份子。

——羅伯・M・布雷斯（Robert M. Place），
《塔羅：歷史、象徵主義和占卜》（*The Tarot: History, Symbolism, and Divination*）作者，
以及「煉金術士塔羅牌」（The Alchemical Tarot）創作者

在過去十年，瑪莉・K・格瑞爾已經在我們時代的塔羅主流作家與教師中建立良好的聲譽，成為其中一位傑出的人物，她的努力將會為下一個世代定義塔羅。她以一種深深根植於傳統塔羅知識、但是令人吃驚的新方向建立出的方式，來探索被忽略的維度。高度推薦。

——約翰・麥可・格瑞爾（John Michael Greer），
《探地術的藝術與實踐》（*The Art and Practice of Geomancy*）作者

紀念我的父母

麗塔・愛麗絲・威斯特・格瑞爾（Rita Alice West Greer）

以及約翰・寇斯・格瑞爾（John Cox Greer）

他們鼓勵我遵循我自己的命運

Contents 目錄

【推薦序】
簡明、快速、有效查閱你的人生地圖

　　由於這本書的使用方式，在「譯者序」中已經寫得很清楚了，那我就來跟大家聊聊這本書在我眼中的特色。

　　一般以來，西洋占星命盤就跟東方的四柱八字、紫微斗數類似，屬於拿來觀看你一生起落及興衰的「地圖」，比較是用推算的方式來解析的；而塔羅牌呢？就類似東方的《易經》，要有一個明確的問題點以及範圍，才可以從塔羅牌中或卦象中看到細節。

　　所以，例如你想看你的婚姻運，哪一年會遇到正緣或桃花？對方具有什麼特質？是在什麼樣的場合中遇到的？這要看西洋占星；但萬一命盤中顯示的特質，今年出現了三個具有這項特質的人在你面前，那麼你的對象到底是誰呢？這種細節式的部分，就要用塔羅牌來看了。

　　這本書的運用非常方便，它能夠把你的出生年月日，換算成一組塔羅牌，甚至可以觀看流年，這對很想了解自己的人是一大福音。因為並不是每個人都對自己的出生時間很清楚（西洋占星的星盤設定，詳細要知道自己是幾點幾分出生的），加上各元素的相位生剋、換算，實在並非很容易入門；而東方的八字、紫微斗數，也不是短時間內就可以精通的。但只要運用這本書中的方式，就可以簡明、快速、有效的觀看到自己人生大略的方向；雖然比起真正的命盤，細緻度仍然有差異，但我一直相信，命盤的準確度和精確度有多少，真正的重點在於人，不在於這個工具。

　　這本書中的塔羅牌相關知識多到令人驚喜，雖然我不是太過學術

型的塔羅師，但是看到這些故事、用意被抽絲剝繭出來，仍然看得津津有味。尤其是托特牌的「調整」（等同於「正義」）是8號，而「慾」（等同於「力量」）是11號，由於偉特不解釋，所以他把兩張牌的順序這樣調換，很多人有許多的揣摩，在這本書中，總算給我們一個比較具體的方向了。

希望這本書能帶給大家更多塔羅牌的知識，以及活用的方法，讓你們更能享受塔羅牌帶來的樂趣和神奇。

天空為限

知名占星師，《藏在塔羅裡的占卜符碼》、《奧修禪卡占卜書》作者

【譯者序】

不必懂塔羅，就能立即使用的塔羅書

　　我最初接觸瑪莉·K·格瑞爾老師的作品，來自於她的中文翻譯著作，但讓我下定決心研讀《生日塔羅密碼書》，是因爲很好奇她會怎麼詮釋八號牌與十一號牌之間的愛恨情仇。

　　熟習塔羅牌的老手都曉得，托特塔羅牌與偉特塔羅牌對八號牌和十一號牌的定義是相反的，托特牌的八號是正義，但是偉特牌的八號是力量，若是加上了靈數學，到底應該相信誰呢？這一點，也是格瑞爾撰寫本書時再三思量的議題，而在她其餘的著作，並沒有特別細究八號牌與十一號牌之間，對於塔羅粉絲而言，這可是千古不解之謎。

　　格瑞爾是資深的塔羅教師，加上曾經在大學任教職員，所以對於塔羅的研究態度就像學術一般，如果閱覽她的部落格，你可以發現她上知天文、下知地理，不僅僅是塔羅牌的牌陣，連歷史探究皆能一一數算，毫不馬虎，這也是促使我想要研讀這本書的理由之一。

　　經過了一年的反覆研讀，我大膽跟出版社推薦此書，坊間的塔羅基礎書籍已經不勝枚舉，我希望能爲中文地區增添進階的探討書。當初編輯跟我見面討論時，原本預期我會帶著一副塔羅牌作示範，沒想到我什麼都沒帶，便問我怎麼沒有帶塔羅牌呢？我記得那時候我聳聳肩說：「因爲，這是一本不需要塔羅牌就可以馬上用的書啊！」

　　其實我這句話說得太早了，如果你需要加上後面的宮廷牌與牌陣，手中有副塔羅牌比較妥當，這副牌不但可以爲塔羅老手帶來新理解，也可以讓對塔羅有興趣的新朋友快速地喜歡上塔羅牌與靈數，只要你有出生年月日資料，會算數學，有這本書便是如虎添翼。

　　我喜愛這本書還有一個理由，就是格瑞爾老師以靈數對應塔羅牌數字多年，在身邊的人與學生、客戶印證靈數跟塔羅、人格之間的關係，它是經過反覆實驗與觀察而來的結果，不是全憑靈感和直覺，可信度極高，可以讓害怕解錯的朋友放下恐懼，盡情享受解讀塔羅牌的快樂。

　　爲了方便大家閱讀時快速理解，我將在此做個簡單的導讀。

關於「靈魂牌」與「人格牌」

　　在塔羅與靈數的對應公式中，最重要的是「靈魂牌」與「人格牌」的算法，靈魂牌介於1至9號牌之間，它代表著一個人的靈魂特質；人格牌則是他的外在形象，其實在書中，格瑞爾老師也有以拼音名字計算出的外在形象牌，我個人認爲這種計算方式比較偏向靈數學計算姓名時的用法，不是純粹的塔羅分類。

　　隨著星座研究熱潮興起，許多人已經知道什麼是太陽星座、月亮星座，打個比方，「人格牌」就像是太陽星座，「靈魂牌」則是月亮星座，人格牌是很容易被看見的特質，靈魂牌則是私下相處久了才會理解的特質。

生命靈數與塔羅牌的關係

　　本書的數字牌並不對應性格／特質，數字牌是「當四元素遇到靈數會有的化學反應」，比如某人生日加總起來是純8號人，「靈魂牌」跟「人格牌」都是力量，那他去按圖索驥時發現有四張數字牌都跟8有關，這時你找到的權杖八、金幣八、寶劍八和聖杯八是代表8的能量跟四種元素結合時，會呈現的感覺。跟你是不是8號人沒有直接關係，作者在對數字牌方面的解釋，是指在抽牌問一般性問題時（比如

戀愛、工作等等），若抽到8號牌，她會認定是怎樣的解釋。

數字牌和星座的分組

在書中，所有的一號牌都沒有對應星座，因為作者認為一號牌代表該元素能量的起始，數字從小到大，有點像是我們開車會有加速的力道一樣，數字愈大，力道愈強，到了最高速，你一定要減速或轉成其他的模式，所以最高速會用變動星座代表，而不是固定星座，變動星座就代表到了該轉變做事情的階段了。

她的分法是：
數字2～4是基本宮（白羊、巨蟹、天秤、摩羯）
數字5～7是固定宮（金牛、獅子、天蠍、水瓶）
數字8～10是變動宮（雙子、處女、射手、雙魚）

比如你是火象獅子座，那你可以找到權杖4～6都跟你的生日有關係，但是你在數字8那一章節就會找不到你的星座，書中對於數字牌的詮釋比較適用在實際占卜上，而非人格解讀。

英文姓名所對應的塔羅牌

在中文的世界，大部分的人名字是兩個字或三個字，很少人像西方人的名字那麼多音節，那我們該怎麼應用姓名牌呢？我建議可以使用護照上的拼音，因為它是在正式文件上出現的名字，在能量上影響一個人的程度最大。若你有暱稱、筆名、綽號，使用時沒加上姓氏，在傳統的姓名學上能量結構便比較不完整。

生命靈數與宮廷牌

除了大秘儀和數字牌外，作者在本書也加進了宮廷牌的詮釋。宮廷牌沒有序號，但是有位階的排序，宮廷牌是四元素的混搭，它可以是某種特質，也可以是某個情境，不一定跟人物角色有直接關係。

如果說「靈魂牌」是你的本質，「人格牌」是別人對你的觀感，那麼宮廷牌就是你在不同場合所穿戴的戲服、面具。本書提到宮廷牌的段落，比較適合手邊有塔羅牌而想要一試身手的朋友。

不需要用到塔羅牌的塔羅書

這是截至目前為止，格瑞爾老師最得我心的一本書，因為它幾乎不需要用到塔羅牌，只要你想的話，隨手帶著這一本書參加同學會或好友聚會，馬上就可以拿出來一起同樂，互相討論彼此的人格牌、靈魂牌、流年牌，還可以同場加映，加入你的親朋好友、伴侶、心上人、偶像的生日資料，想從早上討論到天黑都絕對沒問題。

我覺得這本書是初階、進階兩相宜的塔羅書，簡單易懂，而且具有實證精神，格瑞爾老師尤其強調不要盡信書，自己可以寫筆記查資料，相信各位讀完這本書之後，解讀塔羅牌的功力會更上一層樓喔！

【導讀】
你希望從這本書學到什麼？

　　本書的教學包括兩個主要內容：一個是關注你的本質，另一個則是聚焦在塔羅的本質上。

1. 你是由許多面向或不同的特質所構成的人格。每一個部分都有自己的能力和才能，一旦你能辨認出它們，你便能輕易地發揮潛能。了解這些最能代表你的牌，可以讓你認識這些特質，並且能給你更多的選擇，使你在這個世界上可以採取有效並且有價值的行動。本書也能增進你的同理心，使你理解其他人的天性和你有何不同。
2. 塔羅可以用不同的模式去組織架構，好讓人研究或理解。塔羅的序列則特別在數字邏輯上，使牌卡從一至九皆能反映靈數學相似之處。結果就是按照九個核心原則，使你用強而有力的方式去運用塔羅描繪出來的課題與人生機會。

原始的版本

　　1981年我在研究了十四年塔羅、教了七年塔羅之後，開始應用自我教育技巧來撰寫塔羅書，強調個人成長與深刻的自我理解。此時，我在學院和舊金山的加州新學院擔任教職員，那是我任教十一年的一所學院，而我主持「獨立研究」。我也正在做些經驗導向方法的研究論文，以及右腦的工作，亦即考試教育。這個學院的座右銘是「學習如何學習」，其核心方法是遵從蘇格拉底，那就意味著教師的任務就是提問題和教學生如何問問題。身為塔羅占卜師、教師以及作

家，這些態度就成爲我工作的核心。

《生日塔羅密碼書》是我第二本著作《塔羅家族排列》（*Tarot Constellation*, 1987）的延伸修訂版，我以無比熱情的懇求展開那本書：

> 你是自己的老師。在這裡的所有規範都是用來被打破的。請質疑我所說的一切，不要接受任何內容，直到本書引領你至你可以理解到的結果爲止。當你瀏覽本書，釐清你的意圖，和塔羅一起工作，捫心自問：你想要從這本書學到什麼？

我依然支持打破規則（當常識也支持這麼做的時候），以便能夠學習值得保留下來的規則。塔羅這工作以豐富多樣化的型態呈現，你會看到以非理性的技巧去決定對你而言有意義的牌卡。在這些牌裡，從認識人格牌意義的過程中，你能快速建立塔羅和你之間的獨特關係。這些人格牌成爲你的朋友，引導你、協助你與塔羅中的其他牌連結，並且在你的經驗中找到意義。當你繼續探索朋友、家人和客戶的人格牌，你會開始感激人們用不同的方式去面對人生，在可能產生迷惘或挫折之前，能令你生起同理心與理解。

無論是透過你的出生、姓名牌或人格特質，和特定牌卡對應的相似之處，是一種奧妙，而且在意象上也非常重要。「奧妙」（esoteric）的意思是「在其中」，指涉到不清楚、不可解或是神祕的事，也因爲如此，這些事情無法用理性、科學的頭腦去思考。至於「意象」（imaginally）這個字，我所說的乃是內在、塞滿情緒象徵和能激發你的行動的影像，並且爲人生帶來意義。這本書提供一個象徵上或神話

上的方法，而不是科學途徑所給予這個世界和你的心靈的事物。這些相似之處幫助你去探索那些能啓發你、激勵你與挑戰你的事物，但它們必須是眞的對你有助益，這些技巧才能跟你一起合作。所以請你實踐這些技巧，賦予它們意義，運用有效的部分，並將沒效益的部分捨棄。

塔羅和你的命運

　　這本書很大部分是奠基於你在陽曆上出生的日子這樣的概念。它的能量能與你的身、心、靈，或你的高等意識所選擇在特定人生發展的事物上和諧一致。這股能量是基於西方文化的曆法跟歷史的時間線，並藉由你的生日來加以描繪。更有甚者，你也是以這樣的方式被命名，與你的家人、文化和血脈相連結。爲了要創造大部分的資料，我建議你先假設有一組神奇的心智——有個「偉大的你」或是高我，選擇那些能夠成功承接你靈魂目標的條件。你的命運就是去實踐你的這些最佳能力，發揮潛能——無論你是否認識代表命運的那張牌也是如此。這樣的假設或許有些爭論，但就價值的方向上、就同理地了解你自己和別人的面向上，你可能會發現這樣的作爲「好像」眞的可以帶來龐大的助益。

　　靈數學上咸認定塔羅牌提供一組視覺工具，來確認你透過生日和姓名所設定的潛能，以及容易犯的錯誤。它們提供一種方法可以去檢視、甚至讓你跟那股能量溝通，所以你得以知道你何時或如何務實地活在世界上。

　　塔羅牌與來自你個人的曼陀羅：你的生日、姓名，連結在一起——那是你的個人命運模式。即使你的命運也註記在你的出生星盤上，或是以傳統靈數學的方法計算得出來，但這些預知的方法沒有一

項能讓你與圖像的力量一起工作，因為每一個部分都能以一千個文字表達，然後說出一千則故事。唯有塔羅能引領你接觸個人的力量象徵，你可以和這個象徵對話，並請求實踐最高天命的指引。

塔羅有七十八張牌，通常分成三個部分：

★二十二張大秘儀，或是王牌或關鍵牌
★四十張數字牌或點陣牌（Pip Cards）
★十六張宮廷牌或人物牌

數字牌和宮廷牌結合在一起的時候稱之為小秘儀，它們都被分成四組，代表四種元素：

權杖＝火元素　聖杯＝水元素　寶劍＝風元素　金幣＝土元素

這本書強調的是九組「塔羅序列」的區隔，這些序列組都有相應的原則（見第一章）。

8號牌與11號牌的爭議，以及星座對應之處

由於本書的基礎大多來自於牌卡的數字，因此我必須面對關於力量牌和正義牌的兩難困境。傳統上，在歐洲大陸的牌組是十七世紀經典馬賽塔羅牌的縮影，正義牌是數字8，力量牌是數字11。然而，早期的塔羅牌有幾個在數字串連上的差異，包括有組早期的木刻塔羅牌中，力量牌與正義牌都是數字8。❶

1910年，神祕學學者亞瑟‧愛德華‧偉特（Arthur Edward Waite）出版了一組由神祕學組織成員潘蜜拉‧柯曼‧史密斯

（Pamela Colman Smith）設計的新塔羅牌，創造了塔羅的歷史，而在這副塔羅牌中，力量牌跟正義牌對調了。在偉特塔羅牌裡，力量牌是數字8，正義牌是數字11。這是根據「黃金晨曦會」（Golden Dawn）的煉金術核心當中的一個祕密，這副牌有希伯來文字母、占星符號和對應的數字（大家都知道星座跟數字學相對應），像是力量牌就和獅子座相應，正義牌和天秤座相應。

今日兩個數字系統都是常識，這需要每一位新的塔羅作家、牌卡設計師以及使用者去創造他們的8號牌與11號牌選擇。當我們以靈數學系統運用塔羅時，靈數與塔羅概念就變得不可或缺。我的觀察是，無論你選擇哪個靈數學系統，你先學到的那個系統會烙印在腦海中難以擺脫。況且，如同神祕學作家蓋雷斯‧奈特（Gareth Knight）在他的書《意象之屋的寶藏》（*The Treasure House of Images*）建議的，也許所有的秩序都限制了塔羅的可能性。

在書末的「附錄一」裡，我仔細地探討了「8號牌與11號牌爭議」的歷史、功能以及人格面向，還有這兩個系統為什麼是有用的。同時，這本書使用偉特或是黃金晨曦的靈數學系統，力量牌是數字8，正義牌是數字11，因為少見的牌卡建議適用於歐陸風格的牌組。請自在地適應、調整成合適的用法。

同樣地，所有占星對應牌卡都是基於黃金晨曦會的傳統煉金術排序，因此，塔羅牌會對應到克勞利／哈利斯（Crowley / Harris）、偉特／史密斯（Waite / Smith），以及保羅‧佛斯特‧凱斯（Paul Foster Case）。

如何運用這本書

拍下你想要重複使用的任何圖表。寫在書上，我也建議寫一本塔

羅筆記本或是日誌。你可以使用空白本子、三環打洞的本子、一部電腦或是紙本的檔案資料夾，或者是結合上述所提的做筆記方式。一個具有彈性的格式就是允許你可以在增加知識和研究興致時，在自己的筆記裡加註延伸內容，之後一本可愛的日誌便能夠提供滿意與感激的感受。或者，你可以使用紙本的日誌寫下對話，電腦日誌則剪貼你想要註記的內容。對一個人有用的內容，對另一個人來說卻未必是必要的。請你考慮以下內容：

★牌義理解和關聯

★你的個人象徵字典

★塔羅相關圖像、素描、音樂或是箴言

★探索與比較不同的牌組

★牌陣的伸展與設計

★為自己或別人做解讀的內容

★對話、流程、靜心冥想和牌卡曼陀羅

★家庭與朋友的人生牌組

★你的流年牌圖表和對它的觀察

網路和雲端電腦提供很多選擇可以創造個人的日誌，很容易加上圖片、影片、音效，將網站連結加到對你有幫助的資源中。舉例來說，部落格可以設定成公開、私人或是只有會員可以閱讀，並且連結到社交網絡——只要你想要就可以連上去。你可以在任何地方進入自己的線上日誌，並且只分享自己想要分享的部分。然而，在網路上公開的任何有關版權的資訊都要小心，不是你使用別人的作品，就是其他人侵犯了你的權利。

即使這本書是設計成讓你獨自使用，你仍可以透過與他人交流而進步神速。找到一位塔羅學伴或是組織一個塔羅研究社團。你也會在網路塔羅牌論壇上找到討論串和研究社團，適用於許多在這裡討論的步驟。你沒有理由在塔羅之路上踽踽獨行，或者認為唯有筆者或是其他作者才是你唯一的資訊來源。

第二章包含了幾個你可以用來探索個人生命的重要經歷和你的流年牌，或實際上任何的塔羅牌都能適用的步驟。

如果你願意的話，跳到第三章去計算你的人生牌。只要章節的順序提供了工具、方法與概念，綜觀而言，本書應該被視為一個有彈性的資源。請按照次序來閱讀你最感興趣的段落。

探索你的人生牌

在運用任何心理學類別的系統時，你需要去問：這本書告訴我，我是怎樣的人？我如何運用這份資訊？當我第一次撰寫《塔羅家族排列》一書，這些年來，我已經非正式地研究人們和他們生日牌之間的關係。我鼓勵你們也這麼做，然後，為了這個理由，我也列出了落入不同靈數序列的名人清單，提供你們去探索。

我發現人生牌對一個人的公眾人格面貌、生涯與成功的能力，或者是他們在專業領域的革命者身分沒有什麼關係——最主要的原因是他們都很有名。所以你會需要查看他們在大名鼎鼎的假象之外，私底下是什麼樣子。其真實的面貌和一些傾向，看起來浮現在我編織出的牌卡描述之中。但是，人生牌的大部分牌卡描述來自於我從朋友、家人、學生、客戶，以及在這個主題上我已經探究的其他塔羅專家。

他們的塔羅序列看起來是在描述他們持續對抗的課題，以及難以察覺的內在本質驅策並激發了他們的選擇和行為。

　　人生牌似乎描述個人持續面對的人生功課類型以及細微的內在迫切要求，促使他們做選擇和行動。

　　所以，如果一個人的靈魂並非工作、努力的範疇、外在的天賦，或是一連串的成就，那麼它是什麼？它似乎是跟從內在的強烈衝動、嚮往、疑問以及需要，而不管它帶領你到何處，你都能夠按照這種途徑從它身上學習到一切。那是一股潛伏的力量或是驅力，讓人們在一切事物和個人互動上賦予意義，跟他們的經驗同樣深具意涵與自我實現。

　　我列出的大多數年輕名流是超人氣的名人和網路企業家，因為這些是我們最為熟稔的名字。我們所熟知的他們，太常被背後的媒體以虛構、聳人聽聞的手法捏造，並且謹慎地操縱。他們的公眾人格可能只有一點點像是他們真正的樣子。我之所以在這邊列出他們的名字，是為了激勵你去探尋自己。

　　為了從這份名人清單上有所獲得，你需要研究並找到他們最真誠的表達──自傳的引文揭露出什麼能真正打動他們，他們真正相信的是什麼，什麼令他們掙扎，以及什麼是他們所支持的。這並非你表面上所看到的，而是隱藏在表相底下的事物。尋找激發和驅策一個人終其一生的主題。任憑人生盛衰起伏，什麼歌曲最能表達作曲者真正的感受？什麼事物是一位富有革新精神的建築師或製片總是在竭力完成的？什麼情況呈現了他們最大的挑戰？他們相信什麼？什麼事情既能支持一個人，亦能驅使他或她去行動？當你發現這些核心主題時，問問你自身是否也正經歷類似的事件。

　　然後你會發現到，了解人生牌的最佳材料就是驗證它們對你及你所認識的人如何發揮作用。

1

塔羅家族排列、原則、原型和信仰

你將透過這本書的引領，展開一趟旅程。這是一趟綴以被我稱作「塔羅家族排列」的魔幻之旅。西元前六百年，一群古迦勒底人（觀星家）首次將我們凝視的夜空宇宙做了有意義的分類。在西方，我們將這些分類視為星座，並以神話裡的人物、動物或神器來命名，且以流傳關於這些人物的故事，當作生命目的和意義的指引。同樣地，塔羅牌是前人進化意識並傳遞給我們的另一個地圖，我們透過地圖規劃本我（Self）的旅程。一個半神祕學的哲學家赫密斯·崔斯墨吉斯特（Hermes Trismegistus），描述內宇宙和外宇宙的關係如下：

在上如在下，在下如在上，都能窺見同一件事。

這是所謂的「赫密斯箴言」，這句話不僅是所有煉金術和抽象哲學的中心，也是了解如塔羅牌等的符號使用的關鍵。

但是要考慮到天文學和占星學裡的星座，實際上並非同一個恆星系統；天文學的行星是以我們這個被稱為「地球」的平台為基點，接收距離較近的或距離更為遙遠的、投射給地球的一小叢光點組合。因為我們內心對個人意義的需求，在整個人類歷史裡，我們藉由夜空中複雜的格局和圖案投射自己的意識。儘管如此，這些意識卻是完全有用的：當我們凝視著星星，我們便更認識自己。正如作家喬瑟夫·奇爾登·皮爾斯（Joseph Chilton Pearce）說得好：「人的頭腦反映一個宇宙，而這宇宙反映著人的心靈。」❷

塔羅家族排列和九大基本原則

根據《美國傳統詞典》（*American Heritage Dictionary*），排列（constellation）意指那些「一群特有目標物、屬性或個體的編組」，

尤其具有「結構性或系統性」。在你的生活中，任何時間發生的多數事件或引起你關注的事都是「排列」，或聚集在某些特定的核心議題上打轉。你身上這些聚焦在某些核心的特質則會影響你的行為，也定義了你的人格個性。

占卜中的塔羅牌會反映你目前聚焦的議題，不論是內部的還是外部的。這些塔羅牌的排列會對於同一主題產生不同強度的共鳴，塔羅牌中的星座涵義也會針對同一主題提供不同視野。如果塔羅牌對你遇到的生活狀況描述得愈貼切，你遇到的核心議題或困境都會愈持續投射其本身的意義在外部事件，直到解決了你的核心問題。在塔羅牌陣會聚焦成好幾個不同屬性。就像在蒼穹上的星座是用線條畫出圖案來定義、用故事來詮釋，塔羅牌陣則用圖畫和故事來詮釋你。因此，牌陣也會根據事件元素的集合來詮釋你目前碰到的狀況。

對我們更重要的原則是九組塔羅數字排列，是由大秘儀牌和同樣有基本數字1到9的小秘儀牌所組成（宮廷牌或人物牌則不在此限）。這九組塔羅牌數字薈萃、集合了約莫九個基本原則。大秘儀牌分成九個類似的小組，稱為「卡巴拉的九個密室」（The Qabalah of Nine Chambers）（請見附錄二），出自麥克逵格・馬瑟斯（MacGregor Mathers）和阿萊斯特・克勞利（Aleister Crowley）這兩位黃金晨曦會成員的相關著作，它融合了兩個影響現今甚鉅的牌組：偉特體系和托特體系塔羅牌。

塔羅家族排列的崛起

1978年，在教導克勞利托特塔羅牌的安哲莉・亞立恩的介紹下，我第一次接觸塔羅家族排列的概念。安哲莉分享自己如何在某一個晚上，將塔羅牌的大秘儀牌和小秘儀牌依照數字的概念分類：所有

的1號和所有的2號歸為一組，以此類推。接著，她將所有十位數以上的數字加在一起，例如：17是1＋7＝8，所以第17號牌歸類在8號那一組。以此類推。

她正要規劃這些分組成一系統時，電話響了，是曾經參與她在伊色冷研究所帶領工作坊的喬瑟夫・坎伯（Joseph Campbell）來電。這位神話學和符號學的權威，對於他最近發現的事實感到非常興奮——他發現排列組合不只是星象與星座的事，這樣的分類格局在我們的生活中隨處可見。安哲莉說，當時她站著聽坎伯說話，並看著她剛剛放在地上分組的塔羅牌時，她看出了「塔羅家族排列」。這些屬於你自己、具排列性的部分決定了你的人格個性，進而造就個人的命運格局，成為激勵你、引導你人生的主要力量。

表1：塔羅家族排列的九大原則

原則1：意志和專注的意識

原則2：由直覺式覺察力而來的平衡判斷

原則3：愛和創意想像力

原則4：生命原力和權利的體現

原則5：教導和學習

原則6：關係和選擇

原則7：掌握改變

原則8：勇氣和自尊

原則9：反省和人格整合

在占卜中使用人生牌

想像你正接受一場塔羅諮詢。我（甚至在知道你的問題前）以塔羅家族排列法為開頭，由你的生日算出你的人格牌、隱藏牌、還有你的流年牌。這些都會在之後詳細解說。

從你的人格牌和靈魂牌的訊息，我可以得知在占卜中該如何與你溝通。這一層的認識，將會使我調整對每張牌或是部分領域的解讀，或者是強調重點與否。這些不同個性的牌也能建議你該如何完美地聆聽占卜的涵義。

在這段描述你基本個性特質和生命課題的過程中，我將直接洞察你的潛在可能性和發展價值。你將極可能發現自己跟這些基本資訊產生共鳴，並且確定自己行為模式的原因。舉例來說，如果戰車牌同時是你的人格牌和靈魂牌，你便會自然而然地保護你的內在感受，你不僅隱藏在虛張聲勢的面具背後、假裝成另一個人，也同時躲在一個你自己打造的庇護所裡。儘管如此，在你明白你是多麼需要它時，這間庇護所終將毀損。身為戰車牌的你，若當前的生活動盪不安，我們便需要檢視：你是否正從限制住你自己的那些老舊陳腐枷鎖中掙脫出來？

因此，甚至在一場真正的占卜開始前，對於發生在生活裡的事，你已經握有一些洞見，不僅覺察到「內容」，也注意到「原因」。特別是當你問到「為什麼我『總是』遇到這種事？」時，這洞見顯得更為中肯。事件的重複發生往往可以追本溯源，從你的人格牌、靈魂牌和隱藏牌看出此生的原本課題，告訴你問題的答案——你要從中學習什麼？在同一塔羅家族排列的小秘儀數字牌，則顯示出你最有可能以何種生活情境或狀況來面臨課題。通常幾分鐘內，在我以塔羅牌的家族排列來描述你特有的人生樣貌後，你就會開始透過在塔羅牌上的圖

像，還有它們跟你生活上的關聯性，開始看清楚你自身的樣貌。

接著，我會計算出你過去幾年，以及未來三到五年的流年牌。根據我對這些牌的描述，你會開始明瞭你的人生發展藍圖。舉例來說，一年中你所面臨的抉擇將會如何發展，或是你如何從一個內向或較爲內省的狀態，轉化爲一個外向或積極進取的狀態。你能理解這如何讓你在接下來幾年經驗的配套課題。舉例來說，戰車牌是流年牌的那一年，你嘗試著掌握、控制你的直覺和慾望，但接下來的流年是力量牌，當你學習與你的直覺妥協後，你的行爲才能達到平衡且充滿力量。這樣的機會不是永遠都有，你只有短暫時間能夠直接面對你的內在「野獸」和發現你隨之而來的眞正「慾望」。然後，你將會帶著這回合學習到的領悟，往下一個人生課題邁進。如此一來，你開始了解每一年都是一次有趣刺激的成長機會。今年度的課題通常會直接影響到你前來諮商的事件狀況。

在解讀諮商中，這個部分約占過程的三或四分之一。在我進一步詢問你個別的疑難雜症前，你也許已經得到最急迫問題的解答。你當前的問題瞬間提升到更寬廣的視野高度，所以你能明白它不過是整個生命藍圖的一部分。而這就是塔羅家族排列的功能和目的。

原型與塔羅

塔羅牌因爲能將你的天命和永恆的人格特質，透過符號具體呈現，所以擁有大量、豐富的人格象徵，這就是心理學家榮格所歸類的「原型」。這些原型透過投射而顯現在平面繪製的塔羅牌上，透露出日常生活的面紗背後最深層的祕密。

在你生命中無數不同的重要事蹟發展模式，以某種程度來說，與古老神話的結構相似。一旦你開始察覺到這樣的運行模式，你會意識

到你的生活並非毫無意義，而是充滿神話和靈性的意義。一位榮格學派的心理學家瑪莉・埃絲特・哈定（M. Esther Harding）說道：

> 這樣的生命岔路會一步步地引領每個人，經常是藉由一些不能預期的人生轉彎，來呈現個人生命的整體性目標。這樣的方式意味著靈魂藍圖或是靈魂發展習慣的重要性不亞於生理領域的運轉模式，或至少，舉例來說，就如同啓蒙一個胚胎、讓他成長。因此，我們也不該對發現靈性模式如同生命預言這件事感到太吃驚。❸

哈定繼續敘述對於男人和女人，因為找到這種全面性概念，並且從生命中的矛盾、衝突和分裂中將他們自身釋放出來時，將會「以建設性的解答來反饋、面對冷血無情的艱難時刻」❹。人們想要住在沒有矛盾、衝突和分裂的世界，就必須先把自己從矛盾、衝突和分裂中解放出來。

在榮格學派裡，家族排列是指由環環相扣的元素所組成的某種原型，這原型擁有強大的權力和源源不絕的能量。此家族排列原型能控制你的心智，除非你明白此事而將這股能量融入你的人格個性裡，不然你將會把這些特質投射在你覺得比自己更有力量、擁有更多才能的人身上。在某個領域中，你要麼覺得自己矮人一截、不夠優秀，要不就是對自己過度有信心、誇大自己。但要等到你理解在原型裡與生俱來的價值後，你才能逐漸吸收、內化它們。

儘管你生活中的任何時刻都是由原型在發展你的心智，但你出生的特定時刻也是經過精心設計的。這層設計能夠主動地透過你的星象圖來計算你出生的確切時間。然而，這個「胎記」的另一層涵義是這

些從你的出生日期延伸的生命原型，可以由塔羅牌連結靈數學的象徵符號來表示。一旦你被賦予姓名，便同時也被賦予了另一種屬於你、能量需要被內化的人生任務。如果你當成是你的本我選擇你的生辰機運，如此一來，你才能發展某種個性人格、面對特別的挑戰、專注在完成自我目標上，這樣顯而易見的「機會」事件就會變得較簡單易懂。你隨著出生而被賜予的名字，伴隨著文化、家族和世代的意義，這份意義顯示出社會性的排列，還有你靈魂渴望努力的功課方向。如果你改變了你的名字，你便選擇透過擁有新排列能量的原型來表達這份功課方向。通常當你意識到自己發現一個新原型時，你便無法回到原有的狀態，所以一個新的原型構造──一個新的名字必須產生。每一年，你的生命也會被某種匯集的能量所定義、重新詮釋你的生命原型，這會影響你、帶給你機會去理解和整合自身的價值和教訓。如果這股能量已經存在於你的名字或是生日相關數字中，它就會變得比平時更舉足輕重。你必須正面地、有結構性地迎擊這樣的狀況，不然它的巨大影響力就會變得分散且沒有效益。

你可以說，從你的名字和出生日期推算而來的塔羅牌，能夠推演出你人生中最主力奮鬥的畢生課題是什麼。那些塔羅牌說明你只在某些時候或是特定場合中才有次要的人生目標。榮格派學者瑪麗－路易絲・弗蘭絲（Marie-Louise von Franz）稱這些排列原型為「一大團動態的能量」和「心理學派可能性要素」。根據弗蘭絲的說法，原型的排列實際創造了一種心理學的內在格局或結構。她說，這種神論式晦澀的方法，嘗試著平易近人些，讓心理學的部分能夠被解讀。她的格言是：「神論占卜是一種對於人生原型排列的動態下載內容，並且解讀其原型格局涵義。」❺

在人們的生命中，必須以一生歲月巧妙應對的主要原型的排列，

是一種已經選好的生命目標，並藉由生日日期和出生時的名字來表達。此個人化的資料，深刻地呈現出一個人注定要理解的「自我實現」和「領悟天命」這兩者。

另一種領會本我選擇自己的命運，則可以參照塔羅圖像中正在玩機會遊戲（賭博）的愚人或是小孩。當骰子（一種古老的賭博方式）在旋轉時，「擲骰的運氣」決定了局勢。命運理當掌握那時刻。但根據榮格的共時性理論（theory of synchronicity），在任何時候發生的每一件事都具有意義地連結著。然後，命運成為一種共時性的現象。❻因此，我們很難甚至有能力能夠在遼闊的蒼穹下意識到這些看似獨特、零星發生、且無法預測的共時性事件，這些事件巧合地映出排列結構，其中，每個事件都顯現出一種更大格局的小部分，也就是說，這樣的生命原型正在尋找表達的方式。我在塔羅中的愚者牌看到如此訊息，愚者將他自己及他的命運，拋向世風，隨波逐流。他義無反顧地啟程，看不清局勢卻還是投入這場冒險。他相信他的命運，而最終，他可能會認識到這場冒險的格局和局勢。

但你可能會問，為什麼一個數字可以透露出我的主要原型的排列？以科學的角度來說，我們住在一個以數學的「相對論」為時空連續體（time-space continuum）基礎的地方。我們用數字來衡量時間和空間。再一次，根據弗蘭絲所說的：

> 數字透過事件的整體時間性傳達訊息。在每一刻都有事件發生，而數字將透過這一群限時事件的質化結構產生意義……我認為我們必須將這些數字，視為具有質化和量化面貌的原型呈現或概念。❼

　　弗蘭絲引用衛禮賢（Richard Wilhelm）這位《易經》譯者的解釋：中國人可以從一棵樹濃縮在一棵種子的時候來預測未來。因此，「如果我們知道一種情境（像是人的一生）的核心點，我們就可以預測它的結果。」我將該句的「結果」解讀成一個人的未來發展。弗蘭絲繼續補充：「這在現今的心理學語言裡代表著：如果我們知道當前情況的最深層原型排列，我們就能在面對某些情況時，知道事情會如何進展。」❽

　　在本書中，我嘗試給予你一些工具來發現你的「核心」排列。

認清信念的自然樣貌

　　塔羅牌的功能如同一面鏡子，讓你能客觀看待你的過往經驗。塔羅牌上的圖像則反映出我們的生活信念，詳實地敘述我們成長的背景，特別是西方背景下的文化遺產和社會信仰結構。這些社會遺產文化和赫密斯哲學、卡巴拉（Qabalah）、占星學、靈數學、榮格學派、神話符號學、煉金術以及其他深奧的形而上系統，都有異曲同工之妙。

　　以上的每種學問都闡述著一個實相的特別框架，就像科學系統提到存在原子和分子的那類結構。另一種最基本的構造則可以想像類似沙克蒂（Shakti）與濕婆（Shiva，印度教萬神殿的神）的舞蹈，祂們的舞步呈現出一種類似宇宙構造網絡的概念。沙克蒂和濕婆表達出關於女性和男性的基本二元性，這樣的形式構造能夠用一種類似二進制編碼的方式來說明：開啓／關閉，秩序／混亂，意識／無意識，黑／白，能量／物質，陽性／陰性，好／壞，和稍縱即逝的顯化。

　　每個人創造的大量集體信念構成了我們的社會。只要我們的行動符合了某種信念，不論我們認為這個念頭好壞與否，我們都會讓這個

念頭延續下去。大多數時候，我們都沒有意識到自身的行動是出於信念使然，我們只是「順其自然地做事」。爲什麼要質疑我們的起心動念呢？我們自問。就「隨波逐流」吧！但是當我們盲目地跟隨一套信仰和思想灌輸——一開始是跟隨我們的父母和老師，接著是老闆、政客和大眾媒體——這也是自然而然的嗎？大多數的人都是這樣的。他們說這很理所當然，但它卻跟自然沒有任何關係。這是習慣性和被動的反應，而非出於主動。當一個人遇到許多老師的想法產生衝突而陷入困境時，無能爲力感便油然而生。

信念是有益，但也是有害的，我們多數的信念只有在適當的環境中才能幫上忙。問題是，這些信念往往被廣泛變成行爲規則，至於制定規則的理由早已被人們遺忘。例如，有些人說不能把帽子放在床上或椅子上。他們對身邊的每個人耳提面命，可以因爲在床上發現一頂帽子而面色難看地爭吵不休。很少人質疑這樣的說法是從哪裡來的（「這只是基於禮貌」）。其實，這樣的說法其來有自：即使時至今日，許多社區仍有頭蝨的問題。頭蝨可以非常迅速地從一頂帽子散播到床上，然後再傳染給其他人。如果你不在那種糟糕的環境中生活，你就不必擔心床上的那頂帽子。那是一種無從考證的行爲規則。信念可能的確有些壞影響，但這些壞影響強加或創造出來的恐懼，不能直接視爲必然的結果。其他信念則更加隱晦：「如果你在雨中外出，就會感冒。」但這種想法在某些文化中卻遍尋不著，他們認爲下雨跟感冒根本八竿子打不著關係。

當人們相信並期待他們的生活發生超自然的事情，他們就會去尋找並且注意那些事情。如果你發現開發你的心靈直覺對自己有益處，那爲什麼不相信呢？如果你不希望發生戰爭，但認爲這是不可避免的，那麼你將採取帶有敵意和暴力期望的行動。所以你的當務之急，

就是注意你的情緒和信念！

所有形而上學體系的其中一個基本原則，就是我們創造了符合我們信念的現實世界。這些信念構成了現實世界的實際結構，使之穩固。但某種程度而言，這些信念是變化多端的。舉例來說，這就是為什麼你會相信預知夢境，並且經常夢到類似內容，而另一個並不相信這種事的人則會在每件案例中找到「證據」，證明這不過是以前的知識或巧合。懷疑論者直到他自身相關的信念改變以前，都不會經驗任何與其信念相反的事物，而信念的改變將能讓他感受到另一個世界，敲開他的新宇宙。

也許你最近讀了一本你在幾年前讀過的書，但現在你發現裡面有些內容完全不同。你怎麼可能在一開始時就誤解呢？那是因為你不會注意跟你的信念體系不合的事情。信念引導你的看法，以及你的情緒反應。我嘗試在本書中使用以下的文字敘述：「我認為」或「我相信」等具有自我意識的用詞，以標示那些你可能會、也可能不會同意的屬於我個人的信念。但是即使我在書中不使用這些用詞，你也應該要意識到這樣的安排隨處可見。如果你沒有抱持著類似的信念，便可能無法理解我說的涵義，或者你可能把它解讀成完全不同的涵義。請至少要記得對我表達的想法保持懷疑，並對其他無限多樣化的信念保持警覺。不過，我勸你抱持著「保留的懷疑態度」，還有玩樂和淡然的心態來面對本書中接觸到的想法和活動內容。你必須有意願跟我一起遊玩，試試裡面的建議，看看它們是否讓你當頭棒喝、醍醐灌頂，然後盡可能地在人生遊戲中發展出屬於自己的一套規則。

22張大秘儀牌

THE MAGICIAN.

THE HIGH PRIESTESS

THE EMPRESS.

THE EMPEROR.

THE HIEROPHANT.

THE LOVERS.

THE CHARIOT.

STRENGTH.

THE HERMIT.

WHEEL of FORTUNE.

JUSTICE.

THE HANGED MAN.

DEATH.

TEMPERANCE.

THE DEVIL.

THE TOWER.

THE STAR.

THE MOON.

THE SUN.

JUDGEMENT.

THE WORLD.

THE FOOL.

2

運用人格牌的技巧

　　本章節將介紹許多方法，教你如何從你的人生牌和流年牌（包含小秘儀牌課程和機會牌），以及象徵人物的宮廷牌得到個人洞見。我要求你用一張最接近你性格的牌（在你尚未學習後續章節、了解牌的涵義之前）展開第一次探索；或者，你可以先略過本章節，先學會計算你的生日牌，當你準備好更深入你的塔羅牌時再回到這一章。

　　書裡絕大部分都是我必須告訴你的關於塔羅牌的特徵、個性，還有家族排列方式。這些資訊可能對你有幫助，但它同樣也會限制你，可能讓你對於自己的內在智慧不得其門而入。就像市面上找不到一本解夢大全可以全面性或準確地解析你的夢境，所以同樣地，我的教學可能無法滿足探索你自己潛能的這項任務。因此，我鼓勵你去探索其他的書籍，持續地擴充知識來增進自己在塔羅牌的鑑識能力。

你的塔羅牌初體驗

　　現在，瀏覽你的塔羅牌，正面朝上，找出一張你覺得最能勾勒出眼中的自己的大秘儀牌。展開這個步驟時，要將二十二張大秘儀牌從你的牌中抽出，然後檢視它們的圖案。先把那些最不可能代表本我的塔羅牌（即使它們有些還是有一點點勾勒出你的樣貌）剔除掉，一直刪掉直到你只剩下三到五張塔羅牌。將這些牌在你的面前展開，選擇那張你感覺最能勾勒出你自己的牌。

　　你選的第一張塔羅牌將永遠在你心中保有特殊的位置。它也許是個理想狀態的本我，或者是你覺得相處自在的部分，像一個摯友、一件穿舊了但仍舒適的上衣，或者可能是你對他人隱藏起來的部分自己，抑或是你內心掙扎著是否要顯露出來或嘗試抗拒的自我形象。

　　請依照下面的指示，與你的塔羅牌對話。

與你的塔羅牌對話

你將會跟你的牌上面的圖案對談交流。對於你的塔羅筆記來說，這將會是理想的第一份作業。

1. 根據書上的塔羅牌問題清單，找出你的牌的回答。讀這些問題，然後選擇其中一個當作起點，或是你制定自己的問題，然後詢問你的塔羅牌。將答案寫下來。

2. 選擇牌上看起來最能接受問題的一個人物或器具，來展開談話（在這神聖之境可以和物體交談）。給這人物／物體一個名字（像是獅子、月亮或是女祭司），開始對他／她／它提出問題。

3. **當想法閃進腦袋時，立刻把它寫下來。**這一切都是自然而然的、沒有經過思考或猶豫的行為。如果你覺得想法很傻或是腦袋鈍鈍的，就持續保持這樣，直到自己能將牌卡所講的天馬行空寫下來。這有助於打破僵局，讓對話進行下去。扮演愚者牌的角色。帶著即興的態度，繼續問牌圖同樣的、相關的問題，並且將牌的反應記錄下來。

4. 忽略手寫稿的錯字、錯誤文法，或者反覆在對話中出現、好似跳針的部分。持續對話至少十二到十五分鐘。雖然說限制時間能幫助你專注集中，然而一旦你熟習狀況，你就能決定自己要寫多久。

5. 你也許會發現隨著對話時間愈久，你的字跡變得愈潦草，像小孩子寫的字一樣。這表示你跳過平常思維的限制，釋放你的「內在智慧」來直接表達。

6. 你將可能來到我稱為「門檻」的時候。門檻是個你感覺自己已經寫得夠多、不需要再繼續下去的時候 —— 也許你忽然間覺得累了、分心了、或是覺得差不多已經完成了。你已經超越自己的極限，達到

你的思維不常去到的地方。如果你真的想要了解自己，**現在**就是將你的意願化為行動的時候。爽快地對自己承認：「我現在已經到門檻了。」然後願意繼續地對自己說：「我選擇繼續往對向前進。」你將會發現之前看起來像是一道磚牆的瓶頸，已經打開一扇你可以輕易通過的大門。在前幾次的嘗試中，你只能成功通過一到兩次的門檻；當你對此練習逐漸上手、增加信心，你便可以跨過更多的門檻。

當你繼續你的對話時，可能會想要問：

★ 這張_____牌符號的意義／重要性是什麼？
★ 我該如何將此符號運用在現在的生活中？
★ 為什麼我會如此被這張牌吸引（或厭惡此牌）呢？
★ 我該如何圓滿地面對現在的問題或挑戰呢？
★ 我該如何成功地勾勒出牌的特質呢？
★ 為什麼我會選擇與你對話（對著你正在對話的某一張人物／物體說），還有你必須教導我什麼呢？

當人物／器具反問你問題時，不要驚訝！你對這些問題的回答都是獨具意義的。任何對這些問題的抗拒正意味著你正在門檻當中。

坦率地對塔羅牌提出你的問題

你永遠可以詢問各式各樣的問題——我需要從你身上學到什麼？然而，因為每張塔羅牌都有其獨特的個性和問題，你最好能坦率直白地提問。如果你想要馬上開始這個練習，請選擇以下一個或多個範例問題，來問那張被你選中的牌。

22張大秘儀牌

　　魔術師（1號牌）：屬於我個人風格的魔法是什麼？我如何能專心致志地控制它？誰是我不可思議的本我？我如何在生活中運用四個元素？我該如何用這四種方式來溝通？

　　女祭司（2號牌）：我的內在智慧：我該如何覺察到你的知識呢？為了了解我自己，我必須問的問題是什麼呢？我該如何與內在相處？我的夢境或直覺嘗試傳遞什麼訊息給我？我該如何才能達到你的平和寧靜狀態呢？

　　皇后（3號牌）：我要孕育什麼？我該如何更優雅地成長？富裕和慾望在我生命中的意義是什麼？周遭的物質世界如何養育我，我又是被什麼事物滋養長大的？什麼事物（內容）想藉由我來創意地表達出來？

　　皇帝（4號牌）：我的權力源自哪裡？我該如何建立自己的影響力？我必須管好自己的部分是什麼？我必須往哪個方向來專注我的能量發展？我需要理解或組織建構什麼樣的規定或界線？

　　教皇（5號牌）：我需要從我的問題中學到什麼？我該如何學習？我需考慮什麼樣的宗教、道德或社會因素？我在做決定時，要以什麼樣的價值為基準？我需要教導什麼？我必須要質疑什麼樣的信念呢？

　　戀人（6號牌）：我需要開放心胸分享自己的哪些部分？我需要做什麼樣的決定？我該如何接受其他人、事、物的本來原貌呢？在關係中，我想要什麼、需要什麼？我該擁抱什麼樣的矛盾特質？

　　戰車（7號牌）：我需要利用哪種能量，好讓自己往目標邁進？我要邁向哪裡？我如何能夠在保有己身的中心下，操控我的直覺？什麼事物能讓我覺得勝利在握？這事物必備的優勢又是什麼？

　　力量（8號牌）：野獸：你是誰？我的力量又源自哪裡？我能在

哪裡使用我的力量？我如何平衡以下兩者：愛的力量、充滿愛地表達力量？我如何與渴望（或我的狂熱）共處？

隱者（9號牌）：我正在尋找什麼？我應該去哪裡找？我需要知道自己正踏上之路的哪些資訊？什麼是我需要完成的？我學習過的哪些智慧是我能跟其他人分享的？

命運之輪（10號牌）：什麼正在改變，而我該如何圓滿地處理這些改變？命運想要我做什麼？我的命運會如何？這樣的人生季節或循環需要什麼？我該如何將人生的起起落落放在一邊，領悟這格局的核心精神呢？

正義（11號牌）：什麼事物需要被協商、調停或調整？公平或正義在哪裡？我能在什麼樣的基礎上評斷或評估事情呢？我如何對自己誠實？我的哪一項需要能跟他人的需求取得平衡？

吊人（12號牌）：我現在被什麼所困擾？我覺得哪裡停滯不前、或是哪個部分耽擱了？如果我用不同的角度看待事情，會發生什麼事？我需要向什麼投降或臣服呢？什麼事情是要求人道／人性呢？我對於誤會或不領情的感覺如何？

死神（13號牌）：什麼需要作個結束了？我為了重新開始而必須斷然放下什麼呢？我如何能夠放下任何不需要的生活方式？放手將能把我從什麼桎梏中解放出來？什麼事物需要改變？我必須得到什麼樣最基本的要件或必備支持呢？

節制（14號牌）：我的藝術是什麼？我必須調整或合併什麼事情？我可以嘗試什麼棘手、錯誤的經驗？我如何能找回自己的興趣、重振自己的心靈？什麼樣的能量和資源對療癒是可利用的？什麼需要慈悲或原諒？

惡魔（15號牌）：我將能量專注在哪個目標方向上？什麼是我

討厭或恐懼的？我對哪個領域感到沮喪或有罪惡感？我的感覺限制了我的哪個部分？我如何將自己從這些困境中釋放出來？什麼知識將會解放我的思想？歡笑和幽默如何幫助我？

塔（16號牌）：驕傲造成我哪些地方變得脆弱？我能如何表達憤怒和侵略的情緒呢？什麼可能被摧毀呢？什麼是我建造的個人障礙？我一定要做什麼，才可以打破嚴肅和束縛呢？什麼需要被釋放出來？

星星（17號牌）：我是個怎樣的傑出人物？我認為自己有什麼天賦和能力呢？我在期待什麼嗎？什麼可以讓我的夢想成真？什麼能讓我真正的自由？什麼需要對話和加強？我該如何掌握星象和順應大運？

月亮（18號牌）：什麼事物讓我困擾或者心神不寧？我需要留心查看什麼樣的祕密和潛伏的情緒？我該如何利用隱藏的資源？我自己一路上的演化已帶領我走向何處？我必須從過往的經驗中領悟到什麼，好讓我能夠繼續向前邁進？

太陽（19號牌）：什麼可以讓我保持樂觀和快樂？我該從哪裡經驗到快樂和愛？我若完全敞開自己的心胸，將會揭露出什麼？我是如何成功的？什麼照亮了我的世界？我需要在哪個環節注意、小心自己會筋疲力竭？

審判（20號牌）：我此生的目的要求我做什麼？我將如何辨識我的天職？我能在新生活中做些什麼？為辨識我與其他人的親密關係，我能做些什麼？在我的生命中，有什麼需要被修復或重建的？對我而言，有哪些東西需要我的決斷？

世界（21號牌）：我自身的什麼潛力想要力求表現？我想去哪裡旅行？我如何在能力所及的範圍內，表達出構造和舞蹈的自由意

念？什麼可以完成我的最高人生目標？我是如何的完整圓滿？

愚者（22號牌）：我要去哪裡？我是如何的愚昧？在我的愚昧中，存在著什麼樣的智慧？我該如何相信？隨興所至、愉快的生活著，這樣的滋味是如何呢？我從無知、天眞和不負責任的生活態度中學到了什麼？

在本書的其他章節裡，你將會根據某些因素而發現對你而言特別重要的塔羅牌。在我看來，塔羅牌對話是最好的方法，讓你能夠認識那些牌、與牌建立個人化關係，並了解它們對你的意義。請記得常常與牌對話。

凱旋練習

下面的練習將告訴你如何在閱讀本書的過程中，發現你自己的定義。就算你從來沒有接觸過塔羅牌，它依舊可以幫助你。在我自己的專業塔羅諮商中，我用到這個流程：把塔羅牌展開、清空自己的腦袋。當然，我曾經因爲遇到「我不記得這張牌的任何事了？我要怎麼解釋這張牌呢？」這樣的狀況而感到惶恐不安，而且沒錯，沒有一張牌倖免、無一例外。然後，我持續地堅定自己的意志，並進行下面所列出的步驟。通常我會選擇透過這些步驟來引導客戶，因爲我發現我之所以腦袋空白的原因是：我的客戶往往保留了能授予他們自己權利，並開啓整個占卜視野的問題關鍵。我已經學到相信這點。

雖然我稱之爲「凱旋練習」，因爲它只使用大秘儀牌，不過這個原則適用於所有七十八張牌。塔羅牌剛被創造出來時，大秘儀牌被稱爲「王牌」（*il trionfos*），因爲在遊戲中，它們優於同花色的牌。這個詞也可能來自文藝復興時期，義大利常見的凱旋遊行大車的圖形表示。每一輛大車包含了一種美德或普世原則（例如：愛、正義、時

間、死亡等）的警世寓言故事和符號 ❾。直至今天，大秘儀牌就如同「王牌」一樣，代表我們的多樣面貌來「戰勝」環境 ❿。在當代《美國傳統詞典》裡，「王牌」這個字的釋義是「在適當的時機使用的關鍵資源」。由於大秘儀牌也被稱為「鑰匙」，這些解釋指引你收到的信息，可以用來敲開機會大門，成功地掌握任何情況。

　　用你的人生牌或流年牌來做這個練習，挖掘這些牌的更多資訊。如果你想要立即做練習，請把二十二張大牌從整副牌中挑出，將它們面朝下混和在一起，接著將牌撒在電風扇前，同時詢問：哪些牌可以幫助我贏得現在生命時刻的勝利？然後隨機選出一張。

　　我選的這張牌是：＿＿＿＿＿＿。現在寫在這本書或是筆記本上（在閱讀本書或筆記時，請隨時記得帶著筆）。

　　描述那張被抽出的牌。自由自在地用形容詞和描述的片語，寫下發生的事。要寫快一點。不要在寫之前思考要寫什麼。給自己一個驚喜。（舉例來說：「魔術師是身在一個鮮花盛開的花園中，站在桌上散滿也許是他的工具的各式各類元素前。他高舉的右手拿著一根棍棒，他的左手正指著地上。在圖中只看見一隻桌腳。」）每一次見到這張牌，你也許都會注意到之前沒留意到的地方，忽略掉其他特質，而以不同的方式敘述這張塔羅牌。

　　如果你還沒有做過很多次的練習，那就描述這個圖案對你的敘述情況感覺如何。它們的態度或心情如何？在圖片中的情況如何？（舉例來說：「魔術師正專心著，彷彿正在表達什麼，或者信心滿滿地接受著某種神

力。看起來就好像他想要示範如何做到這些事情。」）

　　至少要寫出一個關於這張牌的虛構幻想敘述，故事的開頭是：「若是……又怎麼樣呢？」現在就將故事從你的腦中釋放出來，不要猶豫，進入一場心靈饗宴。（舉例來說：「若這魔術師是個說書人，他必須信手捻來桌上的每個物品，創造出晚宴中的美妙故事。」）

　　接下來，重複你在上述敘述中寫下的基本要素，但請使用第一人稱和現在式：「我是……」你成為那張塔羅牌上你所敘述的角色，並同意你所敘述的那些特質。此外，將你的幻想加上「若是……會如何？」的假設，轉化成含有同樣意義的直陳句。（例如：「我是一位魔術師，正處在一個鮮花盛開的花園中，站在桌上散滿的各式各類元素前，這些是我的工具。我高舉的右手上拿著一根棍棒，我的左手正指著地表，全神貫注地、充滿信心地在連接某種神力。我全心全意地專注著示範如何做到這些事情。我是個說書人，能信手捻來桌上的每個物品，創造出晚宴中的美妙故事。」）
請注意，我已經消除了像是「也許」和「看起來」這樣不必要的贅詞來加強敘述的語氣，將敘述結構更加緊密連結。

　　現在就把你的敘述稿轉化成第一人稱：你馬上就能看見有些陳述是如何貼切地形容你現在的生活狀況。請在這些敘述下方畫線。

　　將你的每一陳述句轉變成問句。根據你的那些問題，問你自己，舉例來說：「我關心目前生命裡的什麼面向呢？」從以上的例子，你也許會問：「我現在使用什麼元素或工具？」還有，「我正隨興創造什麼樣的故事？我該如何讓故事反饋己身呢？」你甚至可以重新觀看牌上的圖案並問它：「我該如何在隨興創造中使用到桌上的每個元素？」

　　檢視所有出現在你生命中跟信念和改變相關的圖案，以及重要事件符號的圖案。那就是你正在創造的實相。另外一個例子是，皇后的象徵敘述可能代表著「一位懷著小孩的婦人，處在一塊富裕之地」，這樣延伸成為「我是個處在富饒領域、受小孩愛戴的女性」。然後問問你自己：「我會孕育出什麼樣的小孩或作品？」接著問：「我身旁有什麼樣的豐饒資源？」另一個舉例是：對於正義這張塔羅牌的敘述，像是：「她身處在一個法庭或是氣氛嚴謹的場所，試圖保持嚴肅，看似想要得到她應得的。」這樣的訊息將轉換成：「我身在一個嚴謹的審判場所，我嚴肅且公正，只想要拿回屬於我的東西。」接著開始問以下的問題：「我身處的嚴肅環境或場所是什麼呢？什麼事情正被衡量著？我在生活中的哪些領域常需要保持嚴肅和公正？我覺得自己應得的是什麼？」

　　現在就根據你對你的塔羅牌的描述，列出屬於你自己的幾項問題。

_____

_____

_____

　　專心關注你現在的生命狀況，盡可能誠實地回答你的問題。

_____

_____

_____

　　由於每一張牌都是一種讓你「勝利」的方式，你現在必須將你所選的這張牌視為成長的機會，或是一個人生挑戰，把這一切描繪當成是人生的必經之路。

你如何能夠勝利？透過這張牌，你看到自己人生的最高境界是什麼樣子呢？什麼樣的人格特質是這張牌建議你去重視或是可能可以去發展的呢？寫下至少五個你看到的點。寫得快一點，不要多想。

在這個練習中，避免負面消極的敘述是很重要的事。相反地，要把這些被動詞轉換成具正面、有益處的能量。舉例來說，如果你寫下你能透過做到「不要害怕」而獲得勝利，那麼什麼是這個形容詞的積極面向代表呢？勇氣？愛你的恐懼？決心？慈悲心？

將所有你清單上的負面消極敘述，轉換成具有勝利能量的敘述。

現在將這些能量的敘述以第一人稱、現在式的方式，並採用其中一個為主動動詞，如此一來，你就可以確信自己擁有哪些能量特質。

為了進一步詳述這張牌卡為你帶來的效用，以及確認它的關聯性，明天請你重回到這一頁，在以下空白處迅速回顧、寫下在開始這個練習的過去二十四小時中發生的事情。特別注意那些可能跟你的牌有關的想法、假設和事件，或者你如何把握牌的特質，將它融入你的日常行為中。

牌名＿＿＿＿＿＿＿＿　　　　日期（第一次練習）＿＿＿＿＿＿＿

觀察或共時性事件：　　　　日期（第二次練習）＿＿＿＿＿＿＿

在七到十天內反覆檢視同一張牌，好讓你推敲是否要再加入任何觀點。第二次時用不同顏色的筆做筆記，這樣你才能識別出評論的時間性。

這是一個基本的解釋技巧，能確實應用在任何圖案式的卡片占卜上。在做了幾次練習後，流程便會愈來愈自然、流暢，你能用心靈之眼觀見全面性的自動流程。深刻地觀察這個流程，它將能提供如同多張牌占卜所能提供給你的資訊，比起書中提及的，這張牌會更加地跟你遇到的事件息息相關。你將會逐漸根據你的個人評論和真實情況的發展來定義這張牌，讓它變成你專屬的牌。這是將塔羅牌個人化的關鍵，同時也是發現你心中塔羅悟性的關鍵。以下是相關技巧的概要：

表2：如何解讀一張塔羅牌

1. 簡單描述那張牌！自由自在地用形容詞和描述的片語。現在發生了什麼？對於你所描述的狀況，這個圖案的感覺如何？圖片中的氣氛如何？

2. 謹慎地使用前一步驟中你所敘述的句子，重複說出你剛剛說的，但要用第一人稱現在式：「現在我是⋯⋯」（若幫別人抽牌，則是：「現在你是⋯⋯」）

3. 將敘述變成開放式問題，並且回答這些問題。舉例來說：「我／你是如何的淘氣魯莽呢？」

4. 檢視所有出現在你生命中跟信念和改變相關的圖案，以及重要事件符號的圖案。從什麼角度來看，它們對你有幫助？什麼時候，它們又會限制你呢？

5. 你如何能夠勝利呢？什麼樣的人格特質是這張牌建議你去重視，或是可能可以去發展的呢？

認識你的塔羅牌牌陣

以下兩頁會展示兩個牌陣，告訴你如何用這些牌陣從你自己的塔羅牌身上學習到智慧。隨機揀選到的塔羅牌能夠打開新的視野觀點，建議你之前沒有考慮過的選擇方向。請記得，這些回應是由你選擇溝通的塔羅牌——不論是你的人生牌、流年牌、宮廷人物指示牌或其他牌，所給出的觀點意見。

如果在牌陣裡的塔羅牌沒有滿足你現在的需求，那就換掉它。你可以將這個牌陣影印下來做練習使用。

最後，根據我的書《瑪莉的21種解讀塔羅方式》（*Mary K. Greer's 21 Ways to Read a Tarot Card*）中的二十一道步驟，挑出一張你的人生牌。這保證可以展示出那張牌的特性，還有你從不知道關於自己的祕辛。

「認識自己」牌陣

個人牌

我內在的祢是誰？　　　祢想要我做什麼？　　　祢能提供我什麼樣的
特殊才華或技能？

建議牌陣

我要注意外在世界的什麼？

我要注意內在世界的什麼？　　　個人牌　　　我的生活中有什麼需要被打破、改變或被關注的事物？

我該如何更清楚祢的指示？

THE FATES

3

你的生日牌

人生牌

　　如同我曾經提過的，在塔羅中我發現最有幫助的概念，是由充滿啓發性的講者和老師安哲莉命名的「人生牌」。我把此概念延伸成我塔羅工作的主要部分，並且在安哲莉的允許下，在我的書《跟著大師學塔羅》（*Tarot for Your Self*）介紹這個概念。整體來說，這套生命牌可以看成一套組合，定義以下幾種資訊：(1) 你的生日（稱爲生日牌）；還有 (2) 你出生時得到的名字（稱爲姓名牌），這個跟隨你度過整個人生的名字。（想要釐清姓名牌的算法，參見本書附錄三：牌名統整）。

運命和命運

　　你的生日（還有你的出生名字）決定了你的牌，這些牌是根據公曆制定，英格蘭和美洲到1752年之後才用這種曆法（再來才是美洲殖民地）。時至今日，世界上仍有數以百計不同的曆法被使用著，像是中國、印度、希伯來人、羅馬天主教教會和穆斯林的日曆都不一樣。這些曆法不僅月份名稱不同，新年開始的月份也不一樣，而它們用來補償太陽年每年「額外」的四分之一天的各種各樣方式，通常就是設置閏年系統。最古老的連續曆法應該是中國從西元前2397年就在使用的陰曆！我們自己的版本（公曆）則是一開始取自埃及曆法，後來由羅馬教皇格雷戈里十三世（Pope Gregory XIII）在1582年所調整和「訂正」的曆法。

　　所以，你可能會問這樣一個多變的系統怎麼能對我們產生效用。你曾經試著想過其他的時間系統嗎？有很多語言沒有過去、現在和未來。舉例來說，他們認爲「已經實現」和「正在實現」的意思是一樣的。但這樣的釋義不見得不正確，只是因爲我們沒有經歷過他們經歷

的一切。

　　我們都被自己從小被灌輸的時間觀念所綁住。問任何一個五歲大的孩子他們的生日是幾號，他們大概都知道生日的日期，以及還有多久他們的生日才會到。我們對時間的定義實際上構建在我們對它的認知內容，而我們對於自身所學的時間知識沒有辦法拋下、置之不理。身為美國人或西方人，我們是「命中注定」用自己的方式來了解時間，像是「知道」二月份會接在一月份後面。這是我們文化條件的一部分，就像我們的染色體藉由不同的基因組合，給予我們不同的「命運」：高加索人，黑人，亞洲人；直紅頭髮和綠眼睛，或者捲黑頭髮和棕色眼睛等等。所以我們注定透過我們的傳承文化，以及隨之而來的時間曆法來體驗時間。這並不算是我們累積的「共業」，所以我們也不用特別為這件事「負責」。我們只為我們之後要怎麼處理這件事而負責。

　　許多靈性導師指出在你出生之前，你的靈魂已經選擇你要經歷的人生、要完成的物質層面功課，有時候你的靈魂會為了選擇更快更高的靈性成長、為了了解整個靈性藍圖，而經歷一小段痛苦受難的人生。這是誰的旨意呢？我喜歡認為這是我某種程度的高我的藍圖計畫，但同時我只能以手頭上僅有資源努力著。這麼一想，就能像是你的染色體組成般，以你的名字和生日日期來確實形容你稱之為「命中注定」的人生了。當你從你的文化、語言和民族風俗覺察到自己，你的名字和生日日期便成為「深入你靈性內在高我的生命關鍵鑰匙」。

　　透過對人生牌意義的理解，包含了解你的一些生日牌和姓名牌，你便能夠為選擇創造自己的命運這樣的自由意志，負起責任。

計算生日的方法

有許多方法可以計算你的生日日期。這些方法都不脫離個位數或根數！這些方法每個都自有其成效，但是因為我們在尋找人格牌的二十二個可能結果，所以把日期數值加到最大的方法最適合我們。這也是我在接下來推薦此方法的原因。最重要的是，你永遠都要用同樣的方法，這樣你才能知道這種方法的訣竅，還有對你來說難以捉摸的地方。

你的人格牌和靈魂牌

在塔羅占卜，我永遠都會先根據問卜者的生日，算出他們的人格牌和靈魂牌。有了這一手的資訊，我們就能夠看出這個人在他／她的生命中，最需要學習的功課，以及什麼事件會促使當事者了解這層生命功課。

寫下你的生日數字，根據靈數學來計算出你的人格牌、靈魂牌和隱藏牌。

首先，找出你的人格—靈魂組合（命運藍圖），把你的出生年月日的數字加總在一起。

舉例來說〔在此使用墨西哥藝術家芙烈達・卡蘿（Frida Kahlo）的生日：1907年7月6日〕：

$$
\begin{array}{rr}
月 = & 7 \\
日 = & 6 \\
年 = & + 1907 \\
\hline
& 1920
\end{array}
$$

將這些數字分別加在一起：$1 + 9 + 2 + 0 = 12$。

如果得到的數字結果介於1到22之間

得到的數字結果就是你的人格數字，舉例來說如果是12，就會對應到第12號大秘儀牌（吊人）：「你的人格牌指出看似充滿你的本質，其實就是你容易發展的個性特質和你在生命早期就學到的功課。」

接著把這些數字加在一起（此例爲12，即1＋2＝3），找到你的靈魂數字。藝術家芙烈達・卡蘿的靈魂數字是3，對應到的3號大秘儀牌就是「皇后」：「你的靈魂牌顯露出你的靈魂目的：你必須表達並運用自己的天賦和情感，無論做什麼都要將事情做到盡善盡美，發揮影響力。」

如果得到的數字大於22

在少數案例中，第一個相加結果會是單數（2＋0＋1＋4＝7），或者更常見的是數字加起來超過22。因爲大秘儀牌只有二十二張，所以需要將數字降到22以下（成爲單位數）。

舉例來說〔使用搖滾巨星米克・傑格（Mick Jagger）的生日：1943年7月26日〕：

月＝	7
日＝	26
年＝	＋1943
	1976

　　將這些數字分別加總在一起：1＋9＋7 ＋6＝23。

　　因為得到的數字結果大於22，所以將數字再一次相加：2＋3＝5，得到5。

　　在這個例子中，第五張大秘儀牌是「教皇」，**同時是**人格牌和靈魂牌。只要數字加起來是個位數（1到9），這兩種牌就是同一張，而且會特別在此生為他們的靈魂目標努力著。這種人會更加集中注意力、火力全開，雖然有時候在生命課程讓他們學會更柔軟地處事、隨遇而安之前，他們是缺乏彈性的。

如果得到的數字是19

　　這個例子將會出現比兩張更多的牌。如果你首先出現19這個數字，你將會有三張牌。

　　舉例來說〔使用馬丁‧路德‧金（Martin Luther King Jr.）的生日：1929年1月15日〕：

月＝	1
日＝	15
年＝	＋1929
	1945

　　將這些數字分別加總在一起：1＋9＋4＋5＝19

　　將數字結果再加總一次：1＋9＝10

　　再將結果加總一次：1＋0＝1

THE SUN .   THE MAGICIAN.   WHEEL of FORTUNE.

　　當你的生日像以上例子馬丁・路德的生日，加起來總數是19時，你將會有三重組合。像這裡的例子，你可以將第19號牌「太陽」當作你的人格牌，1號牌「魔術師」當作你的靈魂牌，10號牌「命運之輪」當作你的導師牌（稍後會講解導師牌）。擁有這三重組合的人們必須學習讓他們與生俱來的創意表達來溝通。他們的人生意圖和高我意識，將與他們的生命和靈魂目的密不可分、息息相關。在和諧願景和共同認知的目標下，他們有凝聚其他人力量的能力。

如果得到的數字是22

　　假設你的生日加起來是22，你具有強烈的衝動個性和征服慾，這需要好好的平衡。數字22代表著數字0（愚者），大秘儀牌有二十二張，在數字學上，22是一個大師數字，代表著偉大的遠見或是完全的愚昧。22相加會成為4（皇帝牌）。你也許會認為4號「皇帝牌」是你的靈魂牌，0號「愚者牌」是你的人格牌（特別是在釐清你自己的靈數學課題和機會牌），我發現在實際上，它們會如同一個

生命體般共同運作。不能期望這樣的皇帝—愚者組合，像是伍迪·艾倫（Woody Allen）的生命組合，能夠一成不變地適用在其他人的生命系統裡。

舉例來說（使用伍迪·艾倫的生日：1935年12月1日）：

月＝	12
日＝	1
年＝	＋1935
	1948

將這些數字分別加在一起：1＋9＋4＋8＝22（愚者牌）
將數字結果再加總一次：2＋2＝4（皇帝牌）

表3：你的人格牌和靈魂牌

根據以下步驟，找出你的人格牌和靈魂牌：

加總：你出生的月份：＿＿＿＿＿＿

　　　你出生的日期：＿＿＿＿＿＿

　　　你出生的年份：＿＿＿＿＿＿

　　　　　　等於：＿＿＿＿＿＿

將出生年月日分別加總：＿＿＿＋＿＿＿＋＿＿＿＋＿＿＿＝＿＿＿

如果得出二位數字，把它再相加一次：＿＿＿＿＋＿＿＿＿＝＿＿＿＿

我的人格數字是＿＿＿＿（一開始的加總結果不能超過22）

對應此數字的大秘儀牌是＿＿＿＿＿＿＿＿＿＿＿＿

（人格牌）

我的靈魂數字是＿＿＿＿（最後的加總結果只能是單位數）

對應此數字的大秘儀牌是＿＿＿＿＿＿＿＿＿＿＿＿

（靈魂牌）

（註：如果你的數字是19-10-1，「命運之輪」是你的導師牌。）

隱藏牌或導師牌

　　除了從加加減減中得到的數字之外，還有一組數字和牌是間接存在你的生日日期中，我稱呼它為「隱藏牌」或者「導師牌」。接下來的排列組合表（參見表4）將能幫助你找到這組數字。塔羅家族排列包括了所有同樣「根數」（個位數1到9）、還有大秘儀牌數字加在一起的最終根數。這些能量基於不同樣貌的同性質類似原則來排列、組合。

表4：數字排列組合表

19 10 1	20 11 2	21 12 3	22 13 4	14 5	15 6	16 7	17 8	18 9	大秘儀牌
10s/1s	2s	3s	4s	5s	6s	7s	8s	9s	小秘儀牌
1	2	3	4	5	6	7	8	9	根數

　　表4將所有大秘儀牌的數字根據根數來劃分。舉例來說，在19-10-1那一排中，每個數字都會被縮減成根數1。每個根數的組合排列包含了所有的牌，也包括小秘儀牌的同樣根數。

　　讓我們回到剛剛第一個例子——芙烈達‧卡蘿。她的人格牌是12號「吊人牌」，靈魂牌是3號「皇后牌」，將這兩個號碼組合起來，我們可以得知她是一個「12-3」的人。現在去查數字排列組合表，注意到有一排大牌數字與她的資訊相符——除了數字21。因為她在算式中沒有21這個數字，21就是她生日同性質的隱藏資訊。這個數字也因而帶到她的隱藏牌：第21號「世界牌」。這個數字並沒有出現在計算過程中，但某種程度上也算是在她的排列組合之中。這也包含了所有小秘儀的3號系列。

隱藏牌的變化

一張隱藏牌：20與21

　　第一種變化例子跟上面的例子有點像，也在美國第四十四任總統巴拉克‧歐巴馬（Barack Obama）身上得到印證（他出生於1961年8月4日）：

$$月 = \qquad 8$$
$$日 = \qquad 4$$
$$年 = \qquad +1961$$
$$\overline{\qquad\qquad}$$
$$1973$$

$1 + 9 + 7 + 3 = 20$（審判牌）

$2 + 0 = 2$（女祭司牌）

JUDGEMENT.　　THE HIGH PRIESTESS　　JUSTICE.

　　歐巴馬的人格牌是20號「審判牌」，靈魂牌是2號「女祭司牌」。他是「20-2」人。因此，他的隱藏牌是在他生日排列組合中，沒有直接出現的11號「正義牌」。而所有2號系列的小秘儀牌也列屬於這個排列組合。

一張隱藏牌：根數5到根數9

　　米克・傑格的5號「教皇牌」，同時是人格牌和靈魂牌（請見第70頁），而14號「節制牌」是他的隱藏牌。所有5號系列的小秘儀牌也列屬於這個排列組合。

THE HIEROPHANT　　TEMPERANCE.

沒有隱藏牌：夜間牌

另一種變化也發生在根數5到根數9，包含的「人格—靈魂」格局從「14-5」到「18-9」，我稱之爲「夜間牌」。

舉例來說（使用瑪麗蓮・夢露的生日：1926年6月1日）：

月＝　　　　　6
日＝　　　　　1
年＝　　＋1926
　　　　──────
　　　　　1933

1＋9＋3＋3＝16（塔牌）
1＋6＝7（戰車牌）

瑪麗蓮・夢露（Marilyn Monroe）是「16-7」人，16號「塔牌」是她的人格牌，7號「戰車牌」是靈魂牌。在排列組合中，沒有其他號碼是她的隱藏牌。所以像這類的組合（包含14-5、15-6、17-8和18-9）已經含括隱藏牌。

14號「節制牌」到18號「月亮牌」，都因爲它們介於13號「死神牌」和19號「太陽牌」之間，而被稱爲「夜間牌」。每一張都是描述深夜。在偉特牌系統中，14號節制牌勾勒出夕陽，15號惡魔牌是黑暗，16號的塔牌、17號的

星星牌和18號的月亮牌都是絕對的夜晚印象。這些牌本身就擁有一種「黑暗」，或被忽略、無法識別的一面。即使如此，我想提醒你，不要想著黑暗面就是壞的、邪惡的或價值低落的；畢竟，在我們穿過黑暗（沒有光的干擾）的旅程中，我們才能感知我們的眞實面目。

沒有隱藏牌：「19-10-1」的組合

因為10號牌「命運之輪」會出現在算式中，所以不是「隱藏牌」。它不會表現出通常與隱藏牌有關的「陰暗面」特質。

兩張隱藏牌：根數1到根數4

擁有個位數1、2、3或4（意思就是：人格牌和靈魂牌是1-1、2-2、3-3或4-4）擁有兩張隱藏牌，如表4所示。舉例來說，4號即擁有兩張隱藏牌：22號「愚者牌」和13號「死神牌」。這樣的排列組合相當罕見，大部分發生在第二個千禧年（實際上，在西元998年之後就沒有1-1的組合了）。

隱藏牌作為陰影牌

你的隱藏牌指出你本身所害怕、拒絕或沒看到的面向，這也是爲什麼它被稱爲陰影牌。這樣的「陰暗面」，是源於心理學家榮格使用和定義的一種個性狀態，此個性狀態充滿未知或只有片面資訊。這樣的個性遭到我們否定，我們不能直視面對。然而，我們依舊對這些特質敏感，進而傾向使用其他像是心理學的投射方法來分析這一切。

這些陰暗特質是二元論，有黑暗的一面，也有光明的一面。被稱爲「黑暗面」的特質都是我們懷疑或不喜歡的那種小小「罪惡」。如果我們毫不猶豫地接觸它們，它們便也擁有我們可以利用的強大靈性

能量。這樣的「光明面」擁有我們欣賞的特質（外觀、創造力、自信），也確實有潛力去掌握它們。但需再次提醒的是，我們無法自己發現它們。這些內在刺激常常因為不被外在意識的心智控制，所以會透過意想不到的方式，在不適當的時機出現。

　　陰影牌大致上的功能，與土星在個人星象圖的作用類似。土星是最外層的個人行星，正因為如此，它也建立了界線——一種我們無法往超個人和超自然學的經驗發展的界線。這張牌進而代表了超個人和超自然境界那種內在世界的關口。儘管如此，大多數的我們，透過如同鏡子的這張牌，讓自己看到自身所恐懼和著迷的事物。在這張牌中，我們都面對著自己的限制、執著，還有焦慮，這些都是我們的壓力來源。通常這個隱藏要素會指出「無形的信念」：那些超出其他信念、在標準之上的信念。例如，當一個信念說你對你的戀人的幸福有責任，這句話對應到有些人的「無形信念」就是指：如果你的戀人不開心，那是你的錯，你必須做一些事情來解決這個問題。

隱藏牌作為導師牌

　　我發現隱藏牌在你年少的時候，作用比較像是陰影牌。土星需要二十八年到三十年才能走完十二道宮位的循環。這意思是，它會回到你出生時的星相。這樣接近二十九年的土星運行被廣為稱作你的「土星回歸」。如同我之前提過的，土星這個代表你很多陰暗面、與隱藏牌擁有諸多相似特質的行星，每二十九年便必須面對自己一次。

　　在人們即將邁入三十歲之際，許多人們明瞭自身的陰暗面個性，也了解他們必須從自己的陰暗問題學習到最偉大的教訓。榮格稱這個陰暗面是你最偉大的導師，唯有透過了解你的陰暗面，你才能達到個體化的實現。在第二次的土星回歸，介於五十七歲到六十歲之間，陰

暗面將以新面貌和新層級重訪，也許會要求你放下以前學到、並習以仰賴的外在能力和責任，這樣你在後半生才能專注在更多內在靈性的發展上。

對於年過三十的人們，我傾向稱呼他們的隱藏牌爲他們的「導師牌」，因爲他們已經能夠積極且有意識地運用這些準則來做練習。我的意思不是說你不能在第一次土星回歸前做這些練習。有許多人很早就注意到他們的隱藏議題，到了土星回歸時會經歷一陣解放和喜悅。而絕大多數人都是陸陸續續地在面對他們的恐懼、內心約束和各種限制。這所有的問題都與導師牌相關。如果你有一張夜間牌（介於14和18之間的人格牌），則該牌將會包含一些隱藏特質的個性。

如果你是「19-10-1」人，你沒有隱藏牌；取而代之的是，你的10號牌「命運之輪」是你的導師牌。在這個格局中，將不會強調陰影特質；反之，你會有意識地感覺到生命帶給你所需要達到你終極目標的經驗。而最慘的是缺少發展那個對付你陰暗面的決心，你會傾向飄流一生，永不挑戰並且運用你多如繁星的才華。

你的隱藏牌永遠要你挑戰在平常經驗之上的事物。它通常代表你奮力去了解和發展自己，還有你身處的整個世界。

表5列出二十二個人格和靈魂的格局，以及與它們相關聯的隱藏牌。

表5：隱藏牌表	
人格牌和靈魂牌	隱藏（導師）牌
1-1 10-1 19-10-1	10, 19 19 10（導師）
2-2 11-2 20-2	11, 20 20 11
3-3 12-3 21-3	12, 21 21 12
4-4 13-4 22-4	13, 22 22 13
5-5 14-5	14 *
6-6 15-6	15 *
7-7 16-7	16 *
8-8 17-8	17 *
9-9 18-9	18 *

＊介於14和18之間的人格牌是夜間牌，該牌已經包含一些隱藏特質的個性，因此沒有另外的隱藏牌。

課題與機會牌

　　根據你的生日資訊，你也可以將同號碼的小秘儀牌當作你的靈魂牌。因此，舉例來說，如果你的靈魂牌是5號「教皇」，你也同時擁有所有5號系列的小秘儀牌為你的「課題與機會牌」。這些牌定義了你最有可能遇到的阻礙和挑戰的情況，這些也是你生命中的禮物和機會。這些牌暗示你必須學到的教訓經驗，這些經驗會發展你的人格和機會，進而表達你的靈魂目的。

　　舉例來說，如果你是皇帝—愚者組合（22-4），所有小秘儀的4號牌系列都是你的課題與機會牌。太陽牌—命運之輪牌—魔術師牌（19-10-1）則是例外，其對應的牌將會是所有的1號牌系列和10號牌系列。

你的星座與機會牌

　　每一張小秘儀牌（除了1號牌以外）會在第五章到第十三章展開一連串的討論。跟你特殊的生日日期對應的牌，稱為你的星座課題與機會牌。

　　黃金晨曦會依照每十度分派三十六張小秘儀牌，稱為「黃道十度分度」。1941年，墨瑞・布魯斯・哈斯布魯克（Muriel Bruce Hasbrouck）出版一本書《追求命運》（*Pursuit of Destiny*），其中他將Perdurabo〔譯註：阿萊斯特・克勞利（Aleister Crowley）在神祕學圈的名字，這個字代表：我會持續到最後〕和保羅（Paul Foster Case）當作她塔羅上的學習指引。1932年，她發現克勞利的著作《春分》（*The Equinox*）中包含了黃金晨曦會的文獻《Book T》，勾勒黃道十度分度的資訊，她也把這雷同之處寫在書內。

　　哈斯布魯克描述命運牌是一種以星相十天週期為基礎的心理學式

出生條件。它揭示了人的「根本、對生命基本挑戰的自然反應」⑪。雖然一個人的命運暗示了那個人的最終目的，哈斯布魯克仍勸告：「我們可以自由地爲自己選擇要怎麼使用與生俱來的武器……」（引自《追求命運》一書）⑫。

　　如果你願意，可以直接跳到關於你個人的人生牌部分，或是繼續閱讀第四章。

表6：你的人生牌

我的靈魂（個位數）牌是＿＿＿＿＿＿＿＿＿＿

我的人格（二位數）牌是＿＿＿＿＿＿＿＿＿＿（可以同時是你的靈魂牌）

我的隱藏牌／陰影／導師牌是＿＿＿＿＿＿＿

我的小秘儀課題與機會牌是：

　　　權杖＿＿＿號　　聖杯＿＿＿號

　　　寶劍＿＿＿號　　金幣＿＿＿號

我的小秘儀的星座課題與機會牌是＿＿＿＿＿＿＿＿＿＿

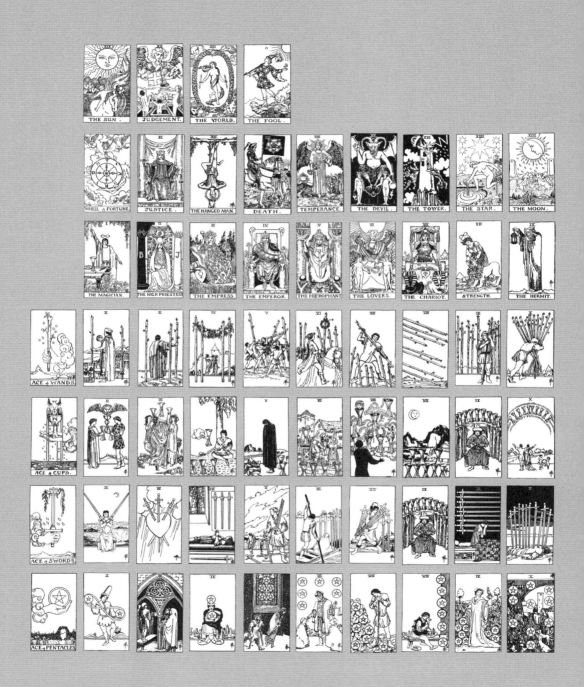

4

塔羅家族排列

在前面幾個章節中，你已經學到如何在同一個塔羅家族排列中，找到你的人格牌、靈魂牌和隱藏牌。本章節將提供塔羅家族排列的細節概要，也會在幾個獨立章節裡，告訴你一些使用這些資訊的方法。接下來的九個章節（第五章到第十三章）會敘述在塔羅家族排列中，你的牌代表的意義。

什麼是「塔羅家族排列」？

人格牌是你在人生旅程中的一個站牌，靈魂牌則顯示了你此生的目標或目的。這些牌根據九大基本原則而排列，在二十二個我稱之為「個人命運模式」（或是命運藍圖）的組合中可以配對成雙。這些藍圖和它們相關的排列是本書的核心關鍵。根據九大原則而排列的相關小秘儀牌，也代表了在你的靈性旅程中，地圖上進一步的里程碑。如果你對小秘儀牌的四種元素還不熟悉，本章節稍後會敘述它們的基本特性。

在形而上學裡，塔羅家族排列有九大主要原則（原型）。這些基本原型雖然無法明確指出，但實際上是一種無意識的趨勢，這樣的趨勢製造出所有人類文化的中心主旨。塔羅家族排列中的靈魂牌，賦予我們九種高我中最廣泛、也最必要的中心主旨。這些將在表7中顯示。

這九種基本中心主旨藉由家族排列中其他的牌而被放大。特別是你的塔羅家族排列，因為它們對應到你的生日牌和姓名牌（本書晚一點會解釋），這是根據你的生日而衍生出來的原型。你之後會在生命中表達、探索和發展的這些特定能量和原則，同時也是一種藉由遇到它們、進而了解它們的挑戰。這些挑戰指出你在這裡的目的，還有在此生中你能夠掌握的特定特質。

表7：靈魂牌的生命原型主旨一覽表	
魔術師	有意識的；本我外在意識；表面形象
女祭司	潛意識的；內在的全知本我；靈性
皇后	陰性的；富饒的，創造之母
皇帝	陽性的；井然有序的，嚴謹之父
教皇	精神性；導師；道德觀
戀人	選擇：聯合／分開；二元性
戰車	英雄；戰士；探尋；橫掃千軍
力量	女英雄；女魔法師；救助動物者；內在力量
隱者	老智者；未知世界之旅

塔羅家族排列和相關準則

接下來的部分，是塔羅家族排列及相關準則應該如何使用、如何延伸的概要。

☀ 關於魔術師家族的序列

包含人格—靈魂排列「1-1」、「10-1」、「19-10-1」。

原則：意志／專注的意識。

靈魂原型：有意識的；本我外在意識；表面形象。

1號象徵事物新生的機會，以及揭露你與四元素相關的技能。

10號則示範了正在發展的技能遇到挑戰的情況，還有在遵守原則下發揮極致的結果。

表8：塔羅家族序列表

排列	原則	人格&靈魂牌格局	隱藏牌（導師牌）	對應的小秘儀牌
魔術師（太陽，命運之輪，魔術師）	意志／專注的意識	1-1 10-1 19-10-1	10, 19 19 10（導師牌）	10s, 1s
女祭司（審判，正義，女祭司）	由直覺式覺察力而來的平衡判斷	2-2 11-2 20-2	11, 20 20 11	2s
皇后（世界，吊人，皇后）	愛／創意想像力	3-3 12-3 21-3	12, 21 21 12	3s
皇帝（愚者，死神，皇帝）	生命原力／能量的體現	4-4 13-4 22-4	13, 22 22 13	4s
教皇（節制，教皇）	教導／學習	5-5 14-5	14 *	5s
戀人（惡魔，戀人）	關係／選擇	6-6 15-6	15 *	6s
戰車（塔，戰車）	掌握改變	7-7 16-7	16 *	7s
力量（星星，力量）	勇氣／自尊	8-8 17-8	17 *	8s
隱者（月亮，隱者）	反省／個人操守	9-9 18-9	18 *	9s

＊介於14和18之間的人格牌，沒有另外的隱藏牌。

☀ 關於女祭司家族的序列

包含人格—靈魂排列「2-2」、「11-2」、「20-2」。

原則：由直覺式覺察力而來的平衡判斷。

靈魂原型：潛意識的；內在的全知本我；靈性。

2號象徵形成判斷的四種方式。

☀ 關於皇后家族的序列

包含人格—靈魂排列「3-3」、「12-3」、「21-3」。

原則：愛／創意想像力。

靈魂原型：陰性的；富饒的，創造之母。

3號象徵創意地展現愛的機會和挑戰。

☀ 關於皇帝家族的序列

包含人格—靈魂排列「4-4」、「13-4」、「22-4」。

原則：生命原力／能量的體現。

靈魂原型：陽性的；井然有序的，嚴謹之父。

4號象徵整合的機會，以及為了復興而做準備的機會。

☀ 關於教皇家族的序列

包含人格—靈魂排列「5-5」、「14-5」。

原則：教導／學習。

靈魂原型：精神性；導師；道德觀。

5號象徵透過經驗學習的過程中會面臨的挑戰。

☀ 關於戀人家族的序列

包含人格—靈魂排列「6-6」、「15-6」。

原則：關係／選擇。

靈魂原型：選擇：聯合／分開；二元性。

6號象徵維護、維持一段關係時所面臨的挑戰，以及為自己的選擇負責的挑戰。

☀ 關於戰車家族的序列

包含人格—靈魂排列「7-7」、「16-7」。

原則：掌握改變。

靈魂原型：英雄；戰士；探尋；橫掃千軍。

7號試煉出即使發生改變，無論是掌握或控制都能把持得住。

☀ 關於力量家族的序列

包含人格—靈魂排列「8-8」、「17-8」。

原則：勇氣／自尊。

靈魂原型：女英雄；女魔法師；救助動物者；內在力量。

8號象徵發展自信、追求願景的天賦和挑戰。

☀ 關於隱者家族的序列

包含人格—靈魂排列「9-9」、「18-9」。

原則：反省／個人操守。

靈魂原型：老智者；未知世界之旅。

九號象徵藉由審視、發現自己內在智慧而面對的挑戰。

小秘儀牌的元素

接下來的章節對於這幾種排列組合，包含小秘儀元素的意義，都能在其他相關書籍看見。如果你對於這些元素還不熟悉，這裡將會做個介紹，讓你作為參考。

小秘儀的四元素是基於四種要素。運用黃金晨曦會系統，權杖是火元素，聖杯是水元素，寶劍是風元素，金幣是土元素。這四個元素組成了你的內在，而且不斷地在變化，從來不會達到完美平衡。當你在解讀這些塔羅牌時，它們會告訴你這四個元素正發生什麼事，或是你自己內在的四元素面向發生了什麼事。（如果你使用不同元素類系統，你將需要充實你所選擇系統的相關資訊。）

在這裡關於排列的敘述中，你將會發現每一張小秘儀牌都有註記，能對應著黃金晨曦會的特定範圍日期、黃道宮位的十度，還有這種宮位角度被定義的個性：元素和特性。

★ 每個元素的2號、3號和4號是**基本星座**。白羊座、巨蟹座、天秤座和摩羯座是季節之初，顯現出元素的主張及幹勁。

★ 5號、6號、7號是**固定星座**。金牛座、獅子座、天蠍座和水瓶座，它們表現出元素的深度、穩定性和執著面。

★ 8號、9號和10號對應**變動星座**的雙子座、處女座、射手座和雙魚座，它們表現出在準備完結、打算另起爐灶的彈性和適應性。

另外，如前面章節提到的，每張牌都代表與該牌相關聯的黃道十天時間期。舉例來說，權杖10是射手座（變動星座）的第三個時間期，包含了十二月十三日到二十一日。因此，與你生日（月和日）對

應的小秘儀牌，也通常被稱爲你的本命課題與機運，它作爲你其中之一的人生牌，在本書第三章有介紹其功能。

可以運用「排列」的情況

在接下來九個章節的排列資訊，可以在以下情況中使用：

1. 查詢自己的人格牌、靈魂牌、隱藏牌／導師牌。

2. 跟你的人格牌、靈魂牌、隱藏牌（詳見第二章）中出現的圖像對話；直接找出祂們必須對你說的話。

3. 算出問卜者的人生概貌和解讀他們近年來的流年牌。

4. 提供你的問卜者一個特別的諮詢，這個諮詢是以人生牌和家族樹（後面會詳述）來檢驗他們的人生，再加上他流年牌的象徵描述（詳見第十四章）。

5. 在任何解讀中，使用排列敘述來解釋每一張牌。特別是你把握住的原則，以及呈現的課題和挑戰。把握這些教條，在占卜中專注於那些潛藏又可把握住的訊息，還有經驗的目的，這些資訊會告訴你當前能量的流動狀態。

6. 當在占卜牌陣中出現一張特別重要的牌，或是三張以上列屬同個塔羅牌列的牌，要考慮到這些基本原則在排列中的影響。審視這些排列中的牌，找出在生活中與這股力量共處的方法。

7. 爲你的家人和朋友找出人生牌。如果你想要，儘量寫下你家族的家族樹根源和枝末發展，爲每一位家人找出他們的牌。考慮到這些相關模式的組成，以及這些關於血緣、關係和相互作用是如何促成了你的家族命運〔在此謝謝卡莉・巴黎絲（Carrie Paris）對於家族樹的提醒〕。

8. 閱讀與你的塔羅牌列有關的名人事蹟（網路讓查詢變得更容易），從中找出任何相仿、有趣和巧合的地方。記住這些牌將不會像解釋他們爲何做這件事那樣，來解釋他們幹了哪些事。對於作家和哲學家來說，這是他們著作中常見的關鍵議題。這些名人最廣爲人知的是什麼樣的名言呢？問問自己，那些名人生命中的顯著主題如何能運用在你的人生中。注意這樣的特殊命運藍圖包含了相當多不同的「種類」，可能透過多樣化的行爲和專業來表達出人生主題。

9. 將你的塔羅家族排列牌散落在地上或桌上，用不同的、多樣的方式移動它們，直到你找到一個對你而言有合理解釋的藍圖。問自己以下問題：

★ 那些牌有哪些地方相似？有哪些地方不同？

★ 同一個排列裡，小秘儀牌如何能夠發揮像大秘儀牌那樣的能量？

★ 這些小秘儀牌如何表達出有益或振奮人心的個性特質？它們又是如何呈現出該特質的限制和問題呢？

★ 同一組排列中，對應的大秘儀牌又如何建議你對付那些小秘儀牌所顯示的挑戰呢？

★ 小秘儀牌敘述的哪些狀況中，能教會你運用秘儀牌的潛在力量？

★ 什麼樣的情況下，小秘儀牌是大秘儀牌的課題？哪些情況下，小牌是大牌的資源？

10. 如果你教導塔羅牌，在教導學生大秘儀牌時，要特別介紹人生牌和流年牌的意義。大班教學的話，可以根據學生們的生日排列將他們分成小組，討論這些牌跟每個人相關聯的程度，然後再讓小組在課堂上分享他們的發現。

表9：小秘儀牌組表

象徵符號	包含元素	元素涵義
	權杖 火元素	自我成長；精神；靈感；能量；創造性；啓蒙；熱忱；慾望；熱情；覺知；動作；行動；樂觀；直觀功能。
	聖杯 水元素	感情和情緒；無意識的；想像；成為靈媒；夢想；觀想；内在流程；關係；接受能力；反射；感覺功能。
	寶劍 風元素	思考；鬥爭；衝突；決策；機智和狡猾；分析；討論；溝通；心智流程；敏銳；批評；悲觀；思考功能。
	金幣 土元素	結果；現實化；感官；安全感；落實；自我中心；表現；技能；技術；獎勵成就；勞動成果；傳統；外在物質；感官功能。

這些根據你的生日日期而來的塔羅排列，依照文化信仰、風俗，以及多數西方世界使用的太陽活動週期曆法等觀點來描述你。這些描述的特徵皆為概括常見的例子。每個人都有屬於自己獨特的方式，用來表達命運安排他們自身的可能性。運用這些概括的知識，僅僅是作為自己思考和見解的起點。

THE SUN .　　　WHEEL of FORTUNE.　　　THE MAGICIAN.

太陽　　　　　　　命運之輪　　　　　　　魔術師

ACE of WANDS.　　ACE of CUPS.　　ACE of SWORDS.　　ACE of PENTACLES

魔術師家族

5

魔術師家族
19-10-1

太陽（19號牌）

命運之輪（10號牌）

魔術師（1號牌）

權杖一 & 權杖十	聖杯一 & 聖杯十
寶劍一 & 寶劍十	金幣一 & 金幣十

意志與專注意識的原則

魔術師		
對應行星：	水星	
塔羅排列的對應功能：	與本我合一：獨立個體	
命運之輪		
對應行星：	木星	
塔羅排列的對應功能：	整合多樣性；社群中的獨立個體	
太陽		
對應行星：	太陽	
塔羅排列的對應功能：	與靈魂合一：與一切合一	

靈魂原型：有意識的；本我外在意識；表面形象。

關鍵字：溝通；高我意識；個人化；自我表達；進取心；成為一（At-one-ment）；創意。

如果你是 10-1 人，請讀此章節以下部分：

靈魂牌是魔術師（1號牌）

人格牌 / 導師牌是命運之輪（10號牌）

隱藏牌是太陽牌（19號牌）

10-1的名人

小秘儀牌1號牌和10號牌

如果你是19-10-1人，請讀：

靈魂牌是魔術師（1號牌）

人格牌／導師牌是命運之輪（10號牌）

人格牌是太陽牌（19號牌）

19-10-1的名人

小秘儀牌1號牌和10號牌

★　★　★

靈魂牌是魔術師（1號牌）

（適用19-10-1人或10-1人）

與本我合一，獨立個體

魔術師代表著專注意識和意志。這張跟水星有關的牌，指出你是個訊息傳遞者、一位身懷工藝才華的工匠，能夠調度資源，無中生有。

在桌上的四種元素符號象徵著你可以掌握這四種元素，把它們當成工具使用。

身為一位魔術師，你有創意地運用你的心智和雙手。你擁有強大、專注的心理素質，能夠無師自通。你擅長影響他人、控制周遭環境。邏輯分析對你而言易如反掌，你也能把握此特質來操控太陽底下

的任何資源。

對你來說，爲別人工作可能有點難度，因爲你會想要專注在自己的想法裡。你會爲你的課題注入所有的能量。這可幫助你相信並傳遞自己的想法，但這種自我中心的傾向不見得會容得下他人，除非其他人願意跟隨你。你是個個人主義者。你非常沒有耐心，而且期待立竿見影的滿意成效。

要發展你最卓越的能力，你需要明白你能夠成爲較高意識的管道。如果你對聖靈敞開你的心靈、讓神聖意志流向你，你也許能變成19-10-1人當中傑出的療癒者、教育者、領導者、發明家、投資者和各式各樣的傳播者。

你的思想創新、快速且行動一致；相對地，你也很容易被新的想法牽制，所以如果能有個幫手來完成手邊的任務會有所助益。你會傾向認爲工作和作品是你的經歷，而將其視爲自己的一部分，因此會對這些經歷所遭到的批評感到敏感。

你擁有神奇的能力能夠轉變和改造自己，把平淡無奇的事物變得神祕而不可思議。當你的意識賦予共時性意義、你的演出無可替代時，你了解你自己。

在你最壞的一面上，你可以成爲一個騙子或花言巧語的騙徒，說服他人可以不勞而獲。你玩詐欺遊戲，創造虛幻來達成個人的目的。對你接觸的那些人來說，你的與眾不同，讓他們相信你所扮演的那個角色。擁有無窮魅力和令人陶醉特質的你，會在欣賞你娛樂能力的人面前，展露你最好的一面。

魔術師也可能容易有稱之爲「彼得潘症候群」（Peter Pan complex）的症狀──不想要長大和承擔成人的責任。雖然你常有童稚之心，但太過分的話就變成了個性上的自滿。你在脫口而出的當下

情緒滿滿，但隨後即忘。如果你是女性，並且壓抑自己樂觀以對的一面，你可能會將此特質投射在另一半身上，反射出你的隱藏慾望——拒絕長大的渴望。

魔術師只作為靈魂牌，也因此你無法將它作為人格牌、隱藏牌或流年牌。在1998年1月1日以後，數字1的靈魂牌便再也沒出現，一直要到9957年12月31日之後，這樣日期的數字加總才能達到一萬（如果我們的曆法可以維持那麼久的話）。

人格牌／導師牌是命運之輪（10號牌）

（對10-1人來說是人格牌，對19-10-1人來說是導師牌。自西元998年以後，命運之輪這張牌就不再可能是隱藏牌。）

整體多樣性，社群中的獨立個體

命運之輪代表改變、變遷和概念的拓展。它是運氣之牌，包含好運和壞運。當命運之輪轉動，新的機會湧現，舊事物也轉到一個新關口。傍倚著輪子旁、身處角落的四個角色是以四種元素方式，代表超人類精神守護著輪子的神聖循環。

木星是跟此張牌最有關的行星，這張牌也擴張魔術師的聰明才智到新的層級，提升到哲學的觀點。你因為能看見事物整體的樣貌而握有選擇權。你的信念和希望可能促使你（持續）陷入絕望（雖然可能不會太久）。你的點子就像是這張牌裡四個角落的角色拿的書那樣，連結這張牌回到魔術師的心理特質，透過出版或其他形式的傳播媒體，傳達給大眾（以我們現代文化術語來解釋，祂們拿的書如同攝影機或電腦）。

在魔術師階段啓蒙的創意，到命運之輪階段發展出潛在可能的利益。如果你的人格牌是命運之輪，你能透過改變學習新事物。在改變中，你孤注一擲，承擔出現在你眼前的風險挑戰。你能體驗在世俗工作的效益，沒多久後，它們的影響力會轉化成你意想不到的方式捲土重來。因此，你也許需要面對因爲你魔術師靈魂而無心造成的結果。對你而言，感覺到能掌握自己的命運是很重要的。

麻煩的是，你很容易捨棄發揮自我色彩、自身好運、機智等這些能讓你安身立命的特質，而選擇隨波逐流。在面對新奇有趣的情況或引人入勝的道路時，有時候你是漫無目的的。如果你能花久一點時間在等待上，你就能得到你需要的東西。但你沒有恆心，也對細節缺乏耐心，容易讓許多目標都半途而廢了。這樣飄忽不定和半吊子的態度，讓你不能發揮自身的最大潛力。

即使如此，最重要的，命運之輪展現了彈性，以及在好運發生時把握機會的能力。你的個性隨和、肚量大且寬容厚道，你視生命低潮如同生命高潮般，知道風水輪流轉，塞翁失馬焉知非福。

人面獅身守衛著未來發展的大門，詢問你是否願意再重新輪迴、投身命運之輪，尋求更高的人生智慧。

隱藏牌是太陽（19號牌）
（適用於 10-1 人）

太陽牌對於 10-1 人來說，很諷刺的是你的陰影牌。但是，你這個陰影被榮格稱作是「明亮陰影」，這意味著你也許對於自己的良好特質和成就有辨識上的困難。瞧瞧你的周遭：有沒有你想成爲的人？也許你並沒有充分

評估自身的價值，而常在跟他人比較之下妄自菲薄。

又或者，矯枉過正的你認為自己是如此獨特，沒有人跟你一樣或是能夠了解你。若想要多認識你，發現你想要成為某人的宇宙中心，但很難達到，因為你傾向低調。你的一部分工作是找到生命中能照亮自己的中心任務，並賦予它們意義。在那之前，你也許都會發現自己陷入無限循環，一直在嘗試事物、找尋目標。當你發現你的目標簡單明確，不論那是什麼對你而言重要的東西，人生的焦點將會到來。

在你的年少時期，你可能覺得要向人敞開心胸很難。基本上你是個獨立自主的人，對於能夠獨自完成的工作方式感到自在。你不讓其他人太靠近你，因為人生的不確定性，使你很難信任別人，認為他們可能今天來、明天就離開了。之後，當太陽牌成為你的導師牌，你將會漸漸打開心房，發現友誼的快樂。你最重要的課題之一就是學會信任，包括相信自己會做得很好，以及用更深層的直覺去信任他人。當你缺乏信任，你會懷疑生活中的一切、你自己和友誼的價值。對一個正在轉換形象的魔術師靈魂牌而言，你的身分多變難捉摸，隨著每個新場合而變化。而太陽牌激起你的挑戰，讓你辨識出自己在現實中的創造者身分。

10-1的名人

哲學家勒內・笛卡兒（René Descartes）的另類「證神論調」，被我們懷疑，從而得出如果我們的懷疑是經過思考的，進而得到我們是個會思考的存在，亦即「我思，故我在」。然而，對笛卡兒來說，心智和物質是完全風馬牛不相及的——一個是天上（精神），一個是地上（物質世界）。

勒內・笛卡兒（哲學家）1596年3月31日

老虎‧伍茲（Tiger Woods，高爾夫球員）1975年12月30日

卡卡（Kaká，巴西籍足球運動員）1982年4月22日

雷霸龍‧詹姆士（LeBron James，籃球員）1984年12月30日

女神卡卡（Lady Gaga，歌手）1986年3月28日

麥莉‧希拉（Miley Cyrus，演員，歌手）1992年11月23日

人格牌是太陽（19號牌）

（適用於19-10-1人）

整體精神，與一切合一

太陽代表了整片陽光所帶來的整體性、成就和啓示，完全地磊落光明。詩人華特‧惠特曼（Walt Whitman）這個19-10-1人曾寫道：「給我璀璨寧靜的太陽，和它耀眼的光芒！」太陽的人格特質，讓你基本上是個樂觀開朗的人。就像向日葵一樣，你永遠都看著事情的光明面。這張牌的牆象徵著你要覺察你的極限。你正學習認識你的成就，而如果你曾成功踏上命運之輪中的內在途徑，你就能充分了解你自己，並且啓動對其他事物的動機。

如同孩童般，你純眞地喜愛著生命中的微小事物，並發現自己因為沒有不實動機，這讓你能走向眞實、駕馭自己的直覺。你散發出一種任何人都可以完成他們夢想的信念，因此能鼓勵他人。你的信念帶出他人最好的一面。

許多太陽牌裡是有兩個小孩在陽光下跳舞，這強調了你樂於跟他人分享你的經驗。也因此，這是一張聯合創造力的牌。你需要同伴來分享你的點子、一同努力和玩樂。基於在神話和故事裡，太陽一直跟月亮配對成雙，所以你也覺得需要夥伴來跟你成對。魔術師是你的本

質，這讓你太投入於事物中，以致很難找到跟你有相同興趣的另一個人來發展關係。這像是個「愛我就要愛我的全部」的人生考驗。你無法將自己從工作和想法中抽離，因此需要某個人來了解你的興趣、並且介入生活，起碼這個人要願意聆聽你的聲音。因為你是個充滿理想的領導者，你的「另一半」應該當個支持者和收拾殘局的人。你喜歡活在眾人注目下。如果你的人生伴侶能夠應付接踵而來的任務，你就能擁有良好的人際關係，不然你的競爭對手會太多了。

如果你從事一份不能發揮創意或無法獨立作業的工作，你將永遠不會視這份工作是你的「天職」，而會認為它只是一份工作罷了。因此，你將會需要另一個可以讓你「發光發熱」的出口。

19-10-1 的名人

你可以從名單中發現，19-10-1人多是領導者、投資者及非常傑出的個人主義者。他們發起新的活動，許多「創舉」都要歸功於他們。比起其他數字組合，這個數字組合有更多人是有眾多擁護者的首腦，以及事件或活動的顯要發言人。

喬治‧華盛頓（George Washington，美國總統）1732年2月22日
拿破崙‧波拿巴（Napoleon Bonaparte，法國皇帝）1769年8月15日
卡爾‧馬克思（Karl Marx，社會學家）1818年5月5日
華特‧惠特曼（詩人）1819年5月31日
赫爾曼‧梅爾維爾（Herman Melville，作家）1819年8月1日
蘇珊‧安東尼（Susan B. Anthony，改革家，女性主義者）1820年2月15日
列夫‧托爾斯泰（Leo Tolstoy，作家）1828年9月9日

尼古拉・特斯拉（Nikola Tesla，發明家，電機工程師）1856年7月10日

瑪麗亞・蒙特梭利（Maria Montessori，教育家）1870年8月31日

卡爾・榮格（Carl Jung，心理學家）1876年7月26日

喬治・葛吉夫（George Gurdjieff，玄學家）1877年1月13日

歐內斯特・海明威（Ernest Hemingway，作家）1899年7月21日

華特・迪士尼（Walt Disney，動畫師，製片家）1901年12月5日

維爾納・海森堡（Werner Heisenberg，物理學家）1901年12月5日

西蒙・波娃（Simone De Beauvoir，存在主義作家）1908年1月9日

羅恩・賀伯特（L. Ron Hubbard，作家，山達基教派創始人）1911年3月13日

葛培理牧師（Billy Graham，傳播福音者）1918年11月7日

馬丁・路德・金（牧師，社會運動者）1929年1月15日

魯柏・梅鐸（Rupert Murdoch，媒體大亨）1931年3月11日

薩爾曼・魯西迪（Salman Rushdie，作家）1947年6月19日

O・J・辛普森（O. J. Simpson，美式足球運動員）1947年7月9日

布魯斯・史普林斯汀（Bruce Springsteen，音樂家）1949年9月23日

麥可・摩爾（Michael Moore，製片家，政治評論家）1954年4月23日

史蒂芬・賈伯斯（Steve Jobs，蘋果創始人）1955年2月24日

馬友友（Yo-Yo Ma，大提琴家，作曲家）1955年10月7日

湯姆・克魯斯（Tom Cruise，演員）1962年7月3日

吉米・威爾斯（Jimmy Wales，維基百科創始人）1966年8月7日

小秘儀 1 號牌

ACE 或 1 號牌代表你製造的意識層級。它們不僅代表你的四個元素技能，也代表你專注力量的四個領域。為了真的能夠專注於你的意識和能量，你必須承諾盡力而為。1 號牌代表出發點、萌芽種子，以及在每張 1 號牌上彰顯出的精神所提供的理解機會。它們也同樣代表任何新計畫在啟動時必須有的前進。它們為一開始的重心和能量焦點留下註記。萬一其中之一的 1 號牌元素能量太弱，這計畫就可能失敗，得重新來過。

權杖一：火元素之始

權杖一代表被激發的意識如同火一般的靈光乍現。抽到這張 1 號牌，你要緊緊地把握住機會。就像燃燒的火炬、高明的點子般，迸發出熱情的光和能量。你喜歡這即將到來的任務挑戰。你擁有天賦來發展你的主意，並讓這想法茁壯、興盛。這張 1 號牌給予你一開始的衝勁，讓你懷抱熱情的意願開始行動。

聖杯一：水元素之始

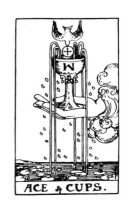

聖杯一代表的是愛的意識。抽到這張牌的你，要打開你的心來面對你的感覺，意識到你所抗拒的事物。你必須抱持開放的態度來接收希望，以及那些因為你追求目標隨之而來的懷疑。你覺得自己跟這部分有內在連結，也願意長期地滋養它嗎？如果答案是沒有，那麼這張 1 號牌將在你最初的熱情消退之際，隨之失去價值而被忽略。杯子中豐盛流動的水，象徵著你對想法的熱情，

那是能讓想法源源不絕成長的關鍵。這張牌代表你的情感上歡迎著任何需要發展的事物，而且會讓其豐盛起來。

寶劍一：風元素之始

寶劍一代表思考及集中意識。抽到這張牌的你，要分析哪些工作需要被完成，運用邏輯和辨識力來採取必要步驟。你利用許多方法來剖析利弊。你蒐集、整合所有需要的資料。這把寶劍象徵把不必要的細節去除，讓你專注在焦點上。這張牌代表著在一開始，你會勇於系統化地發展你的想法。

金幣一：土元素之始

金幣一代表具體化意識。它提供你穩定性和技術來得到成果。你頑強地繼續執行，因為你想要看到最後的成果，品嘗辛苦勞動後的甜美果實。辛苦付出的成品結果，往往成為下一個目標的種子。這張牌代表你默默地實現夢寐以求的結果，並決定該如何用新的方式來栽種這些果實。

小秘儀10號牌

10號牌是所有循環的終點，也是下個循環的起點。這提醒了我們所有1號牌真的是前一個流程的結果。仔細端詳10號牌，我們可以得到衛尾蛇（Ouroboros）的圖片──一條用嘴巴咬住自身尾巴的蛇──進而了解生命是不斷循環的過程。所以，如同命運之輪一樣，10號牌註記著轉換和改變。通常這樣的改變是有助益的，又或是這

樣的改變被牌上元素的象徵事件給阻撓。10號牌代表我們經歷9號牌的考驗而完成的結果，它們同時代表著四種元素能量隨之而來的必然結果。

對於那些序列為魔術師的人來說，10號牌可以說是對他們在溝通和獨立過程中出現的祝福或挑戰。

權杖十（生日介於12月13日至21日，20～30度射手座，變動宮之火元素）

權杖十表現出當你負荷太多工作時的下場，你的創造力會因為工作太多而被抑制。如果你負載著很多甚至過重的責任，會讓你無法出現強而有力的成長。如果你為其他人煩心忙碌，你就無法留時間給自己。你的視野會被隨時的擔心和日復一日單調沉悶的工作所蒙蔽。

另一方面，權杖十展示出發展責任感的重要性。當你完成你的義務和協定，你便發展出所有社會人際關係中必備的成熟老練；你會發掘自己的信念，以及相信自己有能力達到目標。

聖杯十（生日介於3月11日至20日，20～30度的雙魚座，變動宮之水元素）

聖杯十指出你擁有帶來光明、帶給身旁人們極大鼓勵的天賦。你的親朋好友對你來說意義重大，失去他們，你將感覺不完整。你需要其他人來跟你的靈感點子溝通，他們的反應對你而言也很重要。即使獨立是你主要的個性，你還是需要一個高度社交的環境來表達自己的性情，這樣的人際關係對你來說就是豐盛的財富。

聖杯十展露出你的挑戰是不切實際的幻想，沒考慮到現實的夢想。彩虹代表承諾，但這必須要辛苦耕耘才能實現。儘管如此，你的世界一家、和平共處或是擁有快樂家庭的夢想，在實現之前必須能夠先清楚地洞察。

寶劍十（生日介於6月11日至20日，20～30度雙子座，變動宮之風元素）

寶劍十代表當你被朋友反對或不能著手進行一項計畫時，你感到悶透了。這張圖畫著被劍刺中背部。對你來說，這差不多完全否定了你的自我價值。

對你來說，最大的挑戰之一是明白並辨別出該放棄的時機，像是放棄跟一個忘恩負義的朋友來往，或是捨棄已經浪費許多力氣的工作。這就像是夢魘，在夢中有「東西」追逐你，但你無法拔腿就跑，好似你的脊椎被切斷，全身癱瘓，不能動彈。你可能需要放棄嘗試，停止反抗這場注定要輸的戰役。一旦你投降，你將會發現改變發生了：癱瘓的感覺解除了，你也能跑了；或者，你最後會發現面對的怪物並沒有想像中那麼糟糕。這是一張「大難不死，必有後福」的牌。烏雲散去，新的一天即將開始。寶劍十在祝福象徵上代表著你從每個角度檢視事物、想要徹底掌握事物的所有狀況。你努力、勤奮地蒐集知識，拓展自己，並且將會發展成你自身的智慧。

金幣十（生日介於9月12日至22日，20～30度處女座，變動宮之土元素）

金幣十表示你能夠運用所得的資源財產和天賦，去打造世界上耐

久堅固的結構。你的挑戰在於把世界打造成更適合居住的地方，留下穩固的有形基礎給後世享用。你的另一個挑戰是善用你的天賦來支持那些對你而言意義重大的傳統。像是聖杯十，這張牌就代表你從朋友、親人和先人那裡得到極具價值的支持。大部分人生牌是命運之輪的人就如同牌上所畫的一樣，是絕不可能窮困潦倒的。

　　這張牌裡的老人，身上穿的袍子具有魔法象徵，他的權杖倚靠在拱門旁，卡巴拉生命之樹上面的十枚金幣代表著在現實中，這是一張關於魔法的牌。這位老人就是魔術師，現在已經歷過人生的大風大浪而成為一位老巫師了。雖然你會為後繼者留下你的淵博知識，但在你的深層智慧裡，你明白每個新生之子都必須重複經驗這樣的人生旅程。

審判

正義

女祭司

女祭司家族

6

女祭司家族
20-11-2

審判（20號牌）

正義（11號牌）

女祭司（2號牌）

權杖二　　　聖杯二

寶劍二　　　金幣二

由直覺式覺察力而來的平衡判斷

女祭司		
對應行星：	月亮	
塔羅排列的對應功能：	個人知識；內在真理	
正義／判斷		
對應星座：	天秤	
塔羅排列的對應功能：	社交智慧；社會／眾所皆知的真理	
審判／永恆		
對應行星：	冥王星	
塔羅排列的對應功能：	對宇宙的理解；靈性真理	

靈魂原型：潛意識的；內在的全知本我；靈性。

關鍵字：直覺；自給自足；自信；獨立；二元性；本我與其他人；選擇；分析；分裂；反射；洞察力；平均或對照；均衡；調整。

如果你是2-2人，請讀此章節以下部分：

人格牌／靈魂牌是女祭司（2號牌）

2-2的名人

隱藏牌是正義牌（11號牌）

隱藏牌是審判牌（20號牌）

小秘儀牌2號牌

如果你是11-2人，請讀：

人格牌／靈魂牌是女祭司（2號牌）

人格牌是正義牌（11號牌）

隱藏牌是審判牌（20號牌）

11-2的名人

小秘儀牌2號牌

如果你是20-2人，請讀：

人格牌／靈魂牌是女祭司（2號牌）

人格牌是審判牌（20號牌）

隱藏牌是正義牌（11號牌）

20-2的名人

小秘儀牌2號牌

如果你的11號牌是力量牌，請讀：

11號牌是力量牌的時候

★　　★　　★

THE HIGH PRIESTESS

靈魂牌是女祭司（2號牌）

（適用於2-2人、11-2人或20-11-2人）

個人知識，內在眞理

　　女祭司代表智慧、獨立和自給自足的內在心智，或是靈性。以占星學的角度來說，這張牌跟月亮有關，它代表了月亮的陰晴圓缺和潮起潮落。它也映照出我們當前的遭遇是先前發生的事物和記憶等符號象徵，加以編碼後，再透過投射方式（像是女祭司身後的帷幕），用我們的夢或感覺投射在我們身上。雖然女祭司常被歸類成貞女祭司（Virgin Priestess），我們必須回顧「貞女」這個字詞最原始的版本，找出它的原本意思是「全心全意地奉獻她自己」、「不屬於任何男人」。她是一位全心奉獻給女神的神職人員，掌管神祕生死學、我們過去和未來的生命、以及我們此生目的的知識管理員。瑪莉・埃絲特・哈定在其著作《女人的奧祕》（*Woman's Mysteries*）中，實際上用了一段文字來形容女祭司：

　　　　一個處子之身、全心投入自己的女人，會恪遵其職——不是因爲想要討好誰、想要被喜愛，或是被認同，即使是被她自己認同；不是因爲想要支配他人而把持權力……只是因爲她如實而行。⓭

　　身爲塔羅王牌的第二順位，採用與本我合一的概念，女祭司代表的是你對二元性「另一面」的理解。她就像個開始了解萬物皆不只一

面、不是與母體分離的小嬰孩。還有，畫面中的棕櫚葉和石榴（象徵性和富饒）相互交錯，這張牌也可代表如高我和他人、陰與陽、光明與黑暗等多種二元性。

身為女祭司，你憑靠直覺做決定，且經常改變決定。這不是因為你變幻莫測，而是因為你明瞭事物環境永遠在變，能量消長起伏不定。你以自己必須仰賴的內在節奏行動，無法操之過急。你的平靜力量能安撫那些經常被你的平和氣場吸引的人。因為你是個優秀的聆聽者，因此人們可以在你面前敞開心胸、暢談他們的煩惱。你似乎知道他們內心深處的想法。你不帶評論的態度，讓他們在與你對話中找到自身的想法和感覺。

你富有同情心和靈性，能夠察覺情勢下的暗湧波潮。你常會在親身經歷之前就能心知肚明。保持開放的心胸來面對這一切不可思議之事，能幫助你快速地轉換心情。你通常能夠如同感應自己的心情般來感受對方的情緒。這張正義牌可以幫助你，將你的能量從其他人的情況中抽離。

對你而言，心理上和生理上富足的必要條件，就是靠近水源。如果情況允許，泡個加了鹽巴和小蘇打粉的熱水澡，將能幫助你淨化能量場。你的力量來自水源和月亮，跟涼爽、深沉和液體有關，這些要素都得囊括其中。

對女祭司而言，高度發展的陰性特質、女性朋友、女性心靈導師或老師都是非常重要的。因為男性通常都會覺得必須壓抑他們陰性方面的特質，以致他們可能將自己內在的女祭司特質投射在其他人身上。因此，靈魂牌是女祭司的男性擁有著高度發展的靈魂──內在陰性的形象，而他們一直在外在世界尋找這種形象。他們的問題是：現實生活中沒有一個女人可以符合這樣完美理想的形象。

　　你獨立且自信。獨處對你來說很重要，因爲這是一個可以讓你重新與你的靈性資源連結的機會。你不常披露你的感覺，也常吸引那些發現你深不可測且有智慧一面的人。你的想法和情感驅使你。你的頭腦會以過去記得的經驗來比較分析當前局勢，而這些反應是飽含情緒的。

　　如果你壓抑你的直覺和靈性經驗，你可能會開始懷疑玄學的信念，以致於讓你想到莎士比亞的經典台詞：「那位女士辯解得太多了。」（The Lady doth protest too much.）稍後，你將會更難相信你的直覺，並試圖解釋你做每件事的「原因」。

　　你的夢對你很重要，請將它的內容寫下來。它們對於進入你的潛意識來說，深具意義，並且可從你的內在獲得寶貴建議。藉由觀察你自己深層的潛意識，你能夠了解自己。

　　女祭司的問題在於她天生的矛盾本質。她可以歡樂地吸引他人，或是捲入陰謀謊言。你可以是具有彈性或是反覆無常的。你可以不信任邏輯，睥睨邏輯的一切，或正好相反地不信任直覺，創造邏輯的表象和謬論。你可以爲自己在情感上的敏感而自豪，或是對所有影響你內在平靜的事冷酷地保持安全距離。

　　如果你的人格牌和靈魂牌同時是2號牌女祭司，那麼正義牌和審判牌都會是你的隱藏牌，請讀這兩張牌的解說。

2-2的名人

　　2-2的名人只有一小段時間能夠出生。

　　瑪麗亞‧凱莉（Mariah Carey，歌手，歌曲創作者）1970年3月
　　　27日

人格牌是正義（11號牌）

（適用於11-2人）

社交智慧；社會／眾所皆知的眞理

　　正義牌代表由我們創造來維持秩序和補償損傷之處的社會和文化律法。象徵眞理的神祇如埃及的瑪特（Ma'at）和希臘神話的忒彌斯（Themis）及雅典娜（Athena），都是追尋並維持內在平衡和生命節奏。外在的律法必須根據我們內在天性而訂定，以保持公平。

　　這張牌代表你認爲因應外在來調整自己是重要的。你會爲你自己影響自身和他人的判斷與決定而負責。你注意到自己必須爲行爲的連鎖反應來負責，所以你會前瞻性地注意那些因你投入和行動所造成的潛在性影響，或者你會回顧自己做了什麼而達成特定的結果。

　　作爲人格牌的解讀，正義牌可視爲你必須對自己誠實，因爲正義或慈悲都不能缺少對自己的誠實。你藉由小心翼翼地評判人們、情境和你相信的信念，從錯誤中學習。當這信念不再具有效益、也未帶來合適的結果時，你將能夠跟你自身連結，將自己從過時的觀念中釋放出來。你的眞理之劍，斬斷了錯誤的鏡花水月、浮誇和南柯一夢。但你將會強烈地捍衛能代表你基本存在實相的想法。極端一點的例子，像是莎莉・妮可（Sallie Nichols）在《榮格與塔羅》（*Jung and Tarot*）一書中提出，你可以「在法庭裡」投入所有的時間，要求一切事物皆公平；或者，拋開在你身上下功夫，只是譴責體制。

　　你看待世界的邏輯方式，意味著你會更專注在因果的規則上，並且更傾向倚靠演繹推理法則。然而，女祭司在作爲靈魂牌時（注意到

女祭司和正義這兩張牌都出現兩根柱子），你必須學習運用邏輯和直覺來平衡你的判斷（柱子象徵性地混合成灰色）。正義這張牌要告訴你的是：善用女祭司的智慧來待人處事。

你期望自己能夠彌補過錯，一如你希望善有善報。當你在做決定時，你會小心翼翼地像用一組秤子般來衡量所有的利弊得失，以確保兩邊能維持平衡。你藉由觀察規則來追求和諧與穩定。要記住，唯有透過混亂的痛苦覺醒，才能感念並珍惜得來不易的平衡。

你用衡量、平衡的方式來對待大部分記憶，期望能達到內在和諧。基於這個理由，許多知名的11-2人都與孩童們相關。他們在心理學發展中鑽研童年經驗的關係，或是以筆代劍的方式，記錄追尋年少感受與記憶的意義。

身為一位11-2人，在遇到情緒高壓和無法表達情緒的打壓之下，你努力地處變不驚。你可能會發現寫作不僅是個很好的情緒出口，也是你關心公義的出口。

隱藏牌是審判（20號牌）

（適用於2-2人或11-2人）

審判牌是隱藏牌時，表示改變和轉型是必要但艱難的。你能感覺到世俗當權正在衡量你的輕重。你會變得非常挑剔他人和自己。你想要一切都在控制之中，但你卻看見其他比你更有權力的人，也許這讓你覺得自己只能處於挨打姿態，而非主動姿態。你也許會透過消極抵抗來取得權力。

你對全球與大地變化的高度敏感，會讓你個人

極度不舒服，甚至受到驚嚇，這源自於你感覺到大自然的正義往往透過毀滅而重拾平衡。

你可效法這位導師，學習到你是自己的改變和發展的起點：你對除了自己以外的人、事、物負責。此外，你對這個星球和世上的所有人類有責任。嘗試消極以對只會讓改變難上加難。改變你原本對毀壞的認知，你終將能視毀壞為釋放。你透過揭穿那些曾被正式埋藏或不願面對的真相而努力，以減輕恐懼和世上權利不均的問題，尤其是那些你曾經經歷過的恐懼和不公不義。

為了學習承擔讓自己的生活轉型這樣的責任，需承認自己的能力會開啟展望的可能性。你最終可以在個人的角度，或在常被忽略的個別事件背後，認識到社會意義和（或）靈性意義的重要性。

11-2的名人

在11-2人的小群組中，你將發現有些人完全是在捍衛最基本的真理與自由：大衛‧克拉克（Davy Crockett）、拜倫（Lord Byron）和班傑明‧斯波克（Benjamin Spock）。克拉克在他的自傳中提到：「當我離世後會留給後人此訊息：永遠確保你是對的，然後去執行。」拜倫則說：「真相永遠是奇怪的——比虛構的故事還離奇。」（出自《唐璜》第十四章）這群組裡的許多人都致力研究早期童年發展，寫下許多給兒童或關於兒童的書籍。

約瑟夫‧透納（J.M.W. Turner，畫家）1775年4月23日

大衛‧克拉克（拓荒者）1786年8月17日

拜倫勳爵（詩人，探險家）1788年1月22日

安徒生（Hans Christian Andersen，作家）1805年4月2日

碧雅翠絲‧波特（Beatrix Potter，童書作家，插畫家）1866年7

月28日

哈利‧胡迪尼（Harry Houdini，魔術師，脫逃術家）1874年3月
　24日

艾倫‧米恩（A. A. Milne，童書作家）1882年1月18日

馬克‧夏卡爾（Marc Chagall，現代主義畫家）1887年7月7日

班傑明‧斯波克（兒科醫生，和平主義者）1903年5月2日

史蒂芬妮‧梅爾（Stephenie Meyer，作家）1973年12月24日

威廉王子（Prince William，劍橋公爵）1982年6月21日

人格牌是審判（20號牌）

（適用於20-2人）

對宇宙的理解；靈性真理

　　審判牌代表著各種形式的復活或喚醒。在偉特牌及多數塔羅牌系中，審判牌是末日審判日、天使吹著號角、死者從棺材裡復活。在克勞利的托特牌系中，這張與永恆有關的牌上面有伊西斯（Isis，生命之母）和歐西里斯（Osiris，死神），提醒我們伊西斯是如何在尼羅河的河水中蒐集歐西里斯的屍體碎片，讓祂重新復活。為了完整塔羅排列的象徵意義，女祭司很顯然就是伊西斯，而克勞利的正義牌（稱為「調整牌」）代表的是引領伊西斯去找歐西里斯的埃及女神瑪特。像這樣具有神話意義的塔羅排列可以增加你的生命故事深度，幫助你用更宏觀的視野，看見每天發生的事件背後的目的。

　　身為一個20-2人，你能察覺到雖然過去造就了你的現在，你仍

能突破那些侷限。你將在生命中有許多次覺醒：你突然明白事物背後意義的當頭棒喝或「頓悟」。

審判是一張具有同步性的牌——事物看似「巧合」，但也許含有強烈的個人化涵義。意義一直都在那裡，只是大部分時間我們並未留心觀看。當審判是你的人格牌時，你將會發現，當你面前有許多不同方向的選擇時，這些同步性便會要求你注意決策點。

那些20-2人追尋轉變和掌控周遭的一切。你就像是羅伯特・翰得（Robert Hand）在他的作品《星座符號》（*Horoscope Symbols*）裡描述的冥王星人：「他們體現了這社會的死亡及復生力量……（利用）文化中一股轟轟烈烈的能量。」你經常直接投入與你這個世代有關、為意識和自我認同的奮鬥。你將自己體驗的價值當作需要帶到世界上並且分享的東西。

這些20-2人可以成為療癒者、治療師，以及教導自我轉變技巧的人，或者在宗教信仰方面，強調死亡與重生意義的大師和領導人。你對於自己、但特別是跟你同個世代的人，有大量無意識的直觀洞見。

這張牌代表你要求自己完美的過程，因此需要將這些阻撓你前進的厭惡或不完美拋棄掉。就像革命作家20-2人湯瑪斯・潘恩（Thomas Paine），你認為行事的準則是：「穩健的政策永遠都是罪惡的。」

你必須學習的課題是發揮你個人的力量去影響其他人，但不為個人目的，而是幫助其他人自我轉化。20-2人有利用各種方式跟自己溝通的潛力，其中一種是運用三種角色。舉例來說，在艾瑞克・伯恩（Eric Berne）的「人際溝通分析」（Transactional Analysis）中，這三個象徵就是父母、成人和兒童；在榮格的理論，就是本我、陰暗面和

自我。一個20-2人，能夠透過各種與本我對話的理解和溝通方式來了解其他人。大多數時候你專心致志，用正直的行動影響他人。你是社會性導向的，並且擅長凝聚人們的共識。你可以是一位良師益友、忠心耿耿的夥伴，卻同時保有自己濃厚的獨立性和自我價值感。

因為你具備強烈的冥王星—月亮特質，你蘊含高度靈性，但因為我們的文化並不崇尚靈性發展，你也許會否定自身的能力，而決定將注意力放在一般所謂的正義上，這即是你的隱藏基因。（所謂的隱藏，在這裡我指的是壓抑這方面的無意識，而可能爆發不恰當的行為。）在我們的文化裡，男性往往對相信他們的直覺有障礙。如果你正是如此，那麼你自認的理性可能也只是一場幻覺。許多20-2人曾經聽過內心的呼喚，以直觀的視野響應著世界大同的願景樣貌。

隱藏牌是正義（11號牌）

（適用於2-2人或20-2人）

正義牌最常當作隱藏牌使用。它指出你必須學習接受上天對你的呼喚，承擔理由和責任。你擁有高度發展的個人是非觀，可能會對自己或他人過分挑剔。你的判斷會讓自己在人群中感到孤立，摧毀和他人之間的友誼。矛盾的是，你對評論非常敏感，即使有時是人們無意識的批評。

你會考慮所有的衝突矛盾點，在行動之前小心地衡量利弊得失。你覺得當個有邏輯的人很重要，即使有時候顯得不合時宜。你渴望能夠公平，也許你一直以來依仗著「事實」，因而拒絕承認有些事是情有可原的。要記得大多數的判斷，實際上皆是直覺

的產物。理由才是隨之而來的。正義牌指出你的行爲是以過去的理解爲基石，而對過去的理解則要把握著你的內在女祭司、活用她的直覺知識才行。記憶是你最具啓發性的資源。你的意識和無意識這兩者的交流，會引導你達到平衡。

因爲你的隱藏牌是你終極的導師，你將會藉由調整情況和承認現狀來發現：你能夠發展智慧。在爲你自己的行爲舉止負起責任時，你發展出慈悲；而藉由接受每個人的價值和需要都如同你自身一樣時，你發展出憐憫。你必須面對生命中的不平衡，改進這些以符合你的天性。只有你能夠判斷那些記憶的去留，哪些行爲要彰顯、哪些要矯正，哪些信念要贊成、哪些要反對。如此一來，你就能控制平衡。

11 號牌是力量牌的時候

如果你看到你的11號牌是力量牌，將注意力放在牌裡面的女性表面上和精神上如何讓靈魂重生／展開新生。它代表了好的判斷是把內在的智慧外顯。當面臨審判的挑戰時，這需要以信念（女祭司）牢牢抓住我們天生的直覺。力量牌是當女祭司上達天聽或面對階段性的危機挑戰時的動力和決心。力量牌代表了自然定律——弱肉強食——而非人類的法律正義。這個替代的論點建議，與其聚焦在直覺和理性的結合，其實關注於身體和靈魂的結合才是預告「最後審判」。

20-2的名人

你會發現這組清單上的人都會回應天命，將自己獻身於創造世界大同。有許多人權奮鬥者如湯瑪斯·潘恩、伊麗莎白·凱迪·斯坦頓（Elizabeth Cady Stanton）、羅莎·帕克斯（Rosa Parks）和朱利安·邦德（Julian Bond）（尚未包含接下來的幾位知名靈媒、兩位權力核心人物、女性主義塔羅牌組）。你也將會找到許多具有創造力的浪漫藝術家，諸如莫札特（Wolfgang Amadeus Mozart）、愛倫·坡（Edgar Allen Poe）、儒勒·凡爾納（Jules Verne）等這些有能力刻畫出他們內心願景的人。最令人驚訝的是一些表現出對群眾無意識的敏感、同時符合群眾想望、但有時曖曖含光的政治家。

伊莉莎白一世（Elizabeth I，英格蘭女王）1533年9月17日

韋瓦第（Antonio Vivaldi，音樂家，作曲家）1678年3月4日

湯瑪斯·潘恩（作家，人權運動者）1737年2月9日

莫札特（音樂家，作曲家）1756年1月27日

愛倫·坡（推理小說家）1809年1月19日

伊麗莎白·凱迪·斯坦頓（女性主義者）1815年11月12日

儒勒·凡爾納（科幻小說家）1828年2月8日

拉瑪克里希納（Ramakrishna，印度神祕主義者）1836年2月18日

莫內（Claude Monet，畫家）1840年11月14日

尼古拉·安德烈耶維奇·林姆斯基－高沙可夫（Nikolai Andreyevich Rimsky-Korsakov，音樂家，作曲家）1844年3月18日

德布西（Claude Debussy，音樂家，作曲家）1862年8月22日

愛蜜莉亞·艾爾哈特（Amelia Earhart，飛行員）1897年7月24日

卡爾·波普爾（Karl Popper，批判理性主義者）1902年7月28日

鮑伯·霍伯（Bob Hope，喜劇演員）1903年5月29日

雷根（Ronald Reagan，美國總統）1911年2月6日

羅莎‧帕克斯（民權運動者）1913年2月4日

列昂尼德‧伊里奇‧布列茲涅夫（L.I. Brezhnev，蘇聯領導者）
　1906年12月19日

彼得‧赫克士（Peter Hurkos，靈媒）1911年5月21日

愛迪‧琵雅芙（Edith Piaf，歌手）1915年12月19日

喬‧路易斯（Joe Louis，拳擊手）1919年5月13日

傑克‧凱魯亞克（Jack Kerouac，作家）1922年3月12日

諾曼‧梅勒（Norman Mailer，作家）1923年1月31日

瑪麗亞‧卡拉絲（Maria Callas，歌劇演唱家）1923年12月2日

李察‧波頓（Richard Burton，演員）1925年11月10日

賈桂琳‧甘迺迪‧歐納西斯（Jackie Kennedy Onassis，美國第一
　夫人，社會名流）1929年7月28日

尤里‧加加林（Yuri Gagarin，蘇聯太空人）1934年3月9日

吉姆‧布朗（Jim Brown，運動員，演員）1936年2月17日

朱利安‧邦德（民權運動者，政治家）1940年1月14日

球王比利（Pelé，巴西足球員）1940年10月23日

鮑比‧菲舍爾（Bobby Fischer，西洋棋冠軍）1943年3月9日

比爾‧柯林頓（Bill Clinton，美國總統）1946年8月19日

安德魯‧洛伊‧韋伯（Andrew Lloyd Webber，音樂劇作曲家）
　1948年3月22日

艾爾‧高爾（Al Gore，政治家，環保人士）1948年3月31日

查爾斯王子（Prince Charles，威爾斯親王）1948年11月14日

拉什‧林博（Rush Limbaugh，電台主持人，政治評論家）1951
　年1月12日

東尼・布萊爾（Tony Blair，英國首相）1953年5月6日

巴拉克・歐巴馬（美國總統）1961年8月4日

麥可・喬丹（Michael Jordan，籃球運動員）1963年2月17日

蜜雪兒・歐巴馬（Michelle Obama，美國第一夫人）1964年1月
17日

大衛・貝克漢（David Beckham，足球員）1975年5月2日

小秘儀2號牌

2號牌代表的是你的課題和機會，你的天賦和任何阻擋你表達女祭司聖性特質的事件。

在處理任何關於女祭司方面的議題時，你通常會面臨抉擇。小秘儀牌敘說你將會如何處理這樣的選擇過程：將事情融合在一起（聖杯），選擇其中一個（權杖），保持猶疑優柔（寶劍），或是選擇兩者（金幣）。

安哲莉・亞立恩用2號牌來代表不同的直覺：寶劍是精神感應，聖杯是同理心感應，權杖是認知感應，金幣是觸覺感應。

權杖二（生日介於3月21日至30日，0～10度白羊座，基本宮之火元素）

權杖二代表當你在掌握全局時，你是從容不迫地做決定，而且會為自己的決定負責。雖然你對自己的決策可能無法給出邏輯性的解釋，你依舊對它們信心十足。你鮮少考慮他人的價值觀，傾向用自己的價值觀來進行評估，但同時也會為這結果負責。

你需要平衡心智和身體，所以除非必要，通常不

會輕舉妄動。這樣的自信，加上你的直覺，可以幫助你在事業上獲得成功。缺少新鮮感或刺激的無聊感，是你最大的問題。你的缺點在於無視他人，而相信自己的決定對每個人都是正確的。

聖杯二（生日介於6月21日至7月12日，0～10度巨蟹座，基本宮之水元素）

聖杯二代表你是個慈悲為懷、悲天憫人的人。你了解愛的療癒力量，還有與眾生聯繫的重要性。這兩條纏繞交錯的蛇和一隻奇怪紅翼的獅子頭，暗示了你在靈性方面的熱情，還有朝向靈性表達的熱情驅力。接受你內在的陽性面或陰性面（與你身體性別的相反面），是你今生主要的課題之一。

這張牌指出你的表意識和潛意識可以相安無事地合作，看似對立的立場是可以相互消融的。你的缺點在於對身外之事顯得過於敏感、過分感同身受，導致你搞不清楚這感覺是你自己的還是別人的。有時候撫平你的衝動，安撫並療癒每個你所接觸的人會比較好。

寶劍二（生日介於9月23日至10月22日，0～10度天秤座，基本宮之風元素）

寶劍二指出你渴望當個和平主義者，除非逼不得已，不然你很懶得表達自己的意見或是做決定。喜歡秩序和穩定，這可能導致你盲目地按表操課、不知變通。雖然你想藉由平衡的理性維持自己的平靜，但這也讓你否定你的直覺。當你對你的目標猶豫不決，你就會開始拖延。當你個人意見和他人意見產生矛盾時，將會導致

僵局和舉棋不定。

　　當你無法看見你的選擇權，理性（寶劍）變得毫無用處。不要試著貿然做出決定。傾聽你高漲的情緒，你將會知道局勢的變化和採取行動的時機。

金幣二（生日介於12月22日至30日，0～10度魔羯座，基本宮之土元素）

　　金幣二代表你擁有能夠同時處理兩個或更多以上事務的能力，但可能很難每件事都認真以對。旅行和改變可以讓你充電，但太多就會讓你覺得沒有休息和缺乏穩定感。靠近水源對所有2號人都非常有療癒效果，因為那是他們出外的休閒消遣。要記得找時間緬懷你的童年，放任自己玩耍。保持彈性和冒險的心，將能打開直覺的視野。

　　你的適應力強，對待親朋好友很隨和，但不管是個人意見或團體意見，可能容易會被他們影響。當你感覺生命正推著你走，而你不知道自己要去哪裡時，留心觀察身旁的同步性事件；你也許會經驗、發現到一種深層的意義，進而找到新的方向。

世界

吊人

皇后

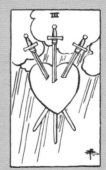

皇后家族

7

皇后家族
21-12-3

世界（21號牌）

吊人（12號牌）

皇后（3號牌）

權杖三　　　聖杯三

寶劍三　　　金幣三

愛和創意想像力的原則

皇后	
對應行星：	金星
塔羅排列的對應功能：	個體之愛；肉體誕生
吊人	
對應行星：	海王星
塔羅排列的對應功能：	無條件的愛；靈魂誕生
世界	
對應行星：	土星
塔羅排列的對應功能：	宇宙之愛；精神誕生

靈魂原型：陰性的；富饒的，創造之母。

關鍵字：創造力；滋養；犧牲；投降；良好的狀況；關係；豐饒；限制；想像。

如果你是3-3人，請讀此章節以下部分：

人格牌或靈魂牌是皇后（3號牌）

3-3的名人

隱藏牌是世界（21號牌）

隱藏牌是吊人（12號牌）

小秘儀3號牌

如果你是12−3人，請讀：

人格牌或靈魂牌是皇后（3號牌）

人格牌是吊人（12號牌）

隱藏牌是世界（21號牌）

12−3的名人

小秘儀3號牌

如果你是21−3人，請讀：

人格牌或靈魂牌是皇后（3號牌）

人格牌是世界（21號牌）

隱藏牌是吊人（12號牌）

21−3的名人

小秘儀3號牌

★　★　★

人格牌或靈魂牌是皇后（3號牌）

（適用於3−3人、12−3人或21−3人）

個體之愛；肉體誕生

皇后跟希臘女神狄蜜特（Demeter）和羅馬女神刻瑞斯（Ceres）

有關，象徵豐盛、富饒、產量成長。她代表著大秘儀前半部分中兩張牌的結合：魔術師和女祭司。兩者結合而成的皇后，賦予懷孕生產全新的意義，讓它不只是一加一等於二。這張牌也跟象徵愛與美麗的金星有關。皇后是陰性的能量，提供滋養的生長環境給圍繞在她身旁的萬物生靈。她的原型是大地之母，尋找與所有的對立面連結，消弭所有的不和諧。

當皇后是你的人格牌或靈魂牌時，你有與生俱來的平衡、完美的美感，你能理解、感受並欣賞各種形式的美感，因此你將會從事能讓你發揮這些才華的嗜好或工作。你有源源不絕、天馬行空的點子，可惜的是你可能缺乏實現它們或是積極行銷這些才華的必要訓練。你的能量源自於愛，而且透過了解他人的需要，你才能控制力量。

你在舒適安逸的環境中成長，對你而言，把心思放在醜陋不雅的事物上是多此一舉。食物是可以充分體現你特質的一種媒介──在庭園裡悉心栽種食材，注重美感地準備料理，用佳餚來滋養他人。但也因為你如此享受這些精心準備的美饌佳餚所帶來的感動，所以你得小心體重呀！如果食物跟你的職業無關，請留心任何取悅和滋養你自己和他人的藝術。

過分照顧是另一個核心問題。你可能跟自己的母親關係緊密，她可能是塑造你基本人格的最重要角色。不論你是男是女，你都想「照顧」其他人。如果不能透過實際的生育或養育小孩來表達你的這份特質，你將會把這份本能投射在其他人、事、還有生活中的興趣上；或者，你將會指導或輔導他人，幫助他們實現生命中的創意計畫。

你對於宇宙中萬物的連結性深懷敬意。你透過對大地、聖靈、你的國家、你的團體、工作或眾生來經驗真誠。雖然你可以非常有威嚴地發號司令，但你覺得最好的做法是透過愛的力量來影響世界。你的主要任務是凝聚關係。透過創意十足的想像力，你找到讓人、事、物凝聚在一起的解決之道。

你很現實，注重外在五官的感覺。你喜歡直接接觸、處理事務。你想要知道食物和衣服的來源，某種程度上，這是要確保它們的良好品質和製程精美。

如果發展得不好，你會對放下你的關係感到害怕。你會變得鬱悶，甚至失去原本的關照之心。嫉妒和報復是你不太討人喜歡的缺點，但這其實是源自於你想要保護你的家庭和所愛之人，或是不想要將他們託付給其他人。當你感到不「被需要」時，你會覺得自己被貶低了。

如果你是一位3-3人（意思是，皇后牌同時是你的人格牌和靈魂牌），那麼吊人牌和世界牌同時是你的隱藏牌。待會兒記得閱讀這些牌的解釋，它們位於本章節後半部。

3-3的名人

就像2-2的名人一樣，3-3的名人只有在一小段時間內能夠出生。我只列舉以下三位。

布魯克・雪德絲（Brooke Shields，模特兒，演員）1965年5月31日

克里斯汀・貝爾（Christian Bale，演員）1974年1月30日

蕾哈娜（Rihanna，歌手）1988年2月20日

THE HANGED MAN.

人格牌是吊人（12號牌）

（適用於12-3人）

無條件的愛；靈魂誕生

在十九世紀末到二十世紀後半部出生的人，吊人對他們來說是隱藏牌；而最近幾年出生的人，吊人是他們的人格牌。

身為12-3人，你會完全將自己奉獻於工作、藝術或是你全心想成就的領域中。在其中，吊人的個性特質將會展露無遺。當你犧牲自己、從容不迫地拋下一切走在選擇的道路上時，你充分體現了吊人的精神。你的付出不求回報。其他人可能會覺得你瘋了。你似乎不按牌理出牌，但你只不過是看到了在常理運行之外的軌道，而藉由這個不同的視野，你能成就非凡之事。

你可能用跟別人完全迥異的方式行事，因而發現自己身處在充滿矛盾的世界中（世界牌是你隱藏牌的原因）。你的行為可能被人們誤會或錯誤解讀。吊人與海王星有關，也讓你對世界上的錯誤和人道上的不公平議題感到敏感。然而，你在表達這些認知時，可能會顯得太過極端和語無倫次。

你必須學會放棄所有的期待，避免與規則正面衝突。即使毫無動作、看似風平浪靜，還是要試著明白生命的成長正在進行。以謙卑的態度接受周遭的事物，你將會發現新的契機。不時地向你襲來的孤獨感和無助感，會讓你珍惜愛與人際關係。

諷刺的是，12-3人會在深層的無助之中得到啟發。理解自己的無能為力將促使你深深地反省，謀定而後動。當你真的一無所有，你終將必須轉向尋求更偉大力量的支持，讓這些力量透過你而彰顯出

來。

　　你主觀地體驗時間的流動性，這取決於你是全心投入你所從事的活動，抑或只是被動地等待事情的發生。吊人意指數字12，象徵時間的小時和年（月）。你明白自己注定不是你個人意念的僕人，而是順著客觀的時間之流行事。

　　這張牌是神祕主義、薩滿、作夢者之牌，12-3人看到的世界也確實和一般人不同。你握著自己想像中的映像，並且沉醉於這樣的視野中。你可以透過自己生命中的內在需要和群眾困境，以獨特的表達方式來為他人服務。透過書寫、影像、繪畫或是其他具創造性的媒介，你提供他人用一種新的視野來闡述他們的生命經驗。

　　當這樣的特質發揮到極致時，12-3人會完全犧牲自己來成全所愛之人或事物。他們可能會盲目地看不到他人的缺陷，或是覺得沒有能力從一個爛泥沼澤中脫身。有時候這讓他們像是在坐牢，或是被某人、某種生活方式或某種想法給奴役。因此，12-3人需要注意任何會迷住他們的人、事、物。

隱藏牌是世界（21號牌）

（適用於3-3人或12-3人）

　　世界牌是你的隱藏牌，它指出你害怕任何的桎梏。形式和結構傾向限制你，而你謹慎地嘗試要掙脫它們。時間就像是一種形式，是一種把你拖住的能量；在人生的後半段，世界牌就變成你的導師牌，你學到可以優美又精準地對待時間。

　　你害怕生活會失去控制。你想要無拘無束地

「跳舞」，卻不知爲何被限制而不能這樣做，也因此，自由變成你夢寐以求的課題。在外在世界中，你覺得自己不完整，也感覺你的完整性在現實中逃避自己。唯有透過超然的神祕經驗，或是專心沉浸在自己的研究中，你才能發現完整的感覺。

世界牌裡圍在舞者外圍的花圈，代表一股被圈住以防止浪費的能量。當世界是你的隱藏牌時，缺乏界線是危險的，這會導致混亂，像是混亂的神祕經驗，或是通靈者搞不清楚感應的圖像和情緒是自己的、還是他人的。因此，12-3 人的障礙是對自己的身分認知，在經過這一番問題的掙扎後，能幫助他們塑造強烈且特立獨行的本我意識。

12-3的名人

在這個群組中，吊人的主題特別地被彰顯出來 —— 不論是透過他們生命的犧牲和中止，或是經由他們的作品所傳達的意象。達利（Dali）的超現實畫作，透過詭異圖像和狂野畫技描述他的夢，其中最有名的就是《記憶的永恆》（*The Persistence of Memory*），將時間以融化的時鐘來表示。達利也對宗教題材，尤其是釘死在十字架上的主題特別著迷。奈特・透納（Nat Turner）是個虔誠的宗教信仰者，天生的鼓吹好手，相信自己是被上天指定要引領他的黑人奴隸同胞奔向自由。亞佛列德・希區考克（Alfred Hitchcock）以懸疑電影而廣爲人知（電影裡每個人都坐立不安）。查爾斯・狄更斯（Charles Dickens）強烈感受身旁同胞的悲傷和桎梏感覺，並透過他的想像力讓其他人也能感同身受。膝下無子的艾瑪・高德曼（Emma Goldman）無私地奉獻自己投身於推翻權力結構、鼓吹無政府主義，被其親近的朋友稱爲「媽咪」（Mommy）。伊娃・布朗（Eva Braun）

是個典型的悲劇 12-3 人，一個無助的夢想家、廉價小說或低俗電影的取材人物，希特勒的司機曾說道：「大部分的時間，她都在等著希特勒。」另一方面，芙烈達‧卡蘿（Frida Kahlo）將她還是小女孩時被鐵桿刺穿所造成的一生傷痛，利用畫作呈現而永垂不朽。

珍‧奧斯汀（Jane Austen，作家）1775 年 12 月 16 日

奈特‧透納（奴工領導者）1800 年 10 月 2 日

查爾斯‧狄更斯（作家）1812 年 2 月 7 日

艾瑪‧高德曼（無政府主義者）1869 年 6 月 27 日

科萊特（Colette，作家）1873 年 1 月 28 日

愛麗絲‧貝利（Alice Bailey，神祕主義者）1880 年 6 月 16 日

希區考克（作家，電影導演）1899 年 8 月 13 日

達利（藝術家）1904 年 5 月 11 日

芙烈達‧卡蘿（藝術家）1907 年 7 月 6 日

伊娃‧布朗（希特勒的情婦）1912 年 2 月 6 日

丹尼爾‧雷德克里夫（Daniel Radcliffe，演員）1989 年 7 月 23 日

達科塔‧芬妮（Dakota Fanning，演員）1994 年 2 月 23 日

人格牌是世界（21 號牌）

（適用於 21-3 人）

宇宙之愛；精神誕生

如果照實翻譯世界牌的意思，是指你與大地有強烈的關聯性。大自然賦予你對美麗事物的深刻喜愛，以及敏銳地欣賞萬物的審美觀。

作為人格牌，世界代表你必須在結構內工作。這

張牌裡，一位女子懸浮在半空中，纏繞的花環圍住她，我稱這個為「學習在你的侷限中跳舞」。這張牌也跟土星（也被稱為「偉大的解放者」）有關，這花圈可以被視為性格上的界線範圍，表示我們正身處於一種體系中。許多結構體系，諸如基因遺傳和我們的語言、文化，我們無法加以改變；然而，這些框架無法限制我們對自由的經歷，它們只是傳遞的管道。同樣地，你發現你需要發展潛在的自我表達，雖然你所處的社會風氣並沒有這樣的限制。

你認識並善用你所選擇的平台，讓自己的創意不受傷害。舉例來說，身為音樂家，你學到彈奏樂器需要的音符、音階和指法，好即興創作、演唱出完整的自由旋律。同樣地，繪畫也是：你必須在真正自由去創作前，就先了解筆刷、顏料和畫紙的可能性和極限。

如果21-3人想要成就大事，他們需要建立自己的個人紀律。唯有這樣，你才能發揮自己在眾多領域中一開始是被吸引、而後努力耕耘的興趣，並成為熟練的專家。要記得紀律，如同一位21-3人約翰・韋恩（John Wayne）宣稱自己「最喜歡的四個字是：努力工作」那樣，紀律是你最基本的工具，讓你可以表達想像力，讓這些力量得以實現。

牌中的四個角落，呈現的是四個固定星座：天蠍座（老鷹）、水瓶座（天使）、金牛座（公牛）、獅子座（獅子），同時也象徵著四個方向、四種風、四種季節等等。它們代表你在時空之中，找到自己定位的能力。你綜合了直觀整體性思維，以及四種理性面向的科學性思維。在融合二元不同方向成為一個新觀點的職涯中，這樣的思維也顯而易見。

作為你的靈魂牌，如果皇后牌代表的是肉體的誕生，世界牌就是你自己的生育能力和創意發想能力。圍繞在圖中人物身旁的流動披

巾,被同時稱爲裹屍布或是接生毯,掩蓋了這位舞者雌雄同體的特質,此特質同時也被舞者手中的雙頭權杖和具無限象徵的花圈所暗示(就像「魔術師」和「力量」一樣)。根據這張牌的指示,你最終創造的作品,是把你的陽性特質和陰性特質整合,能夠賦予人性完整度。

許多21-3人用整體性角度,讓自己能覺察更大的生命藍圖。這也是爲什麼你會將你擁有的「照顧天賦」運用在這個星球、甚至全宇宙的事物上。因爲專注於在限制中運作,21-3人延展了我們對於所有領域的人類可能性。也因此,許多21-3人打破舊有觀念對性別的藩籬,像是愛蜜莉亞‧艾爾哈特和英迪拉‧甘地(Indira Gandhi)在女性方面的成就,還有飾演育兒能手的「天才老爹」比爾‧寇司比(Bill Cosby)。

因爲21是大秘儀牌的最後一個數字(愚者牌沒有數字),它也代表著牌的圓滿結束。在這種情況下,完結暗示著把你從限制中釋放出來,用整體性的觀點看待萬物。一旦你觀想到事物的可能,用各種不同思維衡量,實現它的機制就會自動運轉起來。

隱藏牌是吊人(12號牌)

(適用於3-3人或21-3人)

吊人代表自我犧牲和對更高理想的自我臣服。許多隱藏牌是皇后牌的人,需要照顧人,這代表想要留住某人的慾望。舉例來說,有些人述說他們的犧牲好換得被愛的認可。你需要問問自己:爲什麼我會變得需要博取人們的同情呢?你需要學習的課題包含謙卑

和放手。

如果你還沒準備好把重心放在家庭或孩子上，你可能會將自己奉獻在一個同等價值或更高價值的事物上。然而，這樣的奉獻會將你的生活搞得天翻地覆、難以控制，變得比任何個人關係問題都來得棘手。

依照字面上的意思，吊人牌代表你的「懸而未決」，代表你想要堅持的、或任何你想要撐住並繼續下去的事物。你害怕孤單和無權無勢，但是通常是透過阻礙和困惑後，才會有靈性的成長。神話學中，在牌上的角色代表著女神的兒子或情人，是讓女神懷孕後而被犧牲的角色。這角色也可能是代罪羔羊，而從史實角度來說那真的是頭羊，象徵背負著各種新仇舊恨、憤怒和狗屁倒灶衰事責任的苦主。當這苦主被殺，所有的衰事隨之消散，社會被淨化，重新獲得聖性加持。一些21-3人似乎承擔了世界上的悲痛和不幸，或是將大眾期待的夢想演繹出來。當眾人對你的期待太難以實現，你可能會轉向毒品、酒精或是工作過度來逃避壓力，但最終只會使得問題更加嚴重。吊人的海王星特質也可能結合天馬行空的想像力，甚至變得異想天開、不切實際。

從導師牌的觀點來看，吊人這張牌告訴你如何高尚、不求回報的犧牲。特別是在流年是吊人牌時，你將會被迫放下你的先入之見。這也是打破既有模式的機制，可以顛覆任何阻礙你了解高我的習性。

21-3的名人

在21-3人群組之中，有許多人是散播奇幻夢想的特定議題人士：阿蒂爾·韓波（Arthur Rimbaud）對於詩歌充滿激情，熱情到奉獻自己給繆思女神。維多利亞女王（Queen Victoria）、慈禧太后、

瑪格麗特‧米德（Margaret Mead）、英迪拉‧甘地、希拉蕊‧柯林頓（Hillary Clinton），都是付出巨大代價換來權勢的女性。還有尼爾‧賽門（Neil Simon），他寫的劇本審視了當代族群關於愛的生命體驗。比爾‧寇司比雖然成為一個男性照顧者的代表，卻不畏懼這種被大眾認定與孩子和食物為伍的印象。許多這些群組裡的人展現了在各個領域中，高度的自制能力和創意。

約翰‧歌德（Johann Goethe，詩人，劇作家）1749 年 8 月 28 日

喬治‧桑（George Sand，作家）1804 年 7 月 1 日

維多利亞女王（英格蘭女王）1819 年 5 月 24 日

慈禧（清朝老太后）1835 年 11 月 29 日

韓波（詩人）1854 年 10 月 20 日

葉慈（William B. Yeats，詩人，神祕主義者）1865 年 6 月 13 日

史考特‧費茲傑羅（F. Scott Fitzgerald，作家）1896 年 9 月 24 日

瑪格麗特‧米德（人類學家）1901 年 12 月 16 日

約翰‧韋恩（演員）1907 年 5 月 26 日

卡提耶‧布列松（Henri Cartier-Bresson，攝影師）1908 年 8 月 22 日

華納‧馮‧布朗（Wernher von Braun，火箭科學家）1912 年 3 月 23 日

英迪拉‧甘地（印度首相）1917 年 11 月 19 日

法利‧莫沃特（Farley Mowat，環保主義者）1921 年 5 月 12 日

茱蒂‧嘉蘭（Judy Garland，歌手，演員）1922 年 6 月 10 日

菲德爾‧卡斯楚（Fidel Castro，古巴領導人）1926 年 8 月 13 日

尼爾‧賽門（劇作家）1927 年 7 月 4 日

安妮‧法蘭克（Anne Frank，日記作家）1929 年 6 月 12 日

泰德‧甘迺迪（Ted Kennedy，美國政治家）1932 年 2 月 22 日

比爾・寇司比（喜劇演員）1937 年 7 月 12 日

米爾－海珊・穆薩維（Mir-Hossein Mousavi，伊朗總理）1942 年
　3 月 2 日

韋納・荷索（Werner Herzog，電影導演）1942 年 9 月 5 日

大衛・鮑伊（David Bowie，音樂家，演員）1947 年 1 月 8 日

希拉蕊・柯林頓（美國政治家）1947 年 10 月 26 日

斯塔霍克（Starhawk，米蘭・西摩斯，Miriam Simos，女巫，作
　家，政治激進分子）1951 年 6 月 17 日

保羅・克魯曼（Paul Robin Krugman，經濟學家）1953 年 2 月 28 日

約翰・屈伏塔（John Travolta，演員）1954 年 2 月 18 日

成龍（Jackie Chan，武術表演者，演員）1954 年 4 月 7 日

凱特王妃（Kate Middleton，劍橋公爵夫人）1982 年 1 月 9 日

小秘儀 3 號牌

　　3 號牌代表天賦、挑戰、或是關於愛和創意想像兩個準則的機會。它們代表對於創意想像和愛的考驗的四種不同觀點。

權杖三（生日介於 3 月 31 日至 4 月 10 日，10 ～ 20 度白羊座，基本宮之火元素）

　　權杖三表示你具備想像新的可能性的能力，常常在八字還沒一撇時就在想了。你的想像力豐富，對於新鮮或外國來的事物接受力強。其他人在外在世界旅行，你則是在內心裡透過想像到遠方旅行，也因此你有許多獨特的經驗——甚至星際旅行。在著手投入任何工作之前，你會要求一個寬闊的視野以了解當局情勢。你會為

這樣的遠見而興奮,因此能夠將你的熱情傳遞給其他人。但是對你來說,決定必要的計畫和步驟來執行你的創意卻顯得困難。有時候你對事情該從哪裡進展缺乏概念,不知要如何做事或實現你的點子。

在愛情關係中,這表示時間和距離的考驗。你可能已經有伴侶,卻還是隨時在尋求自由。你有腳踏多條船的能力。權杖三的危機在於永遠在追尋一個無法實現的夢想,就算夢想唾手可得,你也完全不會意識到。即使你想要自由表達自己的感覺,你還是裝作若無其事、一副很可靠的樣子。你就像是母親在等待她的孩子,或是在遠處關照他們的生活,對於生命中的人們,你有著滿滿的關心和愛。

聖杯三(生日介於7月2日至11日,10～20度巨蟹座,基本宮之水元素)

聖杯三代表平易近人和熱情好客的天賦。你喜歡社交、辦活動讓大家有機會聚在一起,分享各自的成就。你擅長跟其他人一起工作,並能引導出他們最好的一面,所以他們會在你面前展露旁人平常看不到的面向。你渾然天成的風情、優美的步調與和睦的個性,讓你到哪裡都如魚得水。就像繆思女神般,你對他人及他們能力的信任,鼓舞了他們。

面臨挑戰時,這張牌可以解讀成荒誕不羈。像是寓言中只在乎玩耍的蚱蜢,你可能會覺得冬天來臨時,周遭蕭瑟且難過。「紀律」這堂課變得艱難卻十分重要。皇后必須學會如何經營她的花園,不然很多潛在的能力都會被浪費,變成園中遍地生長的雜草。

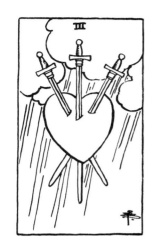

寶劍三（生日介於10月3日至12日，10～20度天秤座，基本宮之風元素）

寶劍三意指悲傷的天賦。這是一種能夠完全釋放你的情緒的能力，甚至是痛苦和心碎，如此，你才不會被綁住。透過清理和淨化悲傷的過程，你洗滌了身上所有的負面情緒，釋放了曾經累積的悲痛。畢竟就算最深刻熾熱的愛，都會有矛盾、傷害和分離的痛苦。

這張牌也展現痛苦的回憶，通常是現在進行式的關係，被恐懼觸動了舊有傷口。最終會抑制愛和創造力的嫉妒，實際上是心理機制（寶劍），也就是你運用自己的想像力去創造被所愛的人背叛，或是不斷地回憶往事。不論是根據現實或是你自己的想像，你也許要麼就像個烈士般忍受眾人的苦痛，要麼就是斬斷你的嫉妒。這張牌也展露出互相衝突的想法如何彼此消長，讓你覺得自己的勞心勞力換來了白忙一場：你的中心被刺穿。通常這階段的失意是一個重要創舉的前夕。

寶劍三的機會在於透過一些創意的媒介，表達你受傷或悲痛的感覺。同時，人們發現，創傷後壓力症候群（PTSD，posttraumatic stress disorder）的患者，可以透過（在適當的環境中）談話，得到最好的療癒效果。這是運用新方法來治療舊有疾病，將疾病中的約束能量釋放出來，所以療癒是可能的。

金幣三（生日介於12月31日至1月9日，10～20度魔羯座，基本宮之土元素）

金幣三表露你工作中的愛。這張是工匠之牌，他的天賦就是跟其

他人一起工作。這張牌表示當你把你的當家本事，透過合作方式與其他能幹的夥伴共事，這樣的和諧就能產出美好果實。這張牌同時也告訴你，你有能力去創造、實現任何確切的計畫。當你理解並重視每個人在這份合作關係中的貢獻，並且努力付出，在現實世界中透過實質努力實踐自己的願景時，你就能提早完成夢想。當你明白整體藍圖時，你會嚴格且長時間遵守紀律地工作著；不然，你就會陷入毫無意義的庸庸碌碌、貧乏無味的工作，或是沉迷在無聊的細節中。每隔一段時間，你就要有意識地檢視自己的生活，確保靈性生活是否符合整個生命計畫。

　　這張牌最大的挑戰在於你認為自己能完成任何事，這將導致工作主義至上，將你的愛和創意等其餘的能力消磨殆盡，最後你將犧牲許多，只為了達到那個目的。金幣三號牌的機會是向他人展現和分享你的工作價值，讓你從眾人的回饋和肯定中得到滿足，並且允許這成為你得到滋養的方式。不管你從事什麼職業，你都能夠帶著身邊人的熱血支持和鼓勵，愈走愈遠。

DEATH.

死神

THE EMPEROR.

皇帝

THE FOOL.

愚者

皇帝家族

8

皇帝家族
22-13-4

愚者（22＝0號牌）

死神（13號牌）

皇帝（4號牌）

權杖四　　聖杯四

寶劍四　　金幣四

生命原力、能量體現的原則

皇帝	
對應星座：	白羊座
塔羅排列的對應功能：	父系權力和世俗權力的體現；肉體能量；世代
死神	
對應星座：	天蠍座
塔羅排列的對應功能：	生命原力的體現；生死攸關的能量；解脫
愚者	
對應行星：	天王星
塔羅排列的對應功能：	永恆權力的體現；靈性能量；重生

靈魂原型：陽性；有秩序的，結構之父。

關鍵字：完成和轉型；建立和發展；釋放；死亡和不朽；穩定與不穩定；成年禮。

如果你是4-4人，請讀此章節以下部分：

人格牌或靈魂牌是皇帝（4號牌）

4-4的名人

隱藏牌是愚者（22號牌）

隱藏牌是死神（13號牌）

小秘儀4號牌

如果你是13-4人，請讀：

人格牌或靈魂牌是皇帝（4號牌）

人格牌是死神（13號牌）

隱藏牌是愚者（22號牌）

13-4的名人

小秘儀4號牌

如果你是22-4人，請讀：

人格牌或靈魂牌是皇帝（4號牌）

人格牌是愚者（22號牌）

隱藏牌是死神（13號牌）

22-4的名人

小秘儀4號牌

★　★　★

人格牌或靈魂牌是皇帝（4號牌）

（適用於4-4人、13-4人或22-4人）

父系權力和世俗權力的體現；肉體能量；世代

皇帝代表確立的、正成長的和運作中的權力。這張牌跟白羊座有關，所有的新興計畫和活動，你都是打頭陣的那個人，但因為數字4，你試圖為這些計畫和活動建立結構制度。因為仰賴原因和「運用你的腦袋」，基本上你是個就事論事的人。你也為自己的「原創性」感到驕傲，諸如創造、發起活動、甚至加以推廣。你想透過自己的作品而永垂不朽。你的個性獨斷，對前景充滿希望，帶著源源不絕的信念，充滿爆發力地完成事情。

身為一位皇帝，你喜歡建立在穩定秩序和結構下的安全感。而一旦秩序統治一切，你將開始發現自己覺得無聊而被侷限住。只有在發現準則、制定法律，還有在規劃行動時，才會讓你覺得有趣。你尋求能了解和領會大自然的神奇規則。藉由賦予事物定義，你感覺自己得到力量，且能建設性地使用這些力量。

因為你積極地掌握自己的命運，對你來說，在別人底下工作是件苦差事。大多數的皇帝最終都會發現他們得自己當家做老闆，如果他們為他人五斗米折腰，那也必須是某種程度的管理階層。因為你洞悉職場規則的效果，和與同事過招時的花招小動作，只要你願意推銷自己，就能平步青雲、步步高升。

如果你是4-4人，在你的舒適圈裡，你會感到舒服自在。你需要

生活中的安全感和穩定感，也想要擁有權力和影響力而有所作為。如果你的社交圈讓你感到相對起來沒有地位和權力，你可能傾向將你的權力形象投射在生活中的當權者身上，這讓你的父母、政治領導者、老闆或是文化偶像比實際具有的意義更顯重要。你特別滿足於擔任領導人物這件事，即使是在一個小型或私人領域中都沒關係。你需要「揮舞權杖」，好讓自己有成就感。

你最大的障礙在於，你在接受事物的正當性、甚至存在性之前，就需要找到合理的解釋。你想要透過發現事物的邏輯秩序來掌握整個狀況。如果症狀再嚴重一點，你就會變得獨裁自大。

當死神牌和愚者牌是你的隱藏牌時，你透過「原創」作品和你所創造的結構來達到永垂不朽。事物的變化、中斷的計畫、失去的法紀、嘲弄你信念的幽默，還有那些「無法被解釋」的事物雖然嚇著你了，但它們也給你最好的機會來成長、認識自我。你永遠在追求一種解釋自己身邊「瘋狂」的理論，而也許你會發現關於一些人性問題的真實解答。你否認有道理所無法解釋的侷限，因此你持續突破極限，朝新的領域開疆闢土。你可以是個精神的締造者，新世界的建造者。

如果你是個4-4人（人格牌和靈魂牌同時是皇帝牌），那麼死神牌和愚者牌就是你的隱藏牌。待會兒記得閱讀這些牌的解釋，它們位於本章節後半部。

4-4的名人

雖然我們在接下來幾年應該看到更多4-4人出現，但目前只有兩位4-4人在這份名人清單上。

麥克・泰森（Mike Tyson，拳擊手）1966年6月30日

威爾・史密斯（Will Smith，演員，饒舌歌手）1968年9月25日

人格牌是死神（13號牌）

（適用於13-4人）

生命原力的體現；生死攸關的能量；解脫

死神牌象徵結束，但同時也是一個新的開始，洗盡鉛華、反璞歸眞地邁向新生。它是如同肢解功能和切割作用的毀滅和重建，不朽和重生。提到跟它相關的符號——天蠍座，它消滅了所有的障礙和限制。我喜歡把死神牌當作「堆肥牌」，它藉由正在腐爛的死亡物質，淬煉出使作物突破成長的肥沃土壤。

作爲一張人格牌，死神牌延伸有拋開所有老舊思想和行爲之意，如此才能轉化和重新開始。「這樣就夠了」是13-4人哲學家康德（Immanuel Kant）的遺言。許多13-4人傾向藉由面對死亡、甚至嘲弄它、或是策畫他們接近死亡邊緣的生活來學習。另外一位13-4人克里希那穆提（Krishnamurti）則是擁抱死亡，視之爲生命的一部分。他說：「每天我都死去一點點。」

你全然沉浸在自己的經驗中，在將這些熱烈情感轉化成你的信念的同時，你卻不能時時刻刻意識到行動的後果。就像另一位13-4人班傑明‧富蘭克林（Benjamin Franklin）的名言：「吃虧學乖代價高，笨漢非此學不好。」

你渾然天成的領導魅力吸引眾人跟隨你，而你最終必須爲了權力向自己的慾望妥協。無論從事什麼，你都抱持著熱情和深究，認眞面對每一項事物。

你是個改革者，致力於打破陳腐的政策，發展人類的新可能性，

釋放他們的潛力。你不擔心國家是否能持續存在、國土分離這樣的問題。你的性慾有可能非常活躍且熱情，或是有意識地昇華到你致力的事物上。一位13-4人達文西說過：「求知慾驅逐淫慾。」

隱藏牌是愚者（22號牌）

（適用於4-4人或13-4人）

隱藏牌是隱者，代表害怕被認為愚蠢或不成熟。你將會時時刻刻覺得自己在愚蠢度日、虛擲潛力，或是忙碌於別人覺得浪費時間的事。對你來說，要認為自己是個優越的人很難。但在面對內在的靈性時，你學會相信自己與生俱來的才能。你掙扎著維持獨立自主，雖然你常常不可思議地像個傻瓜、將自己投射在領導者的角色當中。你仰慕高於一切的自由想法。你的缺點是不學無術，也因此，你永遠在追求事物背後的意義或目的。人們可能覺得你有悖常理、喪失理智，但你只是因為發現了自己無限的潛能。

你要麼看起來一點野心也沒有，要麼就是毫無生活情趣可言。看過你其中一面的人，都會想像不到你還有另外一面。你迷戀於不同的主題，這讓你看起來注意力分散，但你應該相信自己內在的直覺，並且朝直覺方向發展。你必須明白的一點是，不需要過分控制你內在無政府狀態的慾望。

因為愚者沒有實際數字的重要性，你害怕被人視為微不足道的小角色。殊不知，若在0的旁邊加上數字1，就會得到數字10，這是你

為愚者的0加值的結果。因此當你害怕失去本我時，你可以將自己的能力跟他人的能力做結合，幫助他人發揮其內在潛能。

愚者是導師牌時，它幫助你放下在乎他人想法的習慣，讓你相信你自有專屬的過程。愚者告訴你鮮少人看到的、關於你自己的美麗前景，鼓勵你冒險駛離軌道、走向未知，充分享受精采的每一刻。

13-4的名人

13-4的名人跟被揭穿的驚人深層真相大多脫不了關係，不論是人們潛在的熱情、權力，還是隱晦不為人知的良善與邪惡。有好幾位名人，諸如《湯姆叔叔的小屋》（*Uncle Tom's Cabin*，美國南北戰爭的導火線之一）作者哈里特·伊莉莎白·比徹·斯托（Harriet Elizabeth Beecher Stowe），羅伯特·歐本海默（J. R. Oppenheimer）參與原子彈計畫，康德在哲學上的成就，都是解開了他們當代的謎團，導致我們信仰的原有基本世界觀被完全重組改寫。這個群組的許多人也將死亡視為他們最偉大的成就，像寫出名著《麥田捕手》（*Catcher in the Rye*）的傑羅姆·沙林傑（J. D. Salinger）、英國詩人雪萊（Percy B. Shelley）和德國音樂家華格納（Richard Wagner）。有些人追求死亡，甚至讚美它，像是威廉·柏洛茲（William S. Burroughs）的小說，或是索爾·海爾達（Thor Heyerdah）以木筏在公海上漂流。康德受到大家矚目的是他從不變化其生活的規律行程，也終生未婚。他以《純粹理性批判》（*Critique of Pure Reason*，非常皇帝牌的主題）一書，和發展這個認為個人自由是基於服從內部道德的理論而聞名於世，這是個很典型的皇帝和愚者的例子。

達文西（Leonardo da Vinci，藝術家，發明家）1452年4月15日

康德（哲學家）1724年4月22日

瑪麗‧雷諾曼（Marie Anne Lenormand，占卜師）1772年5月27日

雪萊（詩人）1792年8月4日

喬瑟夫‧史密斯（Joseph Smith，摩門教創始人）1805年12月23日

哈里特‧伊莉莎白‧比徹‧斯托（人道主義者，小說家）1811年6月14日

華格納（音樂家）1813年5月22日

馬諦斯（Henri Matisse，畫家）1869年12月31日

亞美迪歐‧莫迪里安尼（Amedeo Modigliani，畫家）1884年7月12日

克里希那穆提（哲學家）1895年5月12日

莫里茲‧艾雪（M. C. Escher，藝術家）1898年6月17日

雷內‧馬格利特（René Magritte，畫家）1898年11月21日

羅伯特‧歐本海默（原子彈計畫領導人）1904年4月22日

威廉‧柏洛茲（作家）1914年2月5日

索爾‧海爾達（人類學家，探險家）1914年10月6日

哈羅德‧威爾遜（Harold Wilson，英國首相）1916年3月11日

傑羅姆‧沙林傑（作家）1919年1月1日

人格牌是愚者（22號牌）

（適用於22-4人）

永恆權力的體現；靈性能量；重生

愚者牌代表你那孩子般自然不造作的天性。作為你的人格牌，它指出你將發展出全然的信任、無邪和無憂無慮。只有當你明白且承認

自己有多無知時，你才能得到智慧。

身為一個22-4人，你永遠在智慧和愚昧的世界中搖擺不定。你期望建立自制、在你的領域中設立標竿，但你卻必須承認自己的無知，讓自身的命運隨風擺盪，讓神聖的靈感在四周綻放。如同莎莉‧妮可在《榮格與塔羅》中提到的：「愚者的工作就是在提醒我們自己的愚笨，讓我們避免過分地——驕矜倨傲。」但有少數幾位22-4人能夠運用智慧，優雅且謙卑地扮演愚者的角色。

22-4人信念的缺點之一，就是他們常打破自己建立的規矩，變成例外。他們可以接受毫無紀律章法，會不負責任，甚至沒有道德觀念。通常22-4人都有一種不顯於外在的年輕活力。年紀再大一點時，他們可能會因為開放性地整合新奇、意想不到、甚至不可思議的資訊能力而時常讓人驚訝。

皇帝牌—愚者牌在22-4人的不同生命階段，有相當不同的生命詮釋。有個完全是愚者牌的階段（通常是你年輕的時候），會心血來潮、隨心所欲的行事。接著，你穩定下來依照皇帝牌的方式，非常有組織性、注重實用地打造生意和家庭。但有時候你需要打破這些規則，重新感受自由氣息，以恢復自己往日的青春風采。當這兩項特質結合時，你具有想像力，甚至能夠創新。你甘冒風險，但成績卓越。你是個開拓的先鋒和發明家。然而一旦沒有拿捏好輕重緩急時，你可能想要當個皇帝卻害怕成為傻子。你無法放下身段，也不敢面對自己真實的模樣和過程。你必須學習如何嘲弄自己過分認真的態度。

身為一個22-4人，你也許對於充滿諷刺的人生和酸甜苦辣的人性缺點，有著不錯的幽默感。你太清楚很多時候我們都只是被難以駕

馭的激情所導引，但你卻能看到這荒誕的一面。

　　愚者也代表你在轉世到這世上之前的精神。牌裡的懸崖代表你在誕生之前，投入這個世界化身成皇帝前的樣子。死神代表重新解放，如此你能自由體驗無限制的本我。當死神牌是你的導師牌時，你明白智慧和愚笨的對立，並且認知到死亡只是永生的物理機制。

　　當我在1980年代初期第一次寫到生日牌，我稱呼皇帝牌是人格牌，愚者是靈魂牌。隨著時間流逝，我認識更多22-4人，我明白皇帝—愚者群組的人傾向拒絕被分類，所以我和這些人一起努力尋找共識。在塔羅人生哲學中，愚者是不易發現但又隨處可見的。

隱藏牌是死神（13號牌）

（適用於4-4人或22-4人）

　　死神牌是你的隱藏牌，代表你否認死亡，認為這是限制你、而你也不願承認的想法。演變的結果是，你努力（可能有點過分狂熱）製造出能在你死後延續你名字和存在的作品（或小孩）。你會變成獨裁的父母，要求子女跟隨你的腳步。或者，你可能覺得面對死亡的生命是沒有意義的，於是你因為焦慮地尋求生存的意義而受苦。

　　死亡變成你抗拒的課題，一種阻擋你證明自己的東西。人類是唯一意識到自己死亡事實的生物，因此藉由衡量一個人的所作所為，死亡變成一種象徵性指標。但你愈是討厭死亡，便愈會厭惡出現在你周遭的生命。死亡代表完全放下你的自我中心，而許多隱藏牌是死神牌的人，都會致力於加強他們的自我中心和好聽的名聲——無法抹滅的

個人汙點。一位22-4人馬克・吐溫（Mark Twain）最有名的電報，就是他拍給報社時寫的：「貴報有關我死訊的報導頗有誇大之嫌。」

不論以象徵角度或是口語角度來看，死亡長期被視爲一種性高潮的隱喻——「小死亡」——所有的4號人和22-4人可能會透過性解放去體驗他們所害怕失去的自我。曾經有人說過，每一次性高潮會讓人的壽命減少一天。你可能會抱持著「天眞」和歡樂的心態擁抱死亡，或是逃開它的懷抱。知名的22-4人佛洛伊德（Sigmund Freud）就是著迷於此領域最有力的人士。死神牌變成導師牌時，你能理解死亡是眞正的解脫，然後你就能停止束縛讓靈性得以自由的一切禁錮。

22-4的名人

當我們觀察皇帝—愚者群組中的名人，會有幾組脈絡可循。許多革命先進和激進分子無懼於冒著天大風險來成就他們的目標。有些人則被認爲行爲不合常理，或是對他人的評論毫無感覺。另一大趨勢就是急迫地想永垂不朽，這成爲他們的動力，以行動證明他們能在所敬愛的領域中達到巔峰。有許多幽默大師或是十足的傻瓜：偉大的默劇演員馬歇・馬叟（Marcel Marceau）、伍迪・艾倫（Woody Allen）、馬克・吐溫、艾德・蘇利文（Ed Sullivan），以及永遠帶著死亡嚮往的幽默氣息的導演英格瑪・柏格曼（Ingmar Bergma）。伍迪・艾倫是典型的22-4人。他曾經說過由歐內斯特・貝克爾（Ernest Becker）撰寫的《拒斥死亡》（The Denial of Death）是影響他至深的書。同樣地，他寫過最棒的台詞之一，提到生命的永恆不是透過成就，而是精神不滅。

瑪麗皇后（Marie Antoinette，法國皇后）1755年11月2日

馬克・吐溫（作家，幽默大師）1835年11月30日

約翰・摩根（J. P. Morgan，銀行家）1837年4月17日

安妮・貝贊特（Annie Besant，社會改革者，神智學家）1847年
　10月1日

佛洛伊德（心理學家）1856年5月6日

居禮夫人（Marie Curie，化學家，發現鐳）1867年11月7日

法蘭克・辛納屈（Frank Sinatra，音樂家，演員）1915年12月
　12日

英格瑪・柏格曼（電影導演）1918年7月14日

馬歇・馬叟（默劇演員）1923年3月22日

柴契爾夫人（Margaret Thatcher，英國首相）1925年10月13日

休・海夫納（Hugh Hefner，《花花公子》雜誌發行人）1926年4
　月9日

麥爾士・戴維斯（Miles Davis，音樂家）1926年5月26日

亞歷山卓・尤杜洛斯基（Alejandro Jodorowky，電影導演，塔羅
　師）1929年2月17日

克林・伊斯威特（Clint Eastwood，演員）1930年5月31日

查爾斯・曼森（Charles Manson，犯罪集團首腦）1934年11月
　12日

丹增嘉措（Tenzin Gyatso，第十四世達賴喇嘛）1935年7月6日

帕華洛帝（Luciano Pavarotti，歌劇演唱家）1935年10月12日

伍迪・艾倫（導演，幽默大師）1935年12月1日

保羅・麥卡尼（Paul McCartney，音樂家）1942年6月18日

紐特・金瑞契（Newt Gingrich，美國政治家）1943年6月17日

阿諾・史瓦辛格（Arnold Schwarzenegger，演員，政治家）1947
　年7月30日

艾克哈特・托勒（Eckhart Tolle，激勵演說家，作家）1948年2月16日

歐普拉・溫芙蕾（Oprah Winfrey，電視主持人，慈善家）1954年1月29日

尼古拉・薩科吉（Nicolas Sarkozy，法國總統）1955年1月28日

比爾・蓋茲（Bill Gates，微軟創辦人）1955年10月28日

波諾（保羅・海森）（Bono，Paul Hewson，音樂家，行動主義者）1960年5月10日

布萊德・彼特（Brad Pitt，演員）1963年12月18日

阿姆（馬修・布魯斯）（Eminem，Marshall Mathers，饒舌歌手）1972年10月17日

小秘儀4號牌

　　這些4號牌接在創意互動十足的3號牌後面，代表是時候整合之前的資源了。以玄學的角度來說，4的完整性及意義接近10（因為從1依照順序連加到4，會等於10，即1＋2＋3＋4＝10）。如同皇帝牌，4號牌整合你的能力來定義你的歷史地位。4號牌對於你個人的權力來說，是天賦也是挑戰。它們代表著放下陳舊的操作模式和穩定變化的機會。它們勾勒出當你藉由所作所為發展領導力和建立基礎之際，你會遇到的狀況和得到的經驗。

權杖四（生日介於4月11日至20日，20～30度白羊座，基本宮之火元素）

　　權杖四呈現出一種完成感，迎接由相反力量融合而成的復興時期，舉例來說，像是四季的更迭變化，又或者是白天與黑夜交接的時

刻。你將這些時刻視為人生重大的里程碑，除舊佈新、歡慶豐收，並享受以勞動汗水換來的甜美果實。你對那些曾經支持你的力量心懷感激，感謝上蒼賜予豐收，並享受這一切的收成。

4號牌第一個隨之而來的天賦，就是慶祝生命一切事物的能力。這張牌刻畫了你生命每個不同發展階段的變化，和你在這些新階段承受責任的表現，將會帶給你報酬和獎賞。

聖杯四（生日介於7月12日至21日，20～30度巨蟹座，基本宮之水元素）

聖杯四是一體兩面，兼具天賦和挑戰的意義。你天生就能讓事物運轉，信任生命風水自有循環。你理解事物必須休養生息以充電重生。透過這樣的休息和冥想，你能夠接收潛意識中的新洞見和訊息。

當聖杯四代表挑戰時，也就是當你對目標缺乏關注和相關知識時，你便容易被惰性所控制。縱容自己如同聖杯三在情感中放肆，下場通常是不滿足、沮喪或是換來滿身疲憊。慢慢地處理情緒上的問題吧！一旦再也沒有什麼事物能激起你的好奇心，或是放縱自己時，你就會覺得無聊。花點時間跟大自然相處，觀察自然界中的韻律節奏，你將能重新煥發活力。

寶劍四（生日介於10月13日至22日，20～30度天秤座，基本宮之風元素）

寶劍四指出壓力是造成你健康問題的首要關鍵。由於你擔負了責

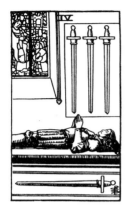

任重擔，無論是求助於你的高我還是專業的諮詢專家，你時常需要尋求建言。把事情全都攬在自己身上，只會讓情況變得更糟。

當你覺得負荷過重、壓力太大時，要回到獨處的狀態，讓自己靜下心來考慮細節。釐清自己的思緒，決定事情的優先順序。除了問問自己的潛意識要如何回應以外，所有的行動都先暫停，把事情留到明天再說。透過靜定和冥想的練習，你能夠創造出客觀地看待一件事情所有面向的能力。某些強大又有效的事情，將能透過這樣的經驗而逐漸浮現。

金幣四（生日介於1月10日至19日，20～30度魔羯座，基本宮之土元素）

金幣四代表你為自己張羅所需資源的天賦。你整合自己的能力，好讓自己能夠自信有把握地行動。你需要感覺自己的存在價值是安全的，唯有如此，你才能對自己有幽默感。

這張牌也表現出對於物質事物強烈執著的危險。這是用限制方式來表達天蠍座式的畏懼死亡。吝嗇地限制自己財產的流動，也斷絕了個人的成長。因此在權杖四裡的轉變無法顯現，聖杯四的全新經驗也無從體驗，更別說寶劍四的責任壓力也無從釋放。看看偉特牌的金幣四，裡面的人物姿勢充分顯現了對個人權力的緊抓不放和吝嗇。

為了體驗這張牌的力量，將一枚金幣平衡地頂在你的頭上方，腳穩穩地踩住地上兩枚金幣，並將最後一枚金幣放在手中。當你感到心

智集中、穩定之際，將最後一枚金幣放入你的身體──這是你個人權
力的中心點。當你發現安全感是由自己創造時，你將不再需要執著於
世界上任何外在的事物。

TEMPERANCE.

節制

THE HIEROPHANT

教皇

教皇家族

9

教皇家族
14-5

節制（14號牌）

教皇（5號牌）

權杖五　　　聖杯五

寶劍五　　　金幣五

教導和學習的原則

教皇	
對應星座：	金牛座
塔羅排列的對應功能：	社會／文化教育；選擇自由；從當權中學習
節制	
對應星座：	射手座
塔羅排列的對應功能：	靈性教育；行動自由；從經驗中學習

靈魂原型：精神性；導師；道德觀。

關鍵字：測試；諮詢；培訓；吸收理解和整合；療癒；引導；做中間橋梁；翻譯，詮釋；中間管道；仲裁。

如果你是完全5號（5-5）人，請讀此章節以下部分：

人格牌／靈魂牌是教皇（5號牌）

隱藏牌是節制（14號牌）

完全5號的名人

小秘儀5號牌

如果你是14-5人，請讀：

人格牌／靈魂牌是教皇（5號牌）

人格牌是節制（14號牌）

14-5的名人

小秘儀5號牌

（註解：如果你的人格牌介於14號牌到18號牌之間，你將沒有其他的隱藏牌。如同「夜晚牌」一樣，人格牌會把陰影處也包含進去。）

★　　★　　★

人格牌／靈魂牌是教皇（5號牌）

（適用於完全5號人和14-5人）

從當權中學習；選擇自由；社會／文化教育

　　教皇代表教授和學習由皇帝制定的一切律法。教皇意味著「奧祕洗禮」。在這範疇內，你成為某種力量的代言人，平易近人地傳遞這樣的力量給社會大眾。舉例來說，如果你是特殊領域的科學家，你會向不懂這項科學領域的人傳播這類消息。像文森・梵谷（Van Gogh）和保羅・塞尚（Paul Cézanne）都是5號人，用特殊的方式看待世界，也同樣將其洞見透過他們在畫布上的「詮釋」傳遞給我們。你扮演著橋梁的角色，如同教皇般，你向他人傳遞什麼是神祕或怪異的事，也讓他們有機會去體驗。許多5號人以善講故事而聞名。每個事件在你眼中都是一場冒險。

　　就像這張牌中的兩個侍僧，你要麼是個積極的學習者，蒐集並質

14 | 5 教皇

169

疑所學到的一切知識；或者，你將是個逆來順受的學生，接受當時掌權政體教授給你的一切事物。完全5號人的教皇牌，代表在他們年輕時會反抗掌權政體，但當他們逐漸成熟，他們會變成掌權的政體，他們發現自己的立基點在於捍衛自己所選擇的立場。

不論你從事什麼樣的教學或訓練，你都熱愛給予建議，幫助人們解決問題。事實上，人們常會因為敬重你的專業素養和知識，並且了解你願意協助他們，而向你尋求幫助。你能夠化繁為簡，不會給出多餘或太困難的指引。在解決問題時，你會選擇當權流行的做法並從善如流，或者你會信任直覺的指引，選擇用自己的方式來測試一下是否可行。

你可以是個好的聆聽者，能辨識出話語中的弦外之音。在牌中的人物，食指和中指代表被說出的話，三根緊閉的手指代表對弦外之音的理解。主教的十字架杖則展示了四個領域（包含靈性的最高週期）的狀態，同時也有四種方法來教導或學習（聆聽、執行、閱讀、看圖或用圖表示）。你是那能理解這一切的第五元素，能依照教學上的需要來調整改編你的教學。

你最大的問題是當你的知識被編纂成教條時，卻也同時成了時過境遷的事物。當你拒絕持續地探究自己的信念時，這些信仰將成為教條，也隨之限制了你可能經驗的一切。信念對每個人來說都很重要，而對於5號人來說，放下自己的主觀，區分事物的「應該狀態」和「自然狀態」則不太容易。

就如同你的追隨者信賴你教授的事物，你也會逐漸地推崇、甚至盲目地崇拜你信任的那些導師和偶像。其中的危險在於接受他們稱之為「上帝的真理」。想要相信某種事物的強烈慾望，使你可能會投向你認為可以提供你管道、一親夢想芳澤的靈性大師或靈性領導者的懷

抱。如同他們自己的導師一樣，教皇牌的人會希望順從且恪守他們所教的教義。

完全5號人經常害怕犯錯。因此在你有任何動作前，你會先加以確認。由於不喜歡被嘲笑奚落，如果你覺得自己可能會失敗，便寧願啥都別試。你相信事情的正確與否都有標準作業程序，在事情失敗時你會責怪自己。但教皇牌的人就是得從失敗經驗中學到教訓。完全5號人的其中一個挑戰是透過現實生活中的常識、錯誤、實驗和經驗，來重視自身的主權。你將會一再重蹈覆轍地遇到這些課題，直到你接受這些問題和錯誤為人生導師，並從中發展出隨遇而安的特質。如果「塞翁失馬」能指出你重新調整的需要或是更有效益的替代方法，那麼「人有失手，馬有失蹄」對你而言也未嘗不是件好事。

5號人擁有高度發展意識——強烈的道德價值觀（主觀和客觀的「應該」）決定了你的行為。要小心你會變得自以為是。

你欲求的目標比多數普通人來得遠大。你渴望找到能包羅萬象地解釋一切的經典真理。奧斯維德・沃斯（Oswald Wirth）在《魔術師的塔羅》（*The Tarot of the Magicians*）一書中提到：「用自己的方式闡述你知悉的道理，用心擁抱那令你深信不移的信仰。」靈魂牌是教皇牌時，你的人生目的是透過擁有純真無邪孩童的語調，及內在女祭司智慧的內在本我，發展出屬於自己的影響力。當你與自己的高我潛能連結時，你便能傳達更高本我的訊息到物質世界中。

隱藏牌是節制（14號牌）

（適用於完全5號人）

節制牌是你的隱藏牌時，你的個性剛正不阿、喜怒無常。特別

是當你年少時，你覺得錯就是錯，而你以評斷自己有沒有犯錯來決定自己的對錯。這會扼殺讓你冒險犯難、嘗試新鮮事的好奇心。完全5號人永遠都想要事情在「正軌」上，傾向跟隨學習過的指引；或者，他們會質疑、反抗每件事物。設法接受節制牌如影子般如影隨形，你便能從所犯的過失裡學習到「付出才有收穫、嘗試才會犯錯」的重要性。這樣的人生挑戰在你學會耐心和見機行事來磨砥自己的脾氣前，對你而言都像「問題」般令你頭痛和困擾。

用現實生活中需要的那些充分理解、心態調整和慈悲心，來平衡道德宇宙中客觀「應該」和主觀「應該」的比重。

慈悲心是這張牌最重要的教義。在療癒中，它們體現的是塔羅排列中的「光明陰暗面」。你也許很難重視自己的靈性資源，或相信自己天生的同理心。你出於害怕而展現的優柔寡斷態度，讓你會抓緊著立基點不放，即使那個點不久後會被推翻。你覺得容易敏感和展現自己的情緒便是在示弱。你把自己包裝成一個實事求是者，用憤世嫉俗的幽默和俏皮話，掩飾那些可能會被他人視為多愁善感的內容。隨著個性的成熟，當你接受節制牌為你的導師，你會變得更有彈性，從容地穿梭在自身和他人的評論間。最終你會發現，你最擅長的就是消除心中和周遭世界的苦痛。

完全5號的名人

完全5號名人不知何故很難去分類，因為他們的類型大不相同。當然，他們不僅僅是分享理想給眾人，還有對偶像和自身的完美要

求。伯特蘭・羅素（Bertrand Russell）在其〈數學研究〉（The Study of Mathematics）一文中闡述數學的美，「不是迎合我們天性的不足，而是令人讚嘆地純淨，至臻至善。」威廉・布萊克（William Blake）也可能會這樣敘述他所認知的美。許多革命者和反傳統者在年少時，傾向迅速找到一個他們相信的理想標的，然後竭盡後半生爲這樣的「權力」奮鬥打拚，推廣、教育、追尋這種理想。在威廉的〈天眞的預示〉（Auguries of Innocence）中寫的，「不懷好意說出的實話，勝過你編造的所有謊言」，充分顯示5號人在追求眞理時的道德態度。不過，這樣的理想主義也必須經過慈悲心的鍛鍊。J. K. 羅琳（J. K. Rowling）曾在哈佛畢業生的演講致詞上，提倡同理心：「人類是這個星球上唯一不用親身經歷，就有能力學習、了解別人處境的生物。」作家戴夫・艾格斯（Dave Eggers）在其著作《什麼是什麼》（What Is the What）中談到5號人的敘事特質：「不論我做什麼工作，莫名其妙地都能找到生存的辦法，我會敘述這些故事……直到上帝召喚我回老家。」同時，也留心許多網路企業都教導我們如何在網際空間內自由流動。

14-5 教皇

威廉・布萊克（藝術家，詩人，神祕主義者）1757年11月28日

羅伯斯比爾（Maximilien Robespierre，法國革命家）1758年5月6日

恩格斯（Friedrich Engels，政治理論家）1820年11月28日

保羅・塞尚（藝術家）1839年1月19日

雷諾瓦（Pierre-Auguste Renoir，藝術家）1841年2月25日

梵谷（藝術家）1853年3月30日

帕西瓦爾・羅威爾（Percival Lowell，天文學家）1855年3月13日

柯南・道爾（Arthur Conan Doyle，作家）1859年5月22日

伯特蘭‧羅素（哲學家）1872年5月18日

詹姆斯‧喬伊斯（James Joyce，作家）1882年2月2日

麥爾坎‧X（Malcolm X，宗教領導人，革命家）1925年5月19日

邁克爾‧達米特（Michael Dummett，哲學家，塔羅歷史學家）
　1925年6月27日

威利‧尼爾森（Willie Nelson，鄉村音樂家）1933年4月30日

維爾納‧艾哈德（Werner Erhard，EST創辦人）1935年9月5日

魯道夫‧紐瑞耶夫（Rudolf Nureyev，舞者）1938年3月17日

米克‧傑格（Mick Jagger，作曲家）1943年7月26日

史蒂芬‧史匹伯（Steven Spielberg，電影導演）1946年12月18日

卡里姆‧阿布都─賈霸（Kareem Abdul-Jabbar，籃球運動員）
　1947年4月16日

米凱爾‧巴瑞辛尼可夫（Mikhail Baryshnikov，舞者）1948年1
　月27日

J. K.羅琳（作家）1965年7月31日

皮埃爾‧歐米迪亞（Pierre Omidyar，eBay創辦人）1967年6月
　21日

戴夫‧艾格斯（作家，出版商）1970年3月12日

安潔莉娜‧裘莉（Angelina Jolie，演員）1975年6月4日

碧昂絲（Beyoncé Knowles，音樂人，演員）1981年9月4日

馬克‧祖克柏（Mark Zuckerberg，Facebook創辦人）1984年5月
　14日

布雷克‧羅斯（Blake Ross，Firefox開發者）1985年6月12日

麥可‧菲爾普斯（Michael Phelps，奧運游泳運動員）1985年6
　月30日

人格牌是節制（14號牌）

（適用於14-5人）

從經驗中學習；行動自由；靈性教育

節制牌代表療癒、緩和、調整和重新分配資源。身為一個14-5號人，你追求的是將不同的反制能量，用創意的方式混和調配出超乎兩種能量加總的全新能量。基於這些原因，牌中的人物通常被稱為煉金術士。在支離破碎、黑暗憂愁的死亡期（煉金術的「黑暗期」）後面，隨之而來的是創意性的自我淨化與重建。節制牌相信每個問題都有解答。

作為一個14-5人，你著重內在面向，尋求個人資源和創意素材來幫助你個人，還有其他人成長。因為你能理解他人的不足如同自己的不足，你是個慈悲為懷、悲天憫人的人道主義者。許多14-5人積極爭取新的人道條件，揭露並深入社會大眾鮮為人知的現實陰暗角落，好讓這些被遺忘的碎片再度被世人看見。你積極地想促進這些想法的流通。

對一個14-5人而言，教學是一種療癒。疾病則是圓滿完整的崩壞，需要從另一個嶄新的高度來重組、理解這個訊息。你的問題並不是憑空而來，而是跟你生命中的萬物連結在一起。你藉由鳥瞰整片藍圖，找到這些連結的關聯來幫助他人。你慷慨地伸出援手，充滿慈愛地接受他人的真實樣貌，並對其處境感同身受，能達到治癒他人（個人層面和社會層面）的療癒效果。你想要療癒身體上和心理上的傷口。

當你相信生活具有更深層的涵義、重視你的內在經驗，這將會帶

給你新的洞見，為你的生活帶來嶄新體驗。但你必須永遠為兼顧夢想和現實生活而努力，為融合內在知識和恰如其分的外在經驗而堅持不懈。

如果發揮到極致，你渴望透過排除異己或厭惡之物，或根據自己的原則來去蕪存菁（如毛澤東、喬治亞·歐姬芙、三島由紀夫）。你是個純粹主義者。14–5人通常不是中庸的人。希特勒這位知名的14–5人，以他激進地想要淨化亞利安種族的行為而聞名，可以從他的名言窺之一二：「我會不計任何代價擊敗所有反對我的人。」你也許需要透過學習穩健溫和、磨砥你的理想主義，才能游刃有餘地處理突發事件。有天，你會學會的。

有如經過不老泉水的洗禮，14–5人保持著相當程度的躁動狂熱，往往看起來或行為舉止比實際年齡還要年輕。

絕妙的時機是解題的必要條件，14–5人經常在對的時間在對的地點出現，因而得到巨大的成功。你明瞭時節變化和更新的重要性，也明白彎腰迎合大眾的時機。如果時間不對，你將依然會尋找可靠的途徑或能催化事件的媒介，相信透過不間斷的嘗試和失敗，終將能得到一個切實可行的解決方法。

但也因為14–5人帶著自身的陰暗（節制牌是「夜晚牌」），你也可能像是誤闖叢林的小綿羊一樣，身分地點都不對。你必須明白，時機是這物質世界中能掌控結果的關鍵。不然，你也許會不確定你所捍衛的價值觀是否值得，又或者你會找不到安身立命的位子，覺得自己生不逢時。你覺得自己深陷青黃不接的灰色地帶。你可能不怎麼清楚自己的才華和能量該何去何從，因而浪費時間地揮霍它們，卻換來一身徒勞無功。你可能也放棄自己的自主性和個人理想，只為了服從那些你覺得比你位高權重的人（老闆、宗教或世俗當權等），用他們

的標準而非你自己的標準過活。

　　如果發生這種事，無論是否有憑有據，你需要辨識出你的信念來決定你的生活體驗。像是節制牌裡的天使手裡拿的兩個杯子，象徵著少數幾件你必須要處理的事。你藉由思考創造出你的世界圖像。一位14-5人、也是研究知覺的精神學家約翰·C·莉莉（John C. Lilly）曾經發表科學定理，聲明這樣的狀況：「一個人相信的事物要麼是真的，要麼就會在一定限度的實驗下成真。」當你面對讓你平日經驗變成壓力的矛盾信念時，你就有機會領會其真義。取而代之的是，將這些壓力矛盾變成想像力的挑戰：屏除事物被信念加持保證的意義，而賦予這些事物更多的意義。你能完成自己所設定的任何任務，有能力解決複雜的問題。要相信自己。小心不要被分散注意力；讓自己專注在手頭上的工作，以及你對成功的想像。

14-5的名人

　　14-5的名人有一種傾向：超脫凡俗，投向形而上學的懷抱，但永遠帶著對人性的觀察和探索。他們通常研究艱深、超自然的主題，然後變成當代的發言人，甚至成為當代宗師、巨擘。有許多知名的自由鬥士像是切·格瓦拉（Che Guevara）、西蒙·玻利瓦（Simon Bolivar）、毛澤東、班傑明·富蘭克林、亞伯拉罕·林肯（Abraham Lincoln）等。對於令人毛骨悚然、神祕的事物著迷而表現於工作上，如黛安·阿布絲（Diane Arbus）、亞歷山大·卡力歐斯托（Allesandro di Cagliostro）、曼利·P·霍爾（Manly Palmer Hall）、波赫士（Jorge Luis Borges）、三島由紀夫（Yukio Mishima）、甚至達爾文（Charles Darwin）。這個群組的許多人物發現死亡除了留下屍體和腐敗，還帶來被世俗忽略、淨化過的真理和美麗。

班傑明‧富蘭克林（政治家，記者，發明家）1706 年 1 月 17 日

亞歷山大‧卡力歐斯托（神祕主義者）1743 年 6 月 2 日

西蒙‧玻利瓦（美國政治領導人）1783 年 7 月 24 日

林肯（美國總統）1809 年 2 月 12 日

達爾文（博物學家）1809 年 2 月 12 日

蕭邦（Frédéric Chopin，音樂家，作曲家）1810 年 3 月 1 日

齊克果（Soren Kierkegaard，道德哲學家）1813 年 5 月 5 日

海倫‧凱勒（Helen Keller，盲聾人物代表）1880 年 6 月 27 日

喬治亞‧歐姬芙（Georgia O'Keeffe，藝術家）1887 年 11 月 15 日

希特勒（Adolf Hitler，德國領導人）1889 年 4 月 20 日

赫魯雪夫（Nikita Krushchev，蘇聯領導人）1894 年 4 月 17 日

克拉克‧蓋博（Clark Gable，演員）1901 年 2 月 1 日

曼利‧P‧霍爾（玄學家）1901 年 3 月 18 日

路易‧阿姆斯壯（Louis Armstrong，爵士音樂家）1901 年 8 月 4 日

瑪琳‧黛德麗（Marlene Dietrich，演員）1901 年 12 月 27 日

海爾‧塞拉西一世（Haile Selassie，衣索比亞皇帝兼靈性導師）
　1892 年 7 月 23 日

毛澤東（中國共產黨領導人）1893 年 12 月 26 日

威廉‧福克納（William Faulkner，作家）1897 年 9 月 25 日

波赫士（魔幻寫實風格作家）1899 年 8 月 24 日

約翰‧史坦貝克（John Steinbeck，作家）1902 年 2 月 27 日

田納西‧威廉斯（Tennessee Williams，劇作家）1911 年 3 月 26 日

阿爾貝‧卡繆（Albert Camus，作家）1913 年 11 月 7 日

艾倫‧瓦特（Alan Watts，神祕主義者，作家）1915 年 1 月 6 日

約翰‧C‧莉莉（神經科學家，心理分析學家）1915 年 1 月 6 日

黛安・阿布絲（攝影師）1923年3月14日

三島由紀夫（作家）1925年1月14日

切・格瓦拉（革命鬥士）1928年6月14日

小秘儀5號牌

5號牌顛覆穩定性和停滯不前的狀況。每張5號牌都藉由推翻自滿狀態、創造有想像力、靈性冒險的挑戰來脫離4號牌的窠臼俗套。透過考驗我們所恐懼的面向，我們學會如何發揮自己的潛力。

權杖呈現出你的想法受到考驗，你必須面對恐懼內在混亂所導致的壓力。聖杯代表你的愛受到考驗，你必須面對恐懼期望落空而導致的悲傷。寶劍代表你的意志受到考驗，你必須面對恐懼失敗而延伸出的防衛心過重。金幣則呈現出你的信念受到考驗，你必須面對不安全感的恐懼所延伸出的擔心。

5號牌教導你節制的意義，在於整合你的能力和敏銳覺察行動的時機。

權杖五（生日介於7月22日至8月1日，0～10度獅子座，固定宮之火元素）

權杖五代表你透過衝突和歧異等考驗，找到你自己的想法。質疑當權者吧！這樣的爭執和辯論能讓你精力充沛，並給你機會去貢獻自己的想法，教授你所知的一切。節制牌強調的是需要平衡和鍛冶眾人的想法，從中淬鍊出某種全新、可以適用於各式各樣經驗的更寬廣的、任何人都想不到的視野。這樣的合作過程是學習的主要方式之一。

　　就像在一個會議中,有五種不同的聲音出現在你的腦袋裡,當你的內在遭遇到不同的聲音時,一下子有太多觀點需要考慮,這會讓你腦袋混亂,不知所措。你也許發現這是個基於信仰衝突的問題。節制牌建議你,把握其中能夠串連起許多不同信念的概念或大綱,允許這些信念能夠跟彼此共存。

聖杯五（生日介於10月23日至11月1日,0～10度天蠍座,固定宮之水元素）

　　聖杯五甩開你在聖杯四的自滿。在你失去之前,你不會充滿感激地看待事物。聖杯教導你關於悲傷和如何超越失敗。當你擁抱的事物並不總是也擁抱你時,你會覺得失落。這三個灑出來的杯子能代表失去的和諧,或曾經支撐你的信念,有可能是變調的友情、物質上的損失或是被破壞的計畫。你身披滿載悲傷的黑袍,沉溺在自己的悲傷中。這會持續一陣子。剩下的兩個杯子是節制牌裡天使手上的杯子;當你終於擺脫悲痛,拾起剩餘的杯子,療癒就會發生。記得恢復與親密朋友的互動,專注在新的計畫上,還有「面對生命的功課」是擺脫悲傷和失落的方法。

　　節制牌的天使提醒你沒有東西是真正失去。能量常在,只是以不同面貌存在。傾洩出來且永遠流動的水,象徵生命原力持續不斷地流轉。當你經歷失落時,記得萬物都會有這樣的季節和時光。讓你的眼淚留下來,理解這種時期將能帶來療癒,並使世界萬物生生不息。問問自己能在這樣的經驗中學到什麼。

寶劍五（生日介於1月20日至29日，0～10度水瓶座，固定宮之風元素）

寶劍五表示你在傳達想法給其他人時有困難。瑣碎的思緒、頑固的決定，令人心生困惑和質疑。他人嘗試將他們的意見強加給你，但你必須仰賴自己內在的聲音。或者，你可能思想過於死板，以至於容不下他人的意見。要避免故意地對抗。接受他人的意見，但別讓這些毀掉你自己的觀點。這不是對錯的問題，而是需要看到所有可能性，而非全盤否定。寶劍四迴避這樣的尖銳議題，企圖用獨處來處理這些問題。但在寶劍四裡，你已經準備好掀起跟他人的激戰。

如此這般的情勢下，是沒有贏家的。或者，你會贏了戰役卻輸了整場戰爭，表達了你的觀點卻失去最好的朋友。試圖證明自己是對的，並不能改變他們的想法。激烈的爭吵辯論場面來自一個固執己見的立場。

當你曾經遭遇這樣的事件而受到傷害，你需要被療癒。當你像一把支離破碎、傷痕累累的劍時，你需要再被鍛造一番。別讓這樣的經驗困住你，使你產生復仇的慾望。要呼喚你的天使、隨行的靈性導師來指引你。許多傑出的療癒者在超越個人的傷痛後，得到他們的療癒天賦，並隨後協助其他有類似經歷的人。

金幣五（生日介於4月21日至30日，0～10度金牛座，固定宮之土元素）

金幣五代表的是匱乏、不安全感和被排除在外的挑戰。它顯現出所有金幣四奮力對抗的事物，呈現出盡力追求穩定卻失落的挫敗。有

時這是蓄意安排的靈性課程，旨在幫助你領悟身體和物質的慾望是變化無常的。這樣嚴厲到近乎窮苦的生活，能連結你的思考和你的靈性發展。

但你通常也能透過獨排眾議的質疑當權行為來找到自己。在推翻社會規範時，你可能會選擇過「邊緣人」的生活，把持著你重視的信念，跟想法類似的朋友往來。

當你的家庭、工作或其他形式的安全感受到威脅，你必須決定該如何處理問題。如果你覺得力不從心，你也許會尋求庇護或接受他人的救濟——也許這樣是個不錯的開始。但如同大地之母塔羅牌（Motherpeace Tarot）裡，與金幣五相等意思的圓盤五（上面繪有一個女人在揉泥或麵團），還有節制牌，都建議你能夠緩慢、穩定地處理你的狀況，嘗試不同事物，直到你能融合這些要素。儘管經歷千辛萬苦，這是一張朝向目標的過程牌。豐盛的報酬將取決於你的信念——信念愈大，成就愈不凡。

THE DEVIL .

惡魔

THE LOVERS.

戀人

戀人家族

10

戀人家族
15-6

惡魔（15號牌）

戀人（6號牌）

權杖六　　　聖杯六

寶劍六　　　金幣六

關聯性／選擇的原則

戀人	
對應星座：	雙子座
塔羅排列的對應功能：	要求統一；選擇愛；在人際關係中的我們
惡魔	
對應星座：	摩羯座
塔羅排列的對應功能：	要求獨立；選擇公平；在世界關係中的我們

靈魂原型：選擇：聯合／分開；雙胞二元論。

關鍵字：吸引和分開；協同作用和分離作用；交換；分享與關聯；互惠；生機勃勃；感官享受；連通性；分辨善與惡的能力；誘惑；著迷。

如果你是完全6號（6-6）人，請讀此章節以下部分：

人格牌或靈魂牌是戀人（6號牌）

隱藏牌是惡魔牌（15號牌）

完全6號的名人

小秘儀6號牌

如果你是15-6人，請讀：

> 人格牌或靈魂牌是戀人（6號牌）
>
> 人格牌是惡魔牌（15號牌）
>
> 完全15-6的名人
>
> 小秘儀6號牌

★　★　★

人格牌或靈魂牌是戀人（6號）

（適用於完全6號人或15-6人）

要求統一；選擇愛；在人際關係中的我們

　　戀人牌代表協同、互惠和從對方身上學習。這張牌在法國學派和英國學派有截然不同的描述。法國學派的牌是一個男人站在一名老婦人和一位年輕女子中間，這兩個陰性代表著邪惡與美善，或者他的母親和妻子。在這些人頭頂上的雲朵中，愛神正持著飛箭對準他們。英國教派的解讀，由潘蜜拉·科爾曼·史密斯繪製的牌圖裡，可見伊甸園亞當和夏娃的身影，還有象徵智慧的蛇及烈焰中的天使長麥可。

　　這兩種設計都專注在一個開始——選擇被打造來體驗之前全然不知或無法獲取的面向。一般來說，這種知識隱含肉體方面的意思。我們看到斬斷之前無庸置疑的保護禁令，隨之而來接受生育的權力——允許你如同上帝般，變身成個人權利的創造者。個人脫離原生父母而忠於戀人。團結不再，而為了創造出不同於原生父母的嶄新事物，分

離帶來的慾望會重組。

這張牌跟雙子座有關，因而連結到榮格的原型主題——「雙胞胎之旅」，表示你必須試著跟自己的兩個面向和解。這可以被概分為介於你自己「好的一面」與「壞的一面」、投射面和陽光面、消極面和積極面、陽性面和陰性面，或者你的獨立個性卻又渴望與人連結。

最終，你的任務是要將自身的兩個面向融會貫通。當這兩個面向和平共處時，你能體驗己身的巨大能量，並為自己的知識及能力感到驕傲。你能達到直觀境界，在人際關係中專注意識，最後將能感知到超越這兩種面向的深奧真理。

當戀人牌是你的人格牌或靈魂牌時，人際關係是你最主要、最重要的自身發展。你會從跟你有任何關係的人們，諸如家人、朋友、同事、情人等身上，學到很多關於自己的事物。要注意有時候不一定是人，有可能是一個事業、工作或是小東西。比起人來，更吸引你、甚至讓你迷戀的事物都有可能。

無拘無束、誠實以對的溝通是極為重要的。你尋找一個你可以傾訴最深層情感和願望的夥伴，並希望那些人也跟你有類似的嗜好。你的中心問題是：在一段關係中，你想要什麼、需要什麼？你著迷於各式各樣的關係形式，所以你一直都在思考人、事、物如何與其他的人、事、物產生關係，又該如何去修補彼此之間的關係，你甚至能看見事物中隱形的關聯。

許多6號人會跟他們認為是最好的朋友一起工作，或者分享興趣。如果你「不好此道」，你可能非常著迷於朋友之間的情誼和對話。考慮是否將某人視為「朋友」，就能讓你覺得可以與之分享更多事物了。

戀人牌的出現，示意與你有關的人們反映出你的自我形象。想要

知道自己形象的最好辦法，就是仔細觀察你的生活周遭充斥著什麼特質的人。你看不到屬於自己的那些特質，通常稱為你的陰暗面，你會將之投射在他人身上：你經常感覺到、為之煩惱或嫉妒的別人身上的特質。當特質反覆發生在遇到的每個人身上，對於戀人牌的人們來說，這就是學習自己身上特質的主要方式。在你學會將這些你所投射的特質回收、承認那是自己的一部分之前，你的人際關係都會反映這些自我形象。戀人牌是選擇之牌，象徵從伊甸園、我們的原生父母、我們的安全感堡壘中脫離──為了選擇體會個人經驗、達到覺知的彼岸。對於戀人牌的人來說，這些選擇是基於萬物的起源──愛和恐懼這兩種主要情緒。在每條路徑的交叉口，你必須捫心自問：哪一個才是你的選擇基準？你的行為是被愛驅駛、還是被恐懼所控制？這個問題又連結到另一個性格上的窘境：選擇哪個才好？是滿足你的自由信念？還是滿足你的物質所需？因為你傾向用「我們」而非「我」的模式思考，自己的決定充斥著他人對你的影響，因而將你捲入比人際關係更深更遠的漩渦中。

隱藏牌是惡魔（15號牌）

（適用於完全6號人）

　　隱藏牌是惡魔牌時，代表你傾向隱藏自己的野性本能，甚至連你自己都不知道有這回事。因此，尤其是你的性慾，還有你的活力，不時地會將你淹沒。你要麼視自己為一個純然被慾望和著迷需求所驅動的下半身生物，或是你會藉由禁制和戒律來壓抑自己內在的慾望。

　　如果你在一個家教甚嚴、個人自由度低的環境中長大，你可能會對自己的存在價值感到懷疑。如果你覺得自己身處被壓迫的情況，也許會覺得自己犯了不知道的潛規則而受處罰。你也有可能因爲這些被壓抑的事物，而默默地在心裡將這些個人特質視爲「不良行爲」。舉例來說，你也許曾經覺得或是被教導「性」是禁忌或令人厭惡的。如果你是個模範乖寶寶，你得確定自己永遠不做任何丟臉的事，即使需要隱藏自己那些不符規範的思想和感覺。

　　完全6號人自幼便對人們展現十足的信任。你強烈渴望人際關係和無拘無束地接觸他人。當這樣的信任被人背叛時，最後你會覺得有罪惡感，認爲自己要負起責任。你可能曾經被他人用蠻橫的權力掌控，造成生理或心理上的霸凌。舉例來說，那些被人認爲輕浮挑逗的女孩們，特別容易自責。

　　你長大後若不是對性有罪惡感，壓抑自己的原始慾望，將性解讀成對權力的需求；就是你會將性視爲一種個人權力的途徑。作爲令人渴望的性感尤物，是證明你自身重要性和自我價值的唯一方式。你可能覺得自己必須隱藏一些「齷齪」祕密。如果被人發現了，他們可能就不會愛你了。因此，你可能會轉而懷疑人們和他們的動機。症狀嚴重的話，你會無法面對自己的罪惡感或責備感，而將這些感覺轉嫁到他人身上。你會找個代罪羔羊來頂替你的無力感，或是嘗試操縱你的人際關係，認爲這是讓你達到目標的唯一方式。

　　在黃金晨曦會的傳統中，這張牌的關鍵是歡樂！別太認眞看待那些操控手段和他人的張牙舞爪。感受其中的幽默吧！這是打破那些困擾、操控和自負驕傲的方法。完全6號人尼采（Friedrich Nietzsche）說過：「人孤獨地在這世上痛苦煎熬著，不得不發明笑。」這樣的陰魂附體之詞，撼動你平常的觀點，爲你注入新的視野。就像神話裡的

騙子和郊狼，你重組事實、撥亂反正，強調用新的詮釋，而不用原先的安排與邏輯。你需要知道過程中不會有罪，只會有錯誤，而且是能被修正的錯誤。藉由學會寬恕你自己，你能與本我合一。

當你的土星回歸時（大約三十歲時），惡魔牌變成你的導師牌，你對於自己天生的魅力和對他人的吸引力更能操控自如。你發現當你相信直覺、願意面對之前所害怕的事物時，便能激發出自己巨大的創造力。這可能成為探究隱藏的傳統、領域、禁忌話題的一種想望，或者是一種對於黑暗未知和神祕事物的權力著迷。

最終你會明白，唯有在你能選擇自己的價值之際，你才擁有無限能量。你發現所有的祕密和操控手段都藉由困擾你來掌控局勢。而當你承認你的恐懼、將它們攤在陽光下，你便可獲得對那些限制一笑置之的能量，並釋放從裡到外的創意潛能。

完全6號的名人

在知名的6號人中，約翰‧藍儂、查爾斯‧舒茲、史蒂芬‧金、赫伯特‧威爾斯等，都用嘲諷和幽默的方式來揭露人類潛藏的恐懼。史迪格‧拉森揭露被隱藏的種族暴力和剝削女性的犯罪。愛因斯坦的研究，顯示出他的權力方式，就是原子彈的「威脅」，但他也說過（此句有待考究）：「原子彈可能從威脅人類等級提升到建立國際事務的秩序，若沒有恐懼的壓力，它無法辦到。」尼采承襲用惡魔的面向來發聲，相信透過冷酷、勇氣和驕傲的充分表達，能達到我們真實的能力。約翰‧藍儂的歌詞裡有戀人牌的縮影：「到頭來，你得到的愛和付出的愛是相等的。」

尼采（哲學家）1844年10月15日

威廉‧赫茲（William Randolph Hearst，出版業大亨）1863年4
月29日

愛德華‧孟克（Edvard Munch，藝術家）1863年12月12日

赫伯特‧喬治‧威爾斯（H. G. Wells，作家）1866年9月21日

列寧（Vladimir Ilyich Lenin，蘇聯領導人）1870年4月22日

拉赫曼尼諾夫（Sergei Rachmaninoff，作曲家）1873年4月1日

愛因斯坦（Albert Einstein，物理學家）1879年3月14日

查爾斯‧舒茲（Charles Schulz，漫畫家）1922年11月26日

珊卓拉‧戴‧歐康納（Sandra Day O'Connor，最高法院大法官）
　1930年3月26日

約翰‧藍儂（John Lennon，音樂人）1940年10月9日

金正日（北韓領導人）1941年2月16日

傑西‧傑克遜（Jesse Jackson，民權運動者）1941年10月8日

喬治‧布希（George W. Bush，美國總統）1946年7月6日

史帝芬‧金（Stephen King，作家）1947年9月21日

梅莉‧史翠普（Meryl Streep，演員）1949年6月22日

史迪格‧拉森（Stieg Larsson，記者，作家）1954年8月15日

麥可‧傑克森（Michael Jackson，音樂人，藝人）1958年8月29日

艾迪‧墨菲（Eddie Murphy，演員，導演，音樂人）1961年4月
　3日

傑夫‧貝佐斯（Jeff Bezos，亞馬遜公司創辦人）1964年1月12日

莎拉‧裴林（Sarah Palin，政治家）1964年2月11日

金喜善（演員）1977年2月25日

賈斯汀‧提姆布萊克（Justin Timberlake，音樂人，演員）1981
　年1月31日

小甜甜布蘭妮（Britney Spears，演員，音樂人）1981年12月2日

拉斐爾‧納達爾（Rafael Nadal，網球運動員）1986年6月3日

人格牌是惡魔（15號牌）

（適用於15-6人）

要求獨立；選擇公平；在世界關係中的我們

THE DEVIL.

　　惡魔代表原始、野性的力量和創造力。這種讓物質世界之神都害怕的危險本我和危險社會，是由拼湊出來的惡魔形象打壓宗教裡的神祇，證明扭曲失真的力量是如此簡單且無法擺脫。牌中的圖案包含暗夜裡的飛行蝙蝠、山羊頭、如飛禽般的利爪，以及我們害怕別人可能發現自己的黑暗面。

　　因此，惡魔牌代表身為15-6人的你，一直壓抑著不想讓人知道的部分。這張牌在個性上跟土元素摩羯座相關，你傾向找到一個具結構的形式，能裝載你的恐懼，讓這些遠離你的本我意識。這張牌也代表你自己某部分被認為「世俗」、務實或實用主義等這些西方文化一直嘗試要跟靈性世界分開的內容。也由於你的靈魂牌是戀人牌，你將永遠為這兩者的融合而掙扎奮鬥。

　　你有野心和意願想投入更高更深遠的經驗以達目的。你犧牲自己的需求、所愛的人、所戀的夢想，讓生活難以過下去。你工作認真、盡情享樂。你看起來充滿距離感且冷漠，對於那些沒注意到你心中熱情的人來說，你是遠觀而不能親近的。你的自尊心唯有在你認清楚自己的輕重時才有益處，若你刻意矯揉造作地與他人互動，只會顯得適得其反。白朗寧這位15-6人，藉由他的文字充分體認這件事：「就算真的值得驕傲，也無法兼得謙虛。」

　　感受到自由最終會孤獨而選擇你的人生目標，你也許會因此變成一個大膽的浪漫主義者，堅守嚴格的道德倫理，視其為維護社會秩序

的方法；或者，你在絕望和了無生趣的宇宙中徘徊，既沒有獎勵天堂也沒有懲罰地獄，因此看著一切事物覺得荒謬起來。

　　你也許在一成不變但觀點結構令人滿意的環境中長大，不論生活中發生什麼事，這個環境裡的某些行為舉止永遠被視為合宜得體。接著，你會痛苦地意識到社會禮儀和真實世界的反差，以及那些暗藏的欺騙、缺乏深刻連結的人際關係。15-6號人托馬斯・艾略特（T. S. Eliot）曾經說過：「人類，無法忍受太多的真實。」

　　當你知道自己被本我的規則、社會的規則和自然世界等你無法控制的規則所限制，而你試著想像自己是自由的，你便可能認為自己像某類的傻蛋或小丑。你剖析社會條件和人類性格，好達到發現自己的目的。你覺得唯有當你能控制情勢時，你才能自由。

　　15-6人經常致力於揭穿社會中的隱藏面向。伊麗莎白・庫伯勒・羅斯（Elisabeth Küler-Ross）揭露我們對死亡和臨終的恐懼。邁克・華萊士（Mike Wallace）和愛蓮娜・羅斯福（Eleanor Roosevelt）力圖揭穿我們被欺騙的消費權益、正視我們的人權。許多15-6人，像是易卜生（Henrik Ibsen）和艾略特所描繪的人類，認為在受到侷限的世界上，孤獨隔離的人們將沒有責任感視為自由，最終，我們不敢勇於去愛的結果將導致罪惡發生。

　　15-6人的重點問題在於他們與宇宙的關係。人類地位的定義是什麼？人類如何配合整個天道運行？許多時候，我們對自己都有不同的定義：有時候我們覺得自己是神，有時候我們覺得自己像是惡魔或野獸的化身，有時候我們甚至覺察到自己天真自滿地以為無所不能，卻不承認這純粹是運氣使然。人類的本性究竟是什麼——是神還是野獸？拉姆・達斯（Ram Dass）在他的著作《磨坊用的穀物》（*Grist for the Mill*）中總結：「我們被訓練成一群不特殊的人。這樣的不特

殊性讓我們能成爲各種可能性的人。」

你要麼過著太嚴肅的生活，要麼諷刺地嘲笑你充滿人性的小缺陷和隱藏獸性，認爲這些缺點讓你無法成爲大人物。

15-6人的挑戰就是腳踏實地生活之餘，還能游刃有餘地穿梭在人際關係的全然尊敬信任和獨立內在之間。

15-6的名人

名單上赫赫有名的戀愛名人，伊莉莎白・巴雷特・白朗寧（Elizabeth Barrett Browning）寫出詩句「我究竟怎樣愛你？讓我細細數來……」給她的丈夫羅伯特・白朗寧（Robert Browning）。許多15-6人（易卜生、沙特、貝克特、尙・惹內、安東尼奧尼、費里尼、品特）寫下富含「荒誕派戲劇」風格的劇作和電影，描繪我們在曇花一現的地球人生，在漫無目的的宇宙中進退兩難地選擇著。此外，像是大衛・勞倫斯（D. H. Lawrence）、艾西莫夫（Isaac Asimov）和巴克敏斯特・富勒（Buckminster Fuller），每一位都透過他們獨特的方式，希望我們最終能夠在接受自己爲自然的一份子，在宇宙萬物中實現自我。法蘭西斯・柯波拉（Francis Ford Coppola）和雷・布萊伯利（Ray Bradbury）挖掘更深層的黑暗文學，還有我們別忘記推理天后阿嘉莎・克莉絲蒂（Agatha Christie）如何刻畫入微地描寫邪惡。總結來說，我發現這號碼群組的人徹底著迷於邪惡，並且有能力透過藝術來探討邪惡的魅力。

伊莉莎白・巴雷特・白朗寧（詩人）1806年3月6日

羅勃特・白朗寧（詩人）1812年5月7日

易卜生（劇作家）1828年3月20日

路易斯・卡羅（Lewis Carroll，作家，數學家）1832年1月27日

戀人 15-6

愛蓮娜‧羅斯福（美國第一夫人，人道主義者）1884 年 10 月 11 日

大衛‧勞倫斯（作家）1885 年 9 月 11 日

托馬斯‧艾略特（詩人，劇作家）1888 年 9 月 26 日

阿嘉莎‧克莉絲蒂（懸疑作家）1890 年 9 月 15 日

夏爾‧戴高樂（Charles de Gaulle，法國總統）1890 年 11 月 22 日

巴克敏斯特‧富勒（設計工程師）1895 年 7 月 12 日

尚－保羅‧沙特（Jean-Paul Sartre，哲學家，劇作家）1905 年 6
　月 21 日

薩繆爾‧貝克特（Samuel Beckett，劇作家）1906 年 4 月 13 日

尚‧惹內（Jean Genet，劇作家）1910 年 12 月 19 日

傑克森‧波拉克（Jackson Pollock，藝術家）1912 年 1 月 28 日

米開朗基羅‧安東尼奧尼（Michelangelo Antonioni，導演）1912
　年 9 月 29 日

理察‧尼克森（Richard Nixon，美國總統）1913 年 1 月 9 日

邁克‧華萊士（電視節目主持人）1918 年 5 月 9 日

索忍尼辛（Aleksandr Solzhenitsyn，作家）1918 年 12 月 11 日

艾西莫夫（生物學者，科幻小說作家）1920 年 1 月 2 日

費里尼（Federico Fellini，導演，作家）1920 年 1 月 20 日

雷‧布萊伯利（科幻小說作家）1920 年 8 月 22 日

伊麗莎白‧庫伯勒‧羅斯（生死學作家）1926 年 7 月 8 日

哈羅德‧品特（Harold Pinter，劇作家）1930 年 10 月 10 日

詹姆斯‧狄恩（James Dean，演員）1931 年 2 月 8 日

拉姆‧達斯（靈性導師）1931 年 4 月 6 日

法蘭西斯‧柯波拉（電影導演）1939 年 4 月 7 日

小秘儀6號牌

　　6號展現了如何維持關係。塔羅排列中的戀人牌，必須面對周遭世界與他相關的一切，這是天賦，也是挑戰。所有的小秘儀牌在黃金晨曦會的系統中，代表著牌裡的資優生尋求相互平衡的能量。

權杖六（生日介於8月2日至11日，10～20度的獅子座，固定宮之火元素）

　　權杖六代表與他人合力完成目標，迎接勝利的天賦異稟。不論是領導者或是配合領導者都是戰無不勝。從權杖五的權謀鬥爭中，浮現一個主要議題和主事者。但這個主事者若缺乏追隨者的支持和擁護，將一事無成。這展現出領導者和追隨者、主席和全體委員，如果想要眾志成城，就缺少不了的互惠關係。

　　這張牌展示出當你突破框架解決問題時，隨之而來的自信和驕傲。當這份工作進展順利，你會覺自己高人一等。但你的自傲也會讓你忘記初衷和那些幫助你達到目的的人。

　　當你有幫助他人的能力或影響力時，你便有責任為他們服務，運用你的能力解決所有擔憂的問題。在你做出選擇之際，你需要思考你是基於何者而行動：是基於透過理解而沒有包袱的愛，還是基於使你內疚和束縛的恐懼？

聖杯六（生日介於11月2日至12日，10～20度的天蠍座，固定宮之水元素）

　　聖杯六代表兩個人可以帶給彼此的愛和快樂的能量交換。你利用

機會讓心愛的人了解你的感受。請不要害怕而有所保留,不然你將會在之後感到後悔。

你是個典型的浪漫主義者,永遠對鮮花及燭光晚餐的老派浪漫著迷。你享受沐浴在愛意中、渴望甜言蜜語和充滿關懷的觸動。

在經歷聖杯五的失落和傷痛後,聖杯六來到真實的考驗。你是真心接受道歉而諒解,並忘卻你的傷痛嗎?你能身先士卒地先要求被原諒嗎?你擁有的快樂回憶夠強大、能夠支撐你度過分離的歲月嗎?人格牌或靈魂牌是戀人牌的人,必須學會如孩子般帶著信任地去愛。

寶劍六（生日介於1月30日至2月8日, 10～20度的水瓶座,固定宮之風元素）

寶劍六代表在困境中扶持他人的天賦。這是一種願意陪伴在好運用罄的失意人身邊,或是幫助他們度過艱難時刻並過渡到新階段的能力。這也是一種在動盪時期中,保持個人觀點和穩定精神的挑戰。

這張牌表示你必須要「跨過鴻溝」,看到他人的觀點。為了調解紛爭,你必須「解衣卸甲」好達到清楚且從容不迫的溝通。當捲入惡魔牌的執著、恐懼和恐慌時,你需要找到一個地方（內在或外在）,讓你能夠沉澱心情、整頓思緒。當遭遇到心理或生理性的欺壓時,你需要幫助、遠離塵囂來得到洞察力。帶著距離,才可能讓你開始用更高的視野看待

這一切狀況，確定背後的涵義並知道哪些行動是必要的。有些時候你必須要背離一切，打破那些困擾你、束縛你的人際關係。

金幣六（生日介於5月1日至10日，10～20度的金牛座，固定宮之土元素）

金幣六提供成功的人際關係天賦，透過慷慨大方的精神和分享資源而發揮其才能。每個人的想望和需求都必須公平地照顧到。在全盛時期時，愛給予你豐盛滿足之感，使你大氣地分享，毫不擔心會彈盡糧絕。仁慈是你源源不絕的再生能源。

我們的許多個人關係就如同團體關係一樣，取決於彼此消長的權力與資源關係。注意力、承諾、「性愛」或是金錢，這些都是你的操控手段、讓人們不斷地提供給你。你的挑戰是在你的能力範圍內毫無條件地付出，要不然，就是自在地接受被給予的一切。唯有這樣，你才能發現人際關係中那些真實的穩定與安全感。

當成功是以你分享的事物為衡量標準時，人人都樂於分享奉獻。當成功是以你得到的事物為衡量標準時，你就會被束縛，不斷地渴望能得到更多。

戀人 15-6

THE TOWER.

塔

THE CHARIOT.

戰車

戰車家族

11

戰車家族
16-7

塔（16號牌）

戰車（7號牌）

權杖七　　　聖杯七

寶劍七　　　金幣七

掌握改變的原則

戰車	
對應星座：	巨蟹座
塔羅排列的對應功能：	征服；受指揮和控制的能量
塔	
對應行星：	火星
塔羅排列的對應功能：	突破；脫韁的啟發性能量

靈魂原型：英雄；戰士；探尋；橫掃千軍。

關鍵字：啟程；造業；刺激人心的；控制；突破；自我發展；洞察力；付出和放手；鬥爭和審判。

如果你是完全7號（7-7）人，請讀此章節以下部分：

人格牌或靈魂牌是戰車（7號牌）

隱藏牌是塔牌（16號牌）

完全7號的名人

小秘儀7號牌

如果你是16-7人，請讀：

人格牌或靈魂牌是戰車（7號牌）

人格牌是塔牌（16號牌）

16-7的名人

小秘儀7號牌

★　★　★

人格牌或靈魂牌是戰車（7號牌）

（適用於完全7號人和16-7人）

征服：受指揮和控制的能量

　　戰車代表自我主宰和掌控，並因此獲勝。這是一張跟巨蟹座有關的牌，但阿萊斯特‧克勞利稱木星在巨蟹座，十足解釋了對立力量的抗衡例子。戰車就像是一隻蟹躲在自己的殼裡，防衛也保護著自己，讓自己柔軟的內在情緒和直覺不會被察覺。另一方面，他對外偽裝成精力充沛的保護者，一個毫無畏懼跟敵人正面交鋒的戰士。戰車這張牌，你是戰士，同時也是隻蟹。

　　你非常重視你在工作和生活中所扮演的不同角色。舉例來說，如果你是個商務人士，你的穿著必定是整潔筆挺、衣冠楚楚，如同穿上戰車駕駛員的盔甲。下班後，你會將衣服換成開趴裝或是休閒運動風來演繹自己的性格。你不怕危險，但怕被人看透。你有個看起來可以解決一切、照顧自己的外表。然而，你容易被激怒、分心，還有好尋仇打架，如同牌上戰車駕駛員肩上的月亮預言一般。

　　你喜歡坐在駕駛座上，發號司令，掌控全局，準備征戰。當你的心智堅定地鎖定目標，你的動作迅速、心無旁騖地朝著目標前進。當

失去目的時，你可能會深陷泥沼而動彈不得。無預警的事件和情緒會擾亂你。你之所以穿著盔甲，是用來保護自己不要掉進陷阱和批判裡，或是讓他人無法知曉你的真實情感。

你高瞻遠矚，而且能夠將意識提升到世俗以上。就像人面獅身詢問旅者問題而聞名，你的動力來自一顆永遠好奇的心。你永遠在尋找答案。你的情感和本能時常陷入糾結，爭論著要朝哪個方向走，所以只能夠透過堅定你的意志、專注在目標上，你才能駕馭這些充滿分歧的聲音，繼續向前。有時候，這些衝突和感覺似乎快要把你搞到精神分裂了。

巨蟹座是你的星座時，你與你的家族、親朋好友和家鄉間會有很強的羈絆。你認為自己是這些人、事、物的守護者。雖然你喜歡旅行，但你仍維繫著與羈絆的連結。這些原生背景提供你養分、安全感和舒適感。但你必須向前走來證明自己和發展自己的王國。一部分的你想要保有這些既有的價值觀和想法，另一部分的你則要求自己朝著自我提升和獨立自主的方向前進。

你的許多任務都得拋棄跟不上時代觀念的舊有根基，或者對抗、摧毀那些阻擋「進步」的事物。

身為7號人，你具有「突破框架」的精神，這種以全新視野來看待既有事物的能力，能讓老調彈出新意味，復興文化的生命精神。你破壞那些不知變通、故步自封的古板保守。你的人面獅身（或是你駕馭的馬匹）朝著兩個不同方向前進，也許一個想要不斷進步，另一個是想拋下一切、一走了之。面對挑戰時，你不會退縮，而是會全力反擊，並且大膽地勇往直前。

最終，你需要達到平衡狀態，讓自己能控制從頭到腳的起心動念及行動。你的任務是在發展一個堅實的角色時，將其注入內在引導信

念。像一些靜心冥想、集中注意力的訓練或是武術等，都會幫助你達成這樣的效果。

隱藏牌是塔牌（16號牌）

（適用於完全7號人）

當你的隱藏牌是塔牌時，你害怕迷失方向、失去控制，以及被冷落在一旁的無助和不受保護。人生旅途上的改變及計畫中斷，將會動搖你的信念根基。接著，你會非常努力地把這些損失彌補回來。你要麼動不動就發脾氣來表達不滿，要麼就是完全控制脾氣到你認為自己完全不會生氣。

你可能會擔心自己的憤怒情緒，以及表達憤怒的方式。另一方面，雖然你不想承認這種方法很有效，但你可能會不自覺地發現你的憤怒是有效瓦解阻力的一種方式。有時候7號人是個不折不扣的暴烈分子，當他們被酒精、毒品或情緒起伏影響時，就會失去控制。

當你的意見和努力被人拒絕，你可能會發脾氣，但這也給你重新開始的機會。你擔心人們看穿你雄偉盔甲的背後，也許只是個超級敏感的窩囊廢。當塔牌變成你的導師牌時，你將會張開雙臂擁抱那個能重新打造適合你的「形象」的機會。

你嚴密地讓性的愉悅受到控制，藉由譚崔（Tantric）練習而能學到如何引導和集中能量；或者完全相反，你藉由性方面的英勇表現來展現男子氣概。戰爭和性慾、憤怒和激情刺激著你，但你的任務是永遠將這些能量用在更高遠的目的上。學習耐心地對待自己的浮躁是很

重要的。

最終，你學到敬重那些力量，理解力量也需要透過憤怒和如閃電般的洞見來釋放。試圖阻止這些散狀式的力量只會導致個人的災難，或是變得固執不知變通。因為你是個目標導向的人，你也許並不曉得自己建構了一個缺乏彈性的內在世界。你也許需要透過天外飛來一筆的洞見，或是某個突發事件，讓你從自己建造的封閉監獄裡釋放出來。

當塔牌變成你的導師，你學會將這道閃雷視為療癒能量。你也學會接受己身的失敗，並從中去蕪存菁，把多餘的碎片丟掉。不論是透過禁食排毒、打掃家裡，把家中代表過時身分角色的衣服丟掉，或是放棄那些對你未來發展沒有助益的人、事、物。為了進一步追尋你的自我主宰，這是必要的過程。

通常，這是一種毀壞制度的體驗，不論這是你自己的或是他人的制度，讓你生氣、成功激怒你、到使你變身成一個事件的發言人，或是成為保護者，援助需要幫忙的人、事、物。碰到這樣的事情，將能發揮你的最佳狀態。

完全7號的名人

你也許可以為這相對說來是個小群組的7號人，下個短短的註解：「沒有人告訴我要做什麼。」這號人的名單中，包含三位黃金晨曦會成員，而本書正遵守著此協會的塔羅規範。赫曼・赫塞（Hermann Hesse）以他小說中追尋真理的主角原型而聞名。大部分的7號人以顛覆性的態度、打破社會習俗，以及具高度辨識性的生活方式而出名。強尼・戴普（Johnny Depp）飾演風格強烈的海盜船長傑克，就是顛覆傳統、前無古人後無來者的冒險家。

薩提（Erik Satie，作曲家）1866年5月17日

普魯斯特（Marcel Proust，作家）1871年7月10日

葛楚‧史坦（Gertrude Stein，作家，藝術贊助者）1874年2月3日

阿萊斯特‧克勞利（神祕主義者，塔羅學家）1875年10月12日

赫曼‧赫塞（作家）1877年7月2日

保羅‧佛斯特‧凱斯（神祕主義者，塔羅學家）1884年10月3日

洛基‧馬西安諾（Rocky Marciano，拳擊手）1923年9月1日

妮基‧聖法爾（Niki de Saint Phalle，藝術家，電影導演，塔羅
　學家）1930年10月29日

海珊（Saddam Hussein，伊拉克總統）1937年4月28日

南希‧裴洛西（Nancy Pelosi，政治家）1940年3月26日

李小龍（演員，武術家）1940年11月27日

狄派克‧喬普拉（Deepak Chopra，作家）1946年10月22日

哈灸‧班哲夫（Hajo Banzhaf，塔羅學家）1949年5月15日

詹姆斯‧卡麥隆（James Cameron，電影導演）1954年8月16日

黛安娜王妃（Diana Spencer，威爾斯王妃）1961年7月1日

強尼‧戴普（演員）1963年6月9日

茱莉亞‧羅伯茲（Julia Roberts，演員）1967年10月28日

卡麗‧安德伍（Carrie Underwood，鄉村歌手）1983年3月10日

泰勒絲（Taylor Swift，鄉村歌手）1989年12月13日

16-7 戰車

人格牌是塔牌（16號牌）

（適用於16-7人）

突破；脫韁的啓發性能量

　　塔牌代表把你那些食古不化的刻板驕傲擊碎的洞見。它代表在你生命中的天然災害，這災難驅使你不斷發掘新的、更適合的地方，或是一個能躲避風暴的避風港。身爲一個16-7人，你安然度過這些風暴的原因是你不得不如此。你經常發現自己處於一個有種種阻礙在前、違反眾多民意、而你卻決心要一意孤行的情況。如同16-7人杜斯妥也夫斯基（Fyodor Dostoevsky）輕蔑地說過：「做出新的行爲，和說出新的詞彙，是人們最害怕的事。」你擁有強大的心志，願意做個孤獨的個體，且能承受辱罵，不讓這些動搖你，使你背離任務。你從容面對隨之而來的混亂。你在尋求重大突破，並且知道如果你逃避你的任務，突破將永遠不會發生。

　　通常你人生旅途中的重大改變，將會引領你前往全新方向，或是徹底改變你的人生境遇。而你這樣充滿高低起伏的刺激情緒是戰車牌的本我嘗試想控制的。

　　你能對反對你的聲浪視而不見，透過你的職責燃燒你的生命。就像赫胥黎（Thomas Huxley）這位16-7人，相信「生活中最重要的目的，不是知識，而是行動」〔節錄自他的文章〈科技教育〉（Technical Education）〕。你不害怕表現出自己的憤怒，不會隱藏自己的脾氣，因爲你了解這是個健康的發洩方式，而發洩比壓抑情緒更能轉換心情。

　　這張是夜晚人格牌，16-7人的陰暗面在這張塔牌中顯現。你的陰暗面是驕傲、自大，和認爲自己遠遠超越了掌管眾人的規範。你的非凡才華和渴望高人一等的野心，充滿著讓你從高處跌落的風險。你也許覺得自己是個無辜卻仍受罰的受害者。你的人格張力和激情，還有你熱衷於「蠟燭兩頭燒」的行爲會耗損你的生命，徒留失望和孤獨給你。

　　不過，你依然有潛力學會運用光明正向的力量來療癒他人。你也能成爲鼓舞人心的靈感、指引眾人的燈塔。

16-7的名人

　　16-7的名人範例包含許多嘗試探究浩瀚宇宙的科學家，如路易・巴斯德（Louis Pasteur）、赫胥黎、萊因（J. B. Rhine）、威廉・賴希（Wilhelm Reich）和史蒂芬・霍金（Stephen Hawking）。路易・達蓋爾（Louis Daguerre）嘗試「修理」閃爍的燈，結果發明照相機。其他人則參與了個人與文化的相互作用，示範如何健康正向地、不造成麻煩地紓解大眾群積的能量。狄蘭・托馬斯（Dylan Thomas）寫下對父親死亡的感慨詩句：「絕不向黑夜請安，咆哮於光之消散。」（Do not go gentle into that good night / Rage, rage against the dying of the light.）我不清楚是什麼樣的外力，造成亞瑟・米勒（Arthur Miller）、瑪麗蓮・夢露和約翰・甘迺迪（John F. Kennedy）三人間的分離聚合。

哥倫布（Christopher Columbus，探險家）1451年10月31日

路易・達蓋爾（發明攝影的人）1787年11月18日

喬治・艾略特（George Eliot，作家）1819年11月22日

杜斯妥也夫斯基（作家）1821年11月11日

路易‧巴斯德（化學家）1822年12月27日

赫胥黎（生物學家）1825年5月4日

艾米莉‧狄金森（Emily Dickinson，詩人）1830年12月10日

威廉‧莫里斯（William Morris，作家，藝術家）1834年3月24日

柴可夫斯基（Pyotr Tchaikovsky，音樂家，作曲家）1840年5月
7日

保羅‧高更（Paul Gaugin，藝術家）1848年6月7日

札因（C. C. Zain，塔羅家，光之教堂創辦人）1882年12月12日

華特‧葛羅培斯（Walter Gropius，建築師）1883年5月18日

赫爾曼‧戈林（Herman Goering，德國政治人物）1893年1月12日

萊因（心靈心理學家）1895年9月29日

威廉‧賴希（心理學家，生物物理學家）1897年3月24日

喬治‧蓋希文（George Gershwin，作曲家）1898年9月26日

安塞爾‧亞當斯（Ansel Adams，攝影師，環境主義者）1902年
2月20日

喬瑟夫‧坎伯（神話學學者）1904年3月26日

凱瑟琳‧赫本（Katharine Hepburn，演員）1907年5月12日

狄蘭‧托馬斯（詩人）1914年10月27日

亞瑟‧米勒（劇作家）1915年10月17日

約翰‧甘迺迪（美國總統）1917年5月29日

瑪莉蓮‧夢露（演員）1926年6月1日

安迪‧沃荷（Andy Warhol，流行藝術家，電影導演）1928年8
月6日

強尼‧凱許（Johnny Cash，音樂家，歌曲創作者）1932年2月
26日

史蒂芬‧霍金（物理學家）1942年1月8日

穆罕默德‧阿里（Muhammad Ali，拳擊手）1942年1月17日

小秘儀 7 號牌

小秘儀的 7 號牌象徵發展自我主宰、跨越障礙和處理憤怒情緒的天賦和挑戰。

因為數字 7 跟開始有關，小秘儀的 7 號牌代表那些你必須通過、好證明自己的試煉和考驗。這些牌呈現出你如何追求並想掌控你的世界。當你運用潛藏在戰車牌和塔牌的天生能力過關斬將而洋洋得意時，嚴厲的磨難就在身旁。

權杖七（生日介於 8 月 12 日至 22 日，20～30 度的獅子座，固定宮之火元素）

權杖七代表需要測試你的勇氣，在戰鬥中證明自己，與競爭者抗衡，或面對阻礙。唯有透過這些時刻，你才能知道你是否有學到人生功課。你的天賦是感知能力和鍥而不捨的追求目的，以及決心來面對這些挑戰。你自發性地挺身而出、不畏懼地面對反對聲浪。當你被某種事物激發，你會闡述自己的理想，並且捍衛自己的價值觀。你有勇氣面對爭論和克服阻礙。你的敵人測試你的極限，但你已是自己的主宰。

當你達到如同權杖六的領導地位成就時，永遠還是會有人出其不意跳出來向你挑戰。權杖七描述這樣的競爭：嫉妒你的人，想要你所擁有的一切。身為一位戰士，你會面臨到一個看似每個人都在反對你

的情況。你需要實際面對你所面臨的那些爭論，而且不要讓它把你逼退到角落。把你的目光放在未來想要達到的境界上。

聖杯七（生日介於11月13日至22日，20～30度的天蠍座，固定宮之水元素）

聖杯七代表你想像未來、幻境和夢想的能力。你能夠清晰地看見自己心中的資訊，使所有的可能性具象化。在經歷過聖杯六的歡愉後，你只看見未來的一片光明。隨著你的技術能力不斷提升，現在你必須決定要在哪個領域貢獻一己之力。在你心中，你探索各種潛能，但你得小心不要跌入不切實際的夢境中。

對你而言的挑戰是經歷你的情緒──明白自己真正想要什麼，同時不會陷入不實的幻夢中。在最慘的狀況下，你可能沉溺在猶豫不決或讓情緒淹沒你。你的考驗是凝視你最深處的渴望，然後選擇專注其中之一。讓自己全部一把抓，最終只會讓你四分五裂、人仰馬翻；或者，你可以選擇讓你的選擇幻滅，隨風而逝。你需要學習辨認哪個目標擁有足夠的意義和能量能支撐你一路前行。

寶劍七（生日介於2月9日至18日，20～30度的水瓶座，固定宮之風元素）

寶劍七代表你足智多謀、聰明伶俐，具有擬定計畫和策略的才能。當輿論看起來對你不利時，你有辦法讓敵人卸下武器。你也能透過高瞻遠矚、十足的準備和條分縷析的心思來排除潛在的危險。

因為你能夠超越一般人的思維高度，你的挑戰在於高尚合宜地

使用這個能力。作為一個目標導向的人，你可能傾向認同「為達目的，不擇手段」。如果你這樣想，就算帶著良善的美意來行事，到頭來卻發現自己陷入偷竊、欺騙、詐欺和「骯髒齷齪」的境地中。而當一開始的努力變得徒勞無功時，你會合理化自己卑鄙無恥的手段。當你生氣，你就會展開報復。這張牌測試的是你的自制能力，有「投機取巧」的意涵：做些大膽的事來證明自己的勇氣、技能、速度和聰明狡詐。聚精會神地投入每個工作，會替你未來的基礎鋪路。

金幣七（生日介於5月11日至20日，20～30度的金牛座，固定宮之土元素）

金幣七代表無論你做什麼，都有聲音說你必須要等待結果。你必須靜待果實成熟之時。在你等待的過程中，忽然形成的思緒風暴或其他災難能摧毀你的寶貴結晶。所以你的挑戰是：面對並抹去那些經由自我懷疑而產生的害怕失敗、擔憂血汗果實付之一炬的想法。

這張牌也有延伸意義：為了某種個人理由而採收果實的收割者。就算在這種勝負分明的人類和大自然的角力戰中，你仍然尋求能藉由你的勞動力和意志力使野性的自然力量屈服。為了達到這個目的，你必須盤算成功的機會、播下最有可能成功的種子。但是，最終，你必須放下你的殷殷期盼，並且培養耐性。

星星

力量

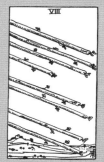

力量家族

12

力量家族
17-8

星星（17號牌）

力量（8號牌）

權杖八　　　聖杯八

寶劍八　　　金幣八

勇氣／自尊的原則

力量	
對應星座：	獅子座
塔羅排列的對應功能：	你的信念勇氣；承認內在的力量
星星	
對應星座：	水瓶座
塔羅排列的對應功能：	做自己的勇氣；承認外在的力量

靈魂原型：女英雄；女魔法師；救助動物者；內在力量。

關鍵字：自信；天命；毅力；能量；原力；昆達里尼能量（Kundalini Energy）；希望；恩惠；平衡。

如果你是完全8號（8-8）人，請讀此章節以下部分：

人格牌或靈魂牌是力量（8號牌）

隱藏牌是星星（17號牌）

完全8號的名人

小秘儀8號牌

如果你是17-8人，請讀：

人格牌或靈魂牌是力量（8號牌）

人格牌是星星（17號牌）

17-8的名人

小秘儀8號牌

如果你的8號是正義牌，請讀：

正義牌是8號牌

★　★　★

人格牌或靈魂牌是力量（8號牌）

（適用於完全8號人或17-8人）

你的信念勇氣；承認內在的力量

　　力量牌代表對立面的平衡和融合。如同魔術師牌一樣，出現在力量牌裡的女子頭上有個雙紐線（象徵無限∞的符號）。她是位女魔術師或女巫師，有時候因為其魅惑野獸和動物的能力，而被人們稱為女魔法師。她的力量來自於理解自己與其他動物有著相同的天性，而非著重自己與其他動物不同。她充分體現我們如何能完成心中想達成的目標：藉由承認我們和世界之間的脈動關係，並依其自然法則和諧地共處行事。力量牌代表調和成自然的頻率，而非拒之於門外。

　　她示範了意志和慾望這兩種信念其實並不相違，且能夠一起合作。透過馴化充滿野性的動物，而不是將之逼入絕境，其動物的原生意志不會屈服，且其靈魂仍是自由的。《道德經》七十三章寫道：

17–8力量

「勇於敢則殺，勇於不敢則活。此兩者，或利或害。」海明威也說過，充滿力量的勇氣表現是「在壓力下所展現的優雅」。

　　身為一位跟獅子座有關的女巫／女魔法師，你是一個眾所皆知、情緒起伏大的人。你的部分課題在於了解你的情緒，而不是一味地壓抑情緒的存在。你的熱情可以用於為你的期盼想望充電，進而實現它們。你需要用獨特的方式來表達自己，願意讓你的熱情、活力和夢想脫穎而出。這需要你以勇氣來面對他人嘗試向你施壓、要你妥協的情況。你必須在內在需求和滿足社會角色期待這兩方面天人交戰。

　　你是一位助產士，這意味著你是「陪著產婦」、在自然而然的生產過程中一路協助她的人。你同時也是一位勞動者。你知道生命原力是在你身上穿梭的巨大能量潮——穿梭在你的呼吸之間、穿梭在你的努力之間，你純粹地與這股自然原力共事，也變成其中原力的一部分。你是個協助身體自然療癒機制、以此維持健康的療癒者。你通曉箇中奧祕，並能直覺小心地使用你的再生能力。你藉由相信愛的力量，以及觸摸的療癒能量，面對那些需要你理解的任何生靈，並且你不會害怕直接觸碰他們。

　　作為你的靈魂目的，力量牌意味著你必須讓你的心參與你所創造的實相。因此，你必須學會接受自我，學習跟你的本性和平共處。如同在許多神話和故事中被女英雄拯救的野生動物般，無論你做什麼，你都需要讓你的直覺參一腳。如果你要堅持不懈地表達自己並運用這樣的能力，就必須學會去愛社會大眾可能對你嗤之以鼻、不屑一顧的反應。藉由表達這樣的愛來面對你的恐懼。勇敢地察覺最糟糕的狀況。通常一旦「最糟的狀況」顯露出來，你能看到在糟糕狀況背後潛藏的若不是讓你功力大增的大補丸，就是你有能力忍受這樣的困境。

　　你是個善於從苦難中逃生的人。對其他人而言，你對生活的內在

慾望就是堅貞不渝的毅力、持久力，從不讓其他人打擊你的信念。在任何奮鬥中，你具有感知對手情況的能力，從而能知道對方的感覺和想法。你也能理解到能禁錮你、謀殺你生命的其實是你的隱形本我，而你愈討厭它，你反而會變成它。藉由去愛自己恐懼的人、事、物，你能夠與之為友，並且發掘你的忍耐力。

當你拒絕為自己的情緒發聲，它們就會在不知不覺時爆發，用破壞性的方式造成傷害，或者導致激情過後的罪惡。你未經檢視的感覺能夠將你吞沒，讓你過著愁雲慘霧的生活。最糟的情況是，力量牌變成單調的戰鬥生活，徒留喘不過氣的壓力和驚嚇。或者，你拒絕承擔隨著熱情而來的影響所產生的責任義務，認為跟著感覺走、爽就好，導致你的自我中心和孤立。

你能夠淡定、不動聲色地面對危機，你擁有一種天生的直覺，知道面露懼色反而危險。取而代之的是，你採取堅定且溫和的態度來處理狀況，首先將恐慌穩定下來，接著檢視需要處理的部分。

當戰車牌專注於人、事、物的進展時，力量牌則追尋培養與薰陶。如同種植並修剪整個花園裡的玫瑰，你堅持不懈地培育你的慾望並產出豐碩的結果。就像是用瀑布來發電般，你能透過教化的過程來轉化原始能量以幫助工作。

有些人可以很容易辨識出「愛的力量」，以及在生活中，蘊藏於人、事、物裡的禮物；但其他人投射這些東西於他們的外在，以及其他人、事、物身上，認為有些東西是「令人著迷的」。這也延伸成女魔法師神祕故事的一部分。舉例來說，在男性的腦海裡，潛藏對女性還有其生育能力的害怕，而這恰是一種著迷：一種忍不住使男性著迷／排斥女性，看待女性要麼吃人不吐骨頭、銳不可擋，要麼柔順而具有人性光輝。這樣的迷人之處嚇到男性，導致他們想逃卻逃不了。他

17-8力量

們因而將女性理想化，或將其刻畫成令人厭惡的女人；如果是後者，是因男性恐懼自己的內在陰性特質。基於這樣的偏執想法，而產生出焚燒女巫的恐怖活動。

正義牌是8號牌

如果你看到了正義牌上面印著數字8，這個塔羅排列的重點是更冷靜、更聰明伶俐，如同對應的風象星座天秤座和水瓶座的特質。這仍然是充滿遠見和創新抱負的塔羅排列。社會化的正義牌，其角色的理想抱負更加明確，會從事像是社會主義或人道主義方面等引人注目的議題。星星牌根據寰宇法則的願景，變成人們行動的靈感，但可能會迷失在抽象的教條裡。真理、正義和誠信是你的信念和自尊的基礎。星星牌對於個人命運的感知，包含將希望和理想轉化成更高的正義，那是靈魂所需要的。行事的原因不是因為本能和慾望驅使，而是因為準則是致力於培育、薰陶和保護。如果你是完全8號人，維持上天賦予人類的權利，以及正義與非正義的問題，對你而言是非常重要的。

隱藏牌是星星（17號牌）

（適用於完全8號人）

　　當隱藏牌是星星牌時，你傾向隱藏自己的光明面。那就是：你不承認自己的能力和成就，或者害怕漫無目的。又或者，你也許會很極端地站在另一面，堅持當個「人生劇場裡的閃亮之星」。你如何處理自己的魅力（或缺乏魅力），會是主要的關鍵。你可能覺得自己高人一等，在他人不欣賞你的遠見和成就時暴跳如雷。你覺得被人叫去處理瑣碎雜事是把你大材小用，使你備受汙辱。儘管如此，當你不理解事件的箇中涵義時，堅忍不懈的態度和正直誠信的品德將會指引你一路前行。

　　如同歷史上的女巫師們，你可能覺得自己必須隱藏真實的本我，不要展露自己的力量（像是把自己的頭髮綁起來，以及離群索居）。你無法看到自己內在的良善，一邊認為自己是醜陋粗俗的，一邊崇拜欽羨他人的美麗。你可能對自身療癒或創意的能力沒有信心。

　　你可能害怕浪費了你的情緒，或揮霍自己的能量。這些患得患失最後變成憂鬱症，因為你無法看清自己，明白自己原是完整而健康的，因而飽受苦痛折磨。有時候你對於感覺缺乏客觀的角度和距離，導致你用自身情緒來解讀遇到的一切事物。你可能只相信自己感官的感受，從而變得孤立且封閉。

　　星星牌作為隱藏牌時，最大的隱憂就是對未來沒有希望或信念。這樣的星星牌是悲觀且充斥著自我懷疑的。所幸星星牌的積極力量非常強大，所以多數8號人都能學會克服懷疑、不信任的難關。

17
8
力量

　　星星牌如同指引你的導師或明燈，在最黑暗的時刻閃爍光芒。它變成一個能為世界帶來希望的推動器，和一個幫助其他生靈明白和發展他們最大能力和價值的必要存在。它喚醒了對不公不義的怒吼聲音，以及為了萬物和大地之母等資源的無私奉獻精神。你變得強烈地將希望放在未來，希冀能留給未來子孫更好的尊崇典範。星星要求你要相信自己的直覺，擁抱你的恐懼。

完全8號的名人

　　只有少數完全8號人在這份名人清單上，但隨著進入二十一世紀，8號名人會愈來愈多。其中有許多人都曾面臨成功機率的狀況，進而被激勵要發展自己天生的才能。

貝多芬（Ludwig van Beethoven，作曲家）1770年12月16日

愛德加・凱西（Edgar Cayce，靈媒，療癒師）1877年3月18日

奧維爾・萊特（Orville Wright，飛行員）1871年8月19日

葛蕾斯・斯利克（Grace Slick，音樂家）1939年10月30日

喬・納馬斯（Joe Namath，美式足球員）1943年5月31日

保羅・科爾賀（Paulo Coelho，抽象哲學作家）1947年8月24日

康朵麗莎・萊斯（Condoleeza Rice，政治家）1954年11月14日

馬荷羅基（Maharaji Ji，靈性導師）1957年12月10日

柴克・艾弗隆（Zac Efron，演員，歌手，舞者）1987年10月18日

人格牌是星星（17號牌）

（適用於17-8人）

做自己的勇氣；承認外在的力量

　　星星牌代表懷抱未來展望的希望。這張牌接在塔牌的後面，顯示每個人都已經從所有的面具和枷鎖中釋放，且被無意識之水補充了能量。這代表著在歷經大洪水的災難後，重新復甦的生命。這張卡片上繪有一絲不掛的伊西斯女神，正用手中的元素來連結天堂和地上，如同古諺說的：「在上如在下。」祂同時是大地和星星女神，象徵著尼羅河氾濫的時刻會為大地帶來豐盛富饒，為人們帶來光明希望。

　　身為一張與水瓶座相關的牌，星星牌象徵著17-8人具備創新的特質。你的想法遠遠超越目前所處的時空，是個道地的發明家和具有遠見者。身為一個實驗家，你樂於嘗試任何事物，至少留給它們一次機會。作為一個夢想家，你能夠預見很久之後的未來，或是用超越一般人類的思維來思考，雖然你不見得知道要怎麼做才能達到那樣的未來，或是確切地從你的周遭發展這些預見。舉例來說，你可能預想之後地球將是個充滿和平喜樂的星球，但是卻對如何與你的寶貝鄰居和平相處這議題頭痛不已。

　　17-8人的人生，其中一個主要的學習功課就是要揭露自己的真面目，並樂於接受這樣的自己。只有透過無拘無束地表達自己的希望和願景，卸除所有多餘的偽裝，如此，你才能毫髮無傷地活出自己的運命。

17-8力量

身為一位17-8人，你對於命運的感知力非常強。當你照鏡子的時候，你不僅看見自己，也看見比你自己更大的某些事物的倒影。這種個人運命的感覺就是奧祕宇宙的設計之一。一位17-8人威廉・華茲華斯（William Wordsworth），就因以下言論而聞名：「每個人都有幾段快樂似神仙的時光。」〔節錄自長詩《序曲》（The Prelude）〕當你想根據命運來尋找安身立命之處，卻發現生命中發生的事件和災難所蘊藏的涵義，於是你以力量當筆，繪出生命的格局，寫出帶給其他人浩瀚如海的無窮啟發。你可能願意為一個長遠但並不廣為人所理解的目標而努力。

雖然你對外顯露出冷酷、甚至有距離感的形象，但骨子裡卻燃燒著靈感的火光。你不像完全8號人那樣被情緒牽著鼻子走。你擁有科學、客觀的心智，想藉由作品和反映社會的責任義務來表達自己。當你認同某些外在且勝過你本身的人、事、物時，你的本我意識會變得最強。當你非常有野心地強烈渴望名聲和認同時，你傾向不靠自己的私人生活，而是藉由工作成果和作品來建造名聲。

以一位女魔法師的個性來說，你算屬於墨守儀式的人，這可以從你重複不斷、持之以恆地遵守個人世界的紀律來窺知一二，你因而能感覺平靜，並感受到跟宇宙連結。基於這個緣故，一個規律的靜心冥想活動，或是任何能逃脫世俗紛擾的機會，都有助於你獲得平靜並跟宇宙合一。對你來說，大自然就是能舒緩且療癒你的能量，而17-8人會以投身於環境保護或世界和平來回報大地之母的養育之恩。

身懷著能夠看見人們內在光芒和潛在的可能性，雖然你經常對於某些特定人士期待過高，他們也覺得自己不值得你這麼抱有期待，但你還是能夠鼓舞人心。星星牌代表你渴望的焦點是一種遙不可及的完美幸福。

你擁有屬於自己的慈悲和優雅，只要你願意要求，這可以讓你的魅力大大加分。你相信自己和自己的能力。當你得到自己認為實至名歸的認可和獎賞，你將會嘗試將一部分得到的報酬，藉由無私善念的方式回饋給世界。你想要幫助世界，重新分配世界的財富及資源，並在萬事具備的情況下獲得成功。

變成夜晚人格牌時，你會在做事時把自己的陰暗面一同帶入。這表示當你一方面非常投入於幫助他人，一方面卻跟自己的家庭沒有連結時，你所關心投入的議題其實就反映出你的個人問題，與你的本我脫不了關係。你也許對其他人關於你的評論異常地敏感。17-8人王爾德（Oscar Wilde）曾經說過一段中肯的話：「比世界上的人都在談論你更糟的事情，就是沒有人談論你。」〔取自《美少年格雷的畫像》（*The Picture of Dorian Gray*）〕

另一種陰暗面就是過於武斷地浪費許多豐盛的資源，錯誤地認為資源是取之不盡、用之不竭的。或者，你可能認為這些資源都是屬於自己的，因為下一代可以發展更新的科技，譬如開發其他星球的資源。最終，你的人生課題是打開自己的心，緩和直覺的聲音，學習牌中的小鳥來歌頌你的靈性天命。唯有這樣，你才能找到新的生命之泉，而你自己也才有能力面對並忍受公眾的嚴格監督。

17-8的名人

在眾多17-8人之中，我們發現有夢想家、發明家、未來趨勢家和創新家，以及為數眾多的占星學家、塔羅學家和很少被提及的新異教徒。

約翰‧迪伊（John Dee，占星學家，煉金術士，神祕學家）1527年7月13日

瑪莉・沃斯通克拉夫特（Mary Wollstonecraft，作家，社會哲學家）1759年4月27日

瑪莉・雪萊（Mary Shelley，作家）1797年8月30日

楊百翰（Brigham Young，摩門教長老）1801年6月1日

瑪莉・貝克・艾迪（Mary Baker Eddy，基督教科學派創辦人）1821年7月16日

安德魯・卡內基（Andrew Carnegie，企業家，慈善家）1835年11月25日

安娜・金斯福德（Anna Kingsford，密教學者，反活體解剖動物運動人士）1846年9月16日

亞歷山大・格拉漢姆・貝爾（Alexander Graham Bell，發明家）1847年3月3日

王爾德（作家）1854年10月16日

畢卡索（Pablo Picasso，藝術家）1881年10月25日

艾登・格雷（Eden Gray，塔羅學家）1901年6月9日

喬治・歐威爾（George Orwell，作家）1903年6月25日

沙克醫生（Jonas Salk，小兒麻痺疫苗發明者）1914年10月28日

納爾遜・曼德拉（Nelson Mandela，南非總統）1918年7月18日

蒂莫西・利里（Timothy Leary，神經心理學家，未來學家）1920年10月22日

保羅・紐曼（Paul Newman，演員，慈善家）1925年1月26日

史丹利・庫柏力克（Stanley Kubrick，電影導演）1928年7月26日

亞西爾・阿拉法特（Yasser Arafat，巴勒斯坦領導人）1929年8月24日

尼爾・阿姆斯壯（Neil Armstrong，太空人）1930年8月5日

伊麗莎白・泰勒（Elizabeth Taylor，演員）1932年2月27日

巴布・狄倫（Bob Dylan，音樂家，歌曲創作者）1941年5月24日

艾瑞莎・弗蘭克林（Aretha Franklin，歌手）1942年3月25日

芭芭拉・史翠珊（Barbra Streisand，歌手，音樂人）1942年4月24日

伊莎貝・阿連德（Isabel Allende，作家）1942年8月2日

喬治・哈里森（George Harrison，歌手，音樂家）1943年2月25日

安妮・萊柏維茲（Annie Leibovitz，攝影師）1949年10月2日

羅賓・威廉斯（Robin Williams，喜劇演員）1951年7月21日

普丁（Vladmir Putin，俄羅斯總理）1952年10月7日

奧薩瑪・賓・拉登（Osama bin Laden，蓋達組織創立者）1957年3月10日

小秘儀8號牌

　　小秘儀的8號牌是關於發展自我、潛在可能性等的天賦和挑戰，以及找到並活出屬於你自己的天命。因為8象徵能量的平衡與更新，小秘儀8號牌代表為了轉化希望成為現實時，必須通過的試煉和考驗。

權杖八（生日介於11月23日至12月2日，0～10度的射手座，變動宮之火元素）

　　權杖八代表你能有創意地帶著光明面或焦點來表達自己能量的能力。你會氣勢如虹地以確定自己會成功的氣勢，朝著目標前進。你的樂觀能夠讓眾人為之傾倒，讓他們為你瘋狂。言論自由和自由表達意志對你來說非常重要。當你不受牽制，你的想像力即可如行雲流水般

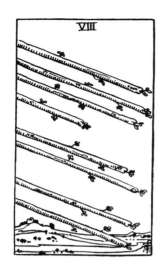

不斷地流動。這種爆發性的能量像是一股呼籲大家動起來的聲音，或是一個瘋狂的快閃行動。隨著時間流逝，你需要運用寧靜沉澱的方式或努力自制來緩和這些衝動。

對你而言，沒有什麼比自由自在或無拘無束更快樂。你會觀察苗頭而選擇陷入愛河或是跳脫愛情關係。你可能享受著最新科技和通訊技術。你可能會過度熱情，身懷著別出心裁的理想和熱情，但要小心不要失去自己的觀點。你的挑戰是，在從容應對突如其來的熱血和創新理想之際，需兼顧你的方向和出發點。

聖杯八（生日介於2月19日至29日，0～10度的雙魚座，變動宮之水元素）

聖杯八代表你可以深入自己、重新為自己充電的能力。你活力四射的天性和對生活的渴望，可能會讓你過度沉溺於性愛、酒精、毒品，或是感覺懶散不想工作。因此，即使你的親密好友都在呼喚著你，你還是必須鼓起勇氣遠離這些誘惑，靜心地療癒自己。你也許會發現自己對於外在的美滿、功成名就、甚至愛戴不甚滿意。你也許擁有許多人的愛護、關心和支持，但有時你就是會覺得缺少了什麼，而那感覺莫可名狀。你感知到冥冥之中有一股力量在推引著你走向未知。這可能是你追尋深具意義的靈性，或是值得你全心全意承諾和奉獻的目標。牌中的月亮陰晴圓缺，就如同你利用滿月的力量實現

了某些願景，而現在你必須在它消融時繼續往前走。

你對未來的堅定毅力和希望，對某些人來說是可以倚靠的力量。有些人可能因而過度依賴你，讓你覺得自己被操控，或是毫無回報地被利用。要避免讓心靈的力量枯竭，請記得花時間照顧自己的需要。

寶劍八（生日介於5月21日至31日，0～10度的雙子座，變動宮之風元素）

寶劍八代表你的潛力發展是你主要的挑戰。你畏懼成功和權力，也許那是因為你害怕承認自己內在的獸性。你用象徵性的方式將眼睛蒙蔽起來，使你看不到自己的能力，藉此將自己「束縛住」，好讓自己的熱情無從發揮。你將壓抑自己的行為能力視為一種預防措施，並說服自己沒有其他更好的方式了。

這張牌代表對命運的看法轉變成消極且沒選擇權的宿命論。寶劍代表讓你裹足不前的想法和一事無成的原因。你覺得自己如果移動半吋，就會被自身的情緒淹沒。你希望能有個穿著閃亮盔甲的騎士來解救你，所以你在原地等待。或者你感覺這只是暫時的卡關，或者你將自身的權力讓給其他人來決定。這個挑戰就是讓你知道，是你對自己做這樣的事。牌中的情況用一種反面教材的方式，敘說你有想像和洞見的能力，而你同樣有能力可以轉化現在的處境。就從了解現在的你在生活的哪個部分擁有權力開始吧。藉由開始了解，並啟動你在各種領域的感知能力，你將能重新建立自信。

這張牌顯示專注在創新想法的巨大潛能，能夠釋放出爆發性的能量。我稱這張牌為「胡迪尼牌」（譯註：胡迪尼是知名的脫逃表演

者），代表你被侷限在一個情境中。你刻意讓自己陷入這樣明顯的困境中，以便能激發出真正充滿創意的解答。運用你的直覺和創意而非蠻力，會讓你得到自由。

金幣八（生日介於8月23日至9月1日，0～10度的處女座，變動宮之土元素）

金幣八代表你的專業技能或工匠技術的發展和專精。在金幣七時，技術成果的好壞仍有待商榷，而你現在已確立了自己的志向。當目標清楚浮現時，即使看似無聊枯燥，你還是會埋頭繼續深造。有時候會遇到要你全力以赴來精進技能的情況。你也許希望日後能倒吃甘蔗。依然不變的是，你需要日復一日地重複進行同樣的技巧工作，這能給予你安全感。你想要讓自己的專業技能受到眾人肯定，並願意招募學徒來增進你的才能。

你認為自己所做的事就是值得你付出時間和精力。你展望未來，計畫每一個腳步，並且謹慎地提前做好準備。這是你認為照顧好自己和生活所需的步驟之一。

這樣的專業技能，最精湛的技巧之一，就是深刻了解你想傳達的訊息和作品，讓它們水乳交融地展露出自己的本質，如此它們就能達到最大效益。

THE HERMIT.

隱者

THE MOON.

月亮

隱者家族

13

隱者家族
18-9

月亮（18號牌）

隱者（9號牌）

權杖九　　　聖杯九

寶劍九　　　金幣九

反省／人格整合的原則

隱者	
對應星座：	處女座
塔羅排列的對應功能：	透過服務來圓滿業力；覺察內在；追尋者
月亮	
對應星座：	雙魚座
塔羅排列的對應功能：	透過進化來圓滿業力；探索內在；資料來源

靈魂原型：老智者；下部世界之旅。

關鍵字：完成；完善；耐心；操守；眞實性；幻想（妄想與現實）；業力；巔峰；未知的旅行；謹愼；理性與本能。

如果你是完全9號人，請讀此章節以下部分：

人格牌或靈魂牌是隱者（9號牌）

隱藏牌是月亮（18號牌）

完全9號的名人

小秘儀9號牌

如果你是18-9號人，請讀：

人格牌或靈魂牌是隱者（9號牌）

人格牌是月亮（18號牌）

18-9的名人

小秘儀9號牌

★　★　★

人格牌或靈魂牌是隱者（9號牌）

（適用於完全9號人和18-9人）

透過服務來圓滿業力；覺察內在；追尋者

　　隱者代表的是內省、孤獨、個人整合和謹慎。這是一張跟處女座和豐收作物有關的牌。（有些牌會印有麥子的象徵符號，或是顯示隱者手持收割的鐮刀。）當成熟的作物被收割，這樣的犧牲可以轉化成麵包、餵養並供給能量給其他生物。到了春天時，作物經歷了一季潛藏在地下的冬眠後，將會孕育出新生命。因此隱者牌在當成靈魂牌時，意味著你能用自己蒐集而來、已經飽滿成熟的知識，轉化成他人容易吸收的內容。同樣地，你必須在經歷過如同隱者般的長時間反省後，才能夠展開新生活。

　　你需要花時間跟自己獨處。你覺得需要處理自己的問題，也認為自己是唯一可以為自己作決定的人，而這跟你協助他人並不相違背。你永遠有某種程度的疏離感，但也同時會在面對這種莫名的孤獨時，擁有內在的力量去面對它。

隱者 18-9

235

「指引方向」是你的個性特質，你最終將以某個領域的導師或眾人模範來獻身服務。因爲你的謹愼持重，人們會向你傾訴煩惱，因爲他們認爲你不會讓他們失望。你對於如何以及何時該保守祕密心知肚明。你對他人問題的洞見，幫助人們學習內觀他們的心。你最好的教導是以身作則，但你是個完美主義者，因而也期望他人能用同樣的準則過生活。因此你可能會難以和他人一起生活和共處，這也是造成你生活疏離感的其中一個原因。

你會在自己的生活中設立很強的模範榜樣，並從他們的方式中學習：不是從他們的言論中學習，而是從他們的行爲舉止中學習。你會捍衛自己所信仰的信念，相信智慧是從生活經驗而來，而那必須經過時間的淬鍊。如果你拒絕冒險，或是接受任何新的刺激，問題就產生了：發生任何事，你都會畏縮不前，需要知道確切的方向，拒絕改變，而且堅持要用自己的方式行事。

審愼的態度會讓你對於沒嘗試過的解決方式或令人猜疑的反偶像崇拜行爲猶豫不決。你對於在群眾中挺身而出、變身成閃亮人物、說話大聲等行爲意興闌珊。你可能會遵從社會規範，表現出良好的配合態度以規避人們的眼光，以求平靜地過生活。你關注自己，也許實際上你並不個因循守舊的人，但因爲你太安靜內斂，只想要小心謹愼的行事。

你的社交疏離和客觀性會吸引你投身於人道服務。你把自己崇高的理念投射在利益眾生上。唯有透過這樣的服務奉獻，才能讓隱者如你完全認識自己。你無法成功地駕馭孤獨的本我，所以必須要投身於利益眾生的服務。

隱者喜歡旅行，但通常是獨自一人去旅行。在他們渴望孤獨和清醒冷靜的背後，潛藏著對愛和個人認同的極大需求。因爲你很少表達

這類需求，你也許會流露出強烈孤芳自賞的氣息，甚至冷冷地拒絕那些試圖接近你的人，只爲了測試他們是否眞的在乎你。

你的通靈天賦和心理特質，對於內在知識的探索，是極其關鍵且重要的能力。但由於你喜歡表現出邏輯和實證導向，而且自豪於自己在解決問題方面的分析技巧，這種成熟且下意識反應的伎倆，掩蓋住你其實是用直觀來覺察情勢。雖然你的直覺無法被解釋，你最終會學到去信任它們。

身爲排列中最後一個數字，9代表完成。因此，隱者通常在這一世的生命中有任務要完成。你擁有許多前世化身的智慧，這讓你容易學習才藝和專業技巧。你有一些深沉難解釋的想法，也許在孩童時期表現出「超齡」的感覺。你的父母施加在你身上的責任和決定，影響了你早期的發展，或者是你不夠有耐心讓他們允許你走上自己的路。在這一世，你是來分享你學習的成果，進而放下一切舊的功課，繼續你自己的進化課程。

因此，許多隱者在人生早期就認爲要決定自己的方向，並且有個「人生目標」。你具有強大的創造力，尤其是整合方面，這代表你會傾向定義目標。你詳盡地計畫一切，並且能夠清楚顯現你想要的結果。

你可能擁有你覺得認識很久的朋友和親人，但是你也能夠輕易地拋開跟他們的舊有關係，所以不要被自己在短時間內與人深交後，卻又頭也不回地繼續向前走的這種能力給嚇到了。

因爲隱者的天性是向內尋求，以致他們發現自己很難向外尋求幫助。不過當你向他人發出求救訊號時，你也同時被教導要放下妄自尊大的感覺，而這感覺恰巧是你的限制。

每隔一段時間，你便需要移開對外在生命的關注。這是爲了讓階

18-9 隱者

段性的任務達到知識上的整合。這任務包含了向內的觀看覺察，停止任何對外在的投射，全然地接受你自己。無論是從科學的角度或是個人的角度來看，一個9號人永遠都會回到自己本身。

隱藏牌是月亮（18號牌）

（適用於完全9號人）

月亮是你的隱藏牌，你具有某些深層隱藏的情緒，且無法看清這部分的自己 —— 也許是因為你害怕自己的感覺和通靈能力會控制你。於是這延伸成潛在的酗酒、依賴毒品或迷幻藥物等物質，因為你否定自己未知的、無法控制的領域。然而，諾貝爾文學獎得主莫里斯·梅特林克（Maurice Maeterlinck）這個完全9號人，接受這樣的情況，因此曾說過：「人的缺點通常是人生中的必備品。」〔源自《喬賽兒》（Joyzelle）〕

當你感覺到有些東西在你之內，有一股很大的莫名力量，而你不確定這是否屬於自己時，這就是你的陰暗面現身。有些地方、有些聲音在呼喚你，但你看不到。相較之下，其他人似乎就很清楚他們要走的路和要做的事。一直到你偶然碰到那個讓你感覺對的目標或任務以前，你都將會為此感到困惑。或者你也許會經歷一連串的巧合，然後發現自己快速地流轉、走向意外的旅程。最終，你學會信任這段過程。

你傾向懷疑人們，害怕他們在背後說他們其實不怎麼欣賞你。雖然你可能會表現得一副冷漠不在乎的樣子，實際上你非常敏感，你渴

望受到人們的喜愛和接納。你想要取悅你在乎的那些人，你把他們照顧得無微不至，但你不了解爲什麼一轉身他們又說你不誠懇。

由於月亮牌是你的導師，你會學到相信一些內在指引的方式。你了解其他層級的意識和自己的意識其實非常相近。最後，你能夠了解你早先的懷疑都是源自你敏感地感應到他人自我意識中的害怕和不安，雖然這些情緒並不是針對你而來。最後，你能發展出對人類情況的慈悲心和理解力。你能對他人的苦難感同身受，並想辦法轉化這些痛苦。

你也許對神祕學或隱藏的教化傳統深感興趣。你憑直覺來理解那些象徵，特別是當你有宗教信仰時，你也許會有些神祕體驗。你的超感知力和強烈顯化的能力一經發展，便能夠讓你幫助他人進入他們內在的世界。你能夠像面鏡子般反射出希望、需求和一群團體的視野想望。極具暗示性的你，能夠影響周遭的人，反映出他們無法表達出的聲音。所以，你可以扮演人們的催化劑。當你無意識地運作這個功能時，這個強大的能力會導致無法預測的結果，但你也能夠有意識地導向爲公眾的利益而努力，特別是爲那些尚未明朗的現況和目標發聲。

完全9號的名人

當完全9號人不是那麼多時，這類人出乎意料地用一種超脫隱晦的方式，爲這個世界展示智慧和有別於藐視、剝奪公民權的另一條路。在二十一世紀的上半葉，將會出現大批完全9號人。

維拉斯奎茲（Diego Velazquez，藝術家）1599 年 6 月 6 日

韓德爾（George Handel，音樂家，作曲家）1685 年 2 月 23 日

莫里斯・梅特林克（作家，劇作家）1862 年 8 月 29 日

茉德・岡（Maud Gonne，革命者，魔術師）1866 年 12 月 21 日

伊莫金‧坎寧安（Imogen Cunningham，攝影師）1883年4月12日

卓拉‧尼爾‧赫斯特（Zora Neale Hurston，作家）1891年1月7日

伊文‧古拉貢（Evonne Goolagong，網球選手）1951年7月31日

烏戈‧查維茲（Hugo Chavez，委內瑞拉總統）1954年7月28日

史考特‧坎寧安（Scott Cunningham，巫師，作家）1956年6月
27日

藍斯‧阿姆斯壯（Lance Armstrong，自行車選手）1971年9月
18日

人格牌是月亮（18號牌）

（適用於18-9人）

透過進化來圓滿業力；探索內在；資料來源

　　月亮牌代表直覺和潛意識的深層發展，兩者只有一紗之隔。感知到這層影響力，我們便覺察出現實只是夢境，時間和空間（這些我們熟知的物質世界）僅是種概念，而這樣的概念是可以被全部推翻的。月亮─隱者並沒有一般人缺乏的神奇能力，他們只是對自己更好奇罷了。身為一位18-9人，你著迷於觸摸不到的、未知的、奇怪陌生的、甚至是令人毛骨悚然的事物。

　　月亮牌與前世、魔法和神祕學有關，它涉及使用隱藏的能量和要素，學會如何在潛意識的範疇中運籌帷幄。想像自己在黑夜中的森林小徑上，天上掛著皎潔明月，你可以選擇亦步亦趨地走在路上，蹣跚前行，或者藉由直覺力引導自己前進，讓你能夠很快地移動，而且保

證不用擔心前進的方向。這是隱者必須學會相信關於內在知識的行動力。身為18-9人的你，傾向不斷地輪迴著月亮週期的陰晴圓缺，先是深度心靈覺察和正當性發展階段，接著又進入害怕自己被洞見所欺騙的階段。你必須習慣這週期有其自然的節奏。月亮的困惑、幻象和欺騙，有部分是來自於在不恰當的階段所做的決定和行為。

作為一位18-9人，你的目的是進化成更高程度的存有。你投生此世是為了處理特定因果業報的責任。這可以涉及經由確實的基因變化來幫助人類進化。以你身為人的生物能力和心理素質，與在地球上所有生命的潛在可能性來說，這是有可能發生的。透過想像力，你能夠用主觀的方式經歷所有客觀物體的經驗。藉由反射出自己心中的慾望，你能夠重建能量粒子的結構，進而影響到外在客體的改變。你就如同18-9人甘地那樣，認為：「最高的法則就是我們應該持續不懈地為人類而努力。」

相較於理性功能，月亮與更多地運用直觀功能有關。比起頭腦，人的身體經常較能體驗到這樣的知識智慧。在古老著作中，描述意識思想的源起不是內臟，就是心臟。這樣的知識智慧是源自身體深處的一種能被人信賴的內在智慧。當理性思維在發展時，直觀思維就不再被重視或被加以訓練。「德爾斐神諭」（Delphic Oracle）陷入靜默。愈來愈少的人能夠理解這樣的認識，而讓其陷入不被信任的窘境中。過去幾千年來，潛意識的世界被視為一個虛無妄想的窠臼。然而，唯有透過陰性意識與陽性意識的結合，靈魂才能完整。

月亮牌代表占卜，其發聲工具是不容易立即參透其意義的符號象徵。你需要如同你的靈魂牌—隱者牌一樣的洞察力和耐心來導引你。月亮並不是欺騙；月亮的迷人光暈是我們自己加上去欺騙自己的包裝糖衣。你也許會敬重那些看不見和摸不著的他人經驗，認為那是我們

可以從他人身上學習的有用經驗。自古以來的18-9人都會揭示內在生活和外在生活的真實面向。

如同牌中所繪的淡水螯蝦吞噬掉所有的腐敗，然後依此建造自己的堡壘，所以你了解到需要消化自己的過往、恐懼和你隱藏的黑暗面，好讓自己經驗新的道德和心靈的重生。接受命運的一切，你得離開象徵過往的堅硬外殼和直覺的避風港——習性的池塘。不然你將會被過往所纏縛，消極以對，導致未能圓滿的結果。打破舊有的行為堡壘和將你束縛住的想法，穿越你的原始渴望（狼）和溫飽生計（狗）之間的角力，在崇高理想和人本科技的高塔中穿梭，尋找能夠通往靈性直覺的高山聖地途徑。

你的心智意識有時候會對必要性的吸收新知有所抗拒。當這些概念超越你原有的認知，這便會使你感到恐慌，覺得自己瀕臨崩潰。這樣的新知也許是通往另一個覺察新層級的入口，但如果你正在經歷這種體驗，只會覺得一切都很混亂。這種情況常發生在社會上的高齡者（處於隱者或孤婦階段的人）身上。他們為了準備人生的重大變化，經歷了快速的改變和發展，卻只被外界視為老態龍鍾。

18-9的名人

日記作家艾娜伊絲·寧（Anaïs Nin）在《一個女人的話》（*A Woman Speaks*）最能捕捉到身為18-9人的內在風采：「生命為我們設置的陷阱，從一開始的發生、不斷擴張到最後的解脫，全都是謎，因為生命就是喜歡這樣的俘虜戲碼，想看看我們能不能全身而退。這是個遊戲，一場魔幻的遊戲，每個你遇到快過不了關的情況，其實都是通往其他關卡的大門，儘管它只是透過夢境的方式呈現。」

你將會發現這個群組有大量的人都對「他人的現實」抱持著興

趣，而之中有些人成爲神祕學、魔法學或心理學領域的老師或引路人。也有數量驚人的作家可以被大略形容爲「充滿想像力的現實主義者」。

諾斯德拉達姆斯（Nostradamus，占星師，醫師，先知）1503年12月24日

巴哈（Johann S. Bach，作曲家）1685年3月31日

但丁（Dante G. Rossetti，藝術家，詩人）1828年5月12日

約翰・繆爾（John Muir，自然主義者，環保人士）1838年4月21日

羅丹（Auguste Rodin，雕塑家）1840年11月12日

魯道夫・史代納（Rudolf Steiner，玄學家）1861年2月27日

甘地（Mohandas Gandhi，印度領導人）1869年10月2日

法蘭克・萊特（Frank Lloyd Wright，建築師）1869年6月8日

吳爾芙（Virginia Woolf，作家）1882年1月25日

紀伯倫（Kahlil Gibran，詩人）1883年1月6日

阿薩吉歐力（Roberto Assagioli，心理綜合學派創始人）1888年2月27日

羅伯特・格雷夫斯（Robert Graves，詩人，作家）1895年7月24日

亨利・摩爾（Henry Moore，雕塑家）1898年7月30日

埃里希・弗羅姆（Erich Fromm，心理分析學家）1900年3月23日

艾娜伊絲・寧（作家，日記作家）1903年2月21日

伊斯瑞・瑞格德（Israel Regardie，玄學家）1907年11月17日

德蕾莎修女（Mother Theresa，人道主義者）1910年8月26日

馮內果（Kurt Vonnegut，作家）1922年11月11日

芙蘭納莉・歐康納（Flannery O'Connor，作家）1925年3月25日

卡洛斯・卡斯塔尼達（Carlos Castaneda，人類學家，薩滿作家）
　1925年12月25日

艾倫・金斯堡（Allen Ginsberg，詩人，出版者）1926年6月3日

雷・查爾斯（Ray Charles，音樂家）1930年9月23日

小野洋子（音樂家，藝術家）1933年2月18日

葛羅莉亞・斯坦能（Gloria Steinem，作家，女性主義者）1934
　年3月25日

莎莉・麥克琳（Shirley MacLaine，演員，作家）1934年4月24日

貓王艾維斯（Elvis Presley，音樂人，演員）1935年1月8日

伯納・馬多夫〔Bernie Madoff，「龐氏騙局」（Ponzi Scheme）主
　謀人〕1938年4月29日

達斯汀・霍夫曼（Dustin Hoffman，演員）1937年8月8日

蘇珊娜・布達佩斯（Z. Budapest，巫師，作家，女性主義者）
　1940年1月30日

芭芭拉・鮑克瑟（Barbara Boxer，政治家）1940年11月11日

吉米・罕醉克斯（Jimi Hendrix，音樂人，歌手）1942年11月27日

安吉拉・戴維斯（Angela Davis，革命家）1944年1月26日

巴布・馬利（Bob Marley，音樂人，歌曲創作者）1945年2月6日

安墨利・羅文斯（Amory Lovins，環境保護者）1947年11月13日

班娜姬・布托（Benazir Bhutto，巴基斯坦總理）1953年6月21日

小秘儀9號牌

　　小秘儀的9號牌跟發展中的內省洞見、個人整合和完成此生功課
的天賦與挑戰有關。因為數字9在占星學角度中通常與月亮或海王星
有關，因此夢和幻象在這些牌中扮演重要角色。

權杖九（生日介於12月3日至12日，10～20度的射手座，變動宮之火元素）

權杖九代表用追尋目標的能力和天賦來面對最大恐懼的機會。你以肯定且屹立不搖的姿態看見你的未來。你準備好要保護和支持那些需要幫助的人。你在面對恐懼時發現了靈性力量。因為權杖九表示你必須完成靈性或創意性的任務。

權杖九同時也含有警告意味：你設下用來保護自己的柵欄，也可能變成限制你的牢籠。這樣的概念源自月亮牌是對應雙魚座，而雙魚座的魚就是用相反的兩種方式游動。

與其說是完成，倒不如解釋這張牌是沿襲舊習陋規，讓自己身處在缺乏彈性的願景中。你經歷過前面八支權杖的患難，當你來到這個關卡時，在情勢相對安全的情況下，你可能就會害怕前進了。如果你害怕面對圍欄外的毒蛇猛獸，你將會卡在原地。但這樣的恐懼且帶著抵抗的心情，可以促使你往下一個關卡——第十關邁進，在權杖十中，同樣的主角推倒了藩籬。他身經百戰、經驗豐富，但卻已不再害怕前進了。

聖杯九（生日介於3月1日至10日，10～20度的雙魚座，變動宮之水元素）

聖杯九代表用你的創意想像力來創造實相的機會。你將九個聖杯沉浸在潛意識的池子中，也成功面對所有恐懼，找到回家的路。現在你知道來去現實和月亮（潛意識）之間的路，且來去自如。這張牌代表善用夢境和直觀的技巧。你可以清楚顯化自己的慾望，並讓它實現。在人

生旅途上，你擁有資源和知識，能夠滋養走在你曾行過的同樣道路上的其他人。

當你開始覺得天下無難事時，問題就產生了。你會變得自滿而安逸。雖然階段性任務已經完成，但你卻不太想動。你已迷失在感官享受、暴飲暴食、或者不實的幻想中。如此一來，你便進入了因為月亮（潛意識）而導致瑪雅（Maya，印度語的「幻象」）的境界。

寶劍九（生日介於6月1日至10日，10～20度的雙子座，變動宮之風元素）

寶劍九代表的是運用時間和耐心來面對悲傷、惡人或者其他恐怖事情的天賦。寶劍九是一張任務和機會牌，你會面臨你的理想主義和完美主義所造成的自我受虐情形。你可以發現自己無數的錯誤，大多數是源自於自身恐懼的投射。你的夢境和回憶都在提醒你曾經做過的事，或是曾經擁有但已失去的東西。還有，身為一位具有強大同理心的18-9人，你或許會將全世界的悲傷都承載在自己身上。

然而，面對恐懼和經歷悲傷都是能淨化你自己的方式。寶劍九是在任何事物到盡頭前必定經歷的過程。你必須轉化自己的苦痛，首先重新去經驗它，然後辨認出情緒的源頭，藉此知道要如何改變。當你發現你正處於壓力或沮喪之中，明白這一切不過是一個更大藍圖或循環的一部分，而且這通常也是你的理性心智在達到潛意識的嶄新創舉前，所經歷的最後一次絕望的感覺。

金幣九（生日介於9月2日至11日，10～20度的處女座，變動宮之土元素）

金幣九代表經由對自己的自律和耐心的信心，而完成自我發展的「功課」的機會。你與身旁的大自然和諧共處。就如同葡萄會在時機來到時成熟結果，你明瞭事物都有其相應的果實。雖然牌中的女子留著一隻老鷹，藉此提醒她自己的洞察力和直覺，她認為即使沒有用到，仍需在身邊保留這種受限制的原始創造力。在這裡，你孤身一人，如同其他九號牌一樣，這代表你已經將自己轉向收割自我發展的豐碩果實。

金幣九被稱為「收割」，代表你能從工作或技能中得到的東西，這包含了奢侈的空閒時間及獨處。另一種解讀此張牌的角度是當你斬斷對情緒和人際關係的聯繫時，你所得到的孤獨。當你鍥而不捨地力爭上游，你可能會失去原始而自由的能力。你是否覺得被困在自己的葡萄園裡，自由表達的慾望被蒙蔽（如同那隻鷹被箝制），而你的人際關係（如同帶著手套的手）想接觸卻還有一段距離？

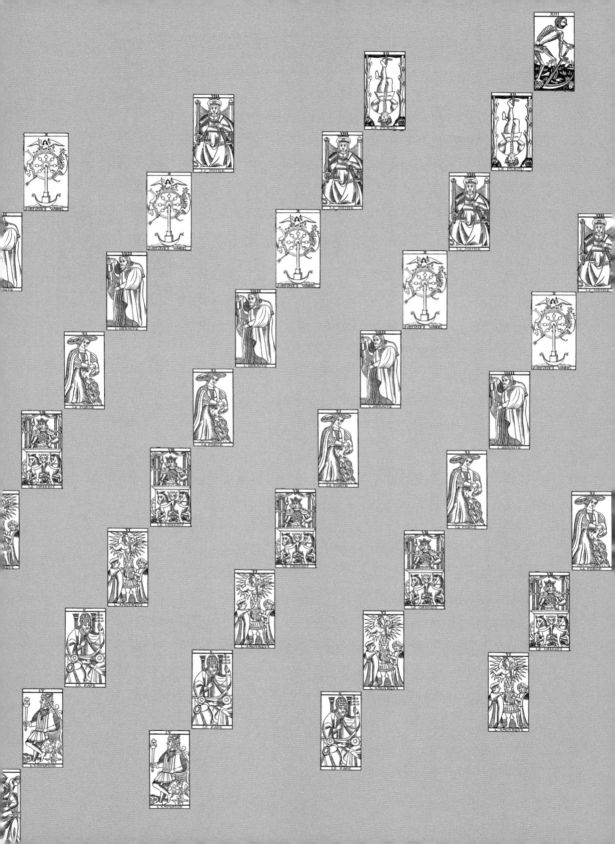

14

你的流年牌

在你生命中的每一年，都會有一張大秘儀牌與之對應，稱為流年牌，它代表你在任何年度所經驗到的考驗和課題。有些大秘儀牌會以你的流年牌之姿一再出現，有些你則不會碰到。你在任何年度發生的事件提供你掌握新技能的機會，並且更加了解你自己和你的需求。流年牌指出那種課題會與什麼相關。它意味著排列在該年度的原型能量種類，建議你可以運用的個人特質，像是堅持、慈悲與相關的事物。了解流年牌能使你對自身處境的整個情況更有覺知，以及在那一年之間呈現的學習機會類型。

你的流年牌

按照以下範例，把你的出生月和出生日加上現在的年份，並且減掉數字到22或以下。

出生月	8
出生日	26
今年	＋2014
	2048

$2＋0＋4＋8＝14$（節制牌）

在決定流年牌時，永遠讓最大的數字在23以下，並且不要縮到個位數！

用算數找出屬於你的流年牌：

你的出生月　　　＿＿＿＿＿

你的出生日　　　＿＿＿＿＿

今年年份　　　＋＿＿＿＿＿＿

加總　　　　　＿＿＿＿＿＿

＿＿＋＿＿＋＿＿＋＿＿＝＿＿＿＿＿（年份數）

今年是西元＿＿＿＿＿＿年，我的流年數字是＿＿＿＿＿＿，對應到大秘儀牌的：＿＿＿＿＿＿＿＿＿＿＿＿

塔羅之年的開端

你可能會問：我的流年牌要從何時起算，是1月1日或是我的生日？答案是兩者皆可。有兩種不同的週期會部分重疊發生，在某種程度上，仰賴你在該年度的生日有多晚出現。這兩者我都會兼顧，但許多人偏愛只專注在兩種循環當中的一個，我將此標示在下頁的表10中。

在大多數情況下，出生在年初到年中的人，在使用以一月份為週期的算法時會有點麻煩。從你發生的外在事件（一月份到一月份）辨認鑑別，比起從你的內在動機和表達模式（生日到生日）更容易。在最後兩個月份出生的人，則可能會發現他們對流年牌的大多數聯想會對應到日曆上的下一年度。比如，在隱者年，你的朋友好像忽然間找不到人了，或者你在派對裡看不到熟人等等，因此你被迫花更多時間獨處。過了你的生日後，當你享受完成事物的時光並且做些反省時，

你領略到自己可以成就多少事。然後，在一月份，當你進入命運之輪年（外在事件週期），你掉進了社交事件與突發機會的漩渦之中。起初，你的反應是小心翼翼和謹慎留意，像在你的隱者年一樣，希望那些獨處的平靜時刻會回來。

流年牌表格

　　為你的整個人生計算流年牌是很值得的：你可以計算到九十年或一百年。為了這個目的，請使用表11的年度牌表格，這是由灣區塔羅師吐溫哈·希爾（Twainhart Hill）設計的。此表格會協助你快速地確定特定任何一年的流年牌，它也可以讓你很容易地找到朋友的生日牌和流年牌。我鼓勵你影印這份表格。

　　使用這張流年牌圖表，加上月份、日期和你的出生年份。在你縮至你的生日牌數字之前總數是＿＿＿＿。我稱之為你的四位基本數字。找出圖表上這個數字。隔壁的數字對應你的人格牌，並請把這標註為「零歲」或「出生」。直到下一年之前你都不會是一歲大。接著，在你的流年牌表格中對照這四位基本數字，然後找出表格中的數字，你的流年牌數字就在隔壁。在你出生那年的旁邊空白處寫下你的年紀。從這一年，你可以輕易地回溯或是往前去看對應其他流年的塔羅牌。

表10：流年牌週期

一月份到一月份週期 —— 外在事件

你的流年是發生在你身上事件那一年的一月一日。然後你開始透過經驗去學習流年課題，也就是你需要面對該年所代表的問題。這即是外在的事件導向週期。

生日到生日週期 —— 內在回應和整合

在你的生日，你已經整合了課題，並達到你開始將那種能量付諸行動的程度。這樣一來，你就有了生日到生日之間內在經驗的週期。

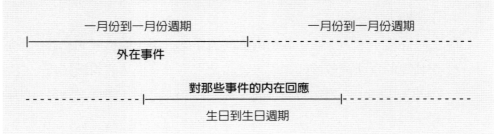

看著你之前的五張流年牌，把塔羅牌放在桌上或地板上，問你自己：每一張牌如何呈現你需要在那一年學習的課題？雖然看似簡單，這個系統可以告訴你更多東西。我很驚訝，因為我只靠思索每一張牌的意義來學習關於我自己的事。每一年我和我的流年牌對話，詢問它：「我今年需要從你身上學到什麼？」這可能需要一些時間獲得足夠的展望，來看見真正的課題。透過事後的認識，它協助檢驗你過去的流年牌，使你更清晰地理解趨勢。這也能幫助你在未來幾年將你的先見之明去蕪存菁。

列出你所有的流年牌。下一步，為每一年寫下一句話，講述在那一年你發生了什麼事，以及它為何具有重大意義。（如果你有幾年不記得，別擔心，那很正常。不論何時，你查看你的表格，便可能會憶起更多，只需標註上去即可。）

決定你在週期的哪一階段，而不是根據對應的塔羅牌預測未來。舉例來說，人們經常在戀人之年（數字6）做重大決定，他們在接下

來的年份——戰車之年（數字7）經常對該選擇付諸行動，專注在前一年所設定的路徑上向前邁進。而且在力量之年（數字8），他們需要重新評估自己的心是否還在同一條路上。如果不是，經過兩年，他們可能缺乏堅持下去的毅力，直到命運之輪年（數字10）再次帶來了改變。

在接下來的一章，我會對你的流年牌提出可能具有的意義。至於更特定的資訊或直接的指引，就請使用第二章描述的對話技巧，直接詢問流年牌：它對你有何意義，以及如何在這一年讓你得到最多的收穫。

運用流年牌表格

如果你檢查這張流年牌表格，會發現幾個有趣之處。因為我們的數學系統是以十進位制為基礎，數字是以十年為週期（儘管在一些情況下，個位數實際上乃從23、24、25縮短而來）。這十年的週期有一條排列將這些數字分散在圖表中。所以每十年，你會跳到一個新的數字週期，並且通常以比前一個週期更大的數字展開該週期。由於你的年齡，你可能不會在你的人生中經歷到大秘儀牌的最大數字。舉例來說，在1988年1月1日以後，不會再有19-10-1的人格牌出生，雖然他們在這之前相對地為數眾多。他們會在2069年後再次開始出現。

某些數字或週期，端看你何時出生而具有主導地位。每一個世代都有其流年牌數字的自身特質模式，這代表週期性的潮起潮落，通常被格里曆（Gregorian calendra）定義為基督教曆或是主曆。記住那張流年牌，就像人格牌與靈魂牌般，我們在鏡中瞥見我們生活其中的盎格魯—歐洲所支配的社會如何影響自身。也許我們需要第二種像是古

表11：流年牌表格

左邊的數字＝年、月、日的總合。右邊的數字＝流年牌

<u>1919</u>	<u>20</u>	1960	16	2001	3	2042	8	2083	13
1920	12	1961	17	2002	4	2043	9	2084	14
1921	13	1962	18	2003	5	2044	10	2085	15
1922	14	1963	19	2004	6	2045	11	2086	16
1923	15	1964	20	2005	7	2046	12	2087	17
1924	16	1965	21	2006	8	2047	13	2088	18
1925	17	1966	22	2007	9	2048	14	<u>2089</u>	<u>19</u>
1926	18	1967	5	2008	10	<u>2049</u>	<u>15</u>	2090	11
1927	19	1968	6	<u>2009</u>	<u>11</u>	2050	7	2091	12
1928	20	<u>1969</u>	<u>7</u>	2010	3	2051	8	2092	13
<u>1929</u>	<u>21</u>	1970	17	2011	4	2052	9	2093	14
1930	13	1971	18	2012	5	2053	10	2094	15
1931	14	1972	19	2013	6	2054	11	2095	16
1932	15	1973	20	2014	7	2055	12	2096	17
1933	16	1974	21	2015	8	2056	13	2097	18
1934	17	1975	22	2016	9	2057	14	2098	19
1935	18	1976	5	2017	10	2058	15	<u>2099</u>	<u>20</u>
1936	19	1977	6	2018	11	<u>2059</u>	<u>16</u>	2100	3
1937	20	1978	7	<u>2019</u>	<u>12</u>	2060	8	2101	4
1938	21	<u>1979</u>	<u>8</u>	2020	4	2061	9	2102	5
<u>1939</u>	<u>22</u>	1980	18	2021	5	2062	10	2103	6
1940	14	1981	19	2022	6	2063	11	2104	7
1941	15	1982	20	2023	7	2064	12	2105	8
1942	16	1983	21	2024	8	2065	13	2106	9
1943	17	1984	22	2025	9	2066	14	2107	10
1944	18	1985	5	2026	10	2067	15	2108	11
1945	19	1986	6	2027	11	2068	16	<u>2109</u>	<u>12</u>
1946	20	1987	7	2028	12	<u>2069</u>	<u>17</u>	2110	4
1947	21	1988	8	<u>2029</u>	<u>13</u>	2070	9	2111	5
1948	22	<u>1989</u>	<u>9</u>	2030	5	2071	10	2112	6
<u>1949</u>	<u>5</u>	1990	19	2031	6	2072	11	2113	7
1950	15	1991	20	2032	7	2073	12	2114	8
1951	16	1992	21	2033	8	2074	13	2115	9
1952	17	1993	22	2034	9	2075	14	2116	10
1953	18	1994	5	2035	10	2076	15	2117	11
1954	19	1995	6	2036	11	2077	16	2118	12
1955	20	1996	7	2037	12	2078	17	<u>2119</u>	<u>13</u>
1956	21	1997	8	2038	13	<u>2079</u>	<u>18</u>	2120	5
1957	22	1998	9	<u>2039</u>	<u>14</u>	2080	10		
1958	5	<u>1999</u>	<u>10</u>	2040	6	2081	11		
<u>1959</u>	<u>6</u>	2000	2	2041	7	2082	12		

＊流年牌由吐溫哈‧希爾基於安哲莉的工作而設計。

代馬雅人用過的靈性陰曆，讓我們能在當中看見靈魂眞正潛能更清楚的反射。

出生在任何一年的人可以有四十二種四位數字的任何組合，然而，根據年份，這些數字減少到更爲有限的塔羅牌數字上。例如，出生在2004年的人只有3至13之間的人格牌，或者總共二十二張大秘儀牌的十種模型。某個出生在1959年的人只能有特定的十五種牌。一個出生在1892年的人會有從5到22這十八種可能的牌，但不會有完全2號、完全3號或完全4號人——直到1957年1月1日前都不可能有。1991年以後，直到二十一世紀爲止，不再有19-10-1人或是22-4人。這些牌賦予了我們世代上的特質。

有一個在這個世代上的特質範例就是，許多出生在1957年12月31日到1998年1月1日之間的人，有女祭司牌當作他們的人格牌。他們的生日數字能加到2000！這張牌打從過去的九百年——自1098年1月1日起，就沒被當成人格牌或流年牌使用。它在未來八百年不會以出生數字或流年數字形式出現！它只會出現在我們時代的社會神話某段時期之前，例如，全世界的原住民預言說，現在是偉大的轉化期和可能會崩壞的時代。這些神話大多數允許人類選擇或決定如何跟全球連結，以拯救整個星球。有一些先知聲稱，在這個易受影響的時代，女神意識和大地蓋亞的概念崛起，對做出正確選擇是至關重要的。

有趣的是，當代政治家的靈數和第一夫人的靈數是20-2，從雷根、賈桂琳·甘迺迪、東尼·布萊爾、比爾·柯林頓、艾爾·高爾，和巴拉克與蜜雪兒·歐巴馬。查爾斯王子和其子威廉也是20-2人與年輕世代的11-2人。20-2人最大的危險在於他們能透過媒體樹立「個人崇拜」，因爲另一位20-2的俄國領導人列昂尼德·布列茲涅夫

即以此聞名。

缺席與最常出現的流年牌

在平均八十歲左右的人生中，一般人會經驗到大多數作爲流年牌的大秘儀牌。瀏覽你的表格來決定你不會經驗到哪幾張牌（作爲你的課題）。這在你此生中不是必要的，代表該能力可能已經良好地發展了。你最常接收到的是哪張牌呢？這是你最重要的學習課題，它可能是最困難的，但你並不孤單——我們整個世代都有類似的課題。

你的業力之年

四位數字就是你的生日月份、日期以及年度的加總，它本身可以被視爲對你而言重要的一年，代表你發展自己潛能的特別考驗和挑戰。有些人已經發現他們的業力之年爲他們開啓一個新方向，或者引入一個主題，或之後使他們專注在此生核心的重點。

有個業力之年的例子對每個人而言是中肯的。根據馬雅曆，它的5125年大循環在2012年完成，根據這個傳說指出，世界的意識與溝通有個偉大的轉變。之前在1987年8月17日通過了所謂的「諧波匯聚」（Harmonic Convergence，又譯「和諧匯聚」），可以說，此時的加速分階段地同步，爲銀河的高潮做準備。如果你把這當成生日，加總8/17/1987，就會得到2012，那就是它的業力之年。加總這四個數字使我們獲得教皇牌（數字5），因此，它就是教導與學習、揭露新知識的一年。根據這個理論，2012年完成了一個在諧波匯聚開啓的任務，並且挑戰我們發展一個新的潛能。

和你的靈魂目標保持連結

再瞧瞧你的流年牌表格。每十年，你會經驗到你的人格牌、靈魂牌或隱藏牌成為你的流年牌。圈出表格上的這些牌，並且標註在它們實際上的年份跟你的年紀。在這幾年，你可能會吸引並參與此生中對你的靈魂目標特別重要的事件。你可能進行或直接搜尋某件事情，透過此事，你能表達自己的最高潛能。看看你的成就，行動、旅行、關係與研究——你如何消磨時間？什麼又是你渴望的事？你的夢想與美夢在那些年中把你引導到何處？這些可能是最符合你靈魂目標的事情。

偶爾，你會發現在一年或對個人而言重要的這幾年，你感覺到最大的挫折與痛苦。當你覺得力不從心，無法跟上自己的需求與直覺、或發展你的興趣時，就會發生這種事。之後，你可能會把潛能投射在某個你敬畏其能力的人身上，也或許你抗拒他們的影響，然後拒絕那種特質，並學習那張牌代表的能力。當你的任務看起來對你來說太艱鉅時，就會發生這樣的事。當你投射潛能在某個自己之外的人身上，那個人實際上即暗示了你也有此可能性，你可以慢慢吸收，並且最終在你自己的人生課題與人格上表達出來。每一次你的人格牌、靈魂牌或隱藏牌成為流年牌——在十年的循環中——你便會有機會運用命運排列的能量。

里程碑與轉捩點

為了找出就你個人發展而言任何主要的事件象徵，當事件發生時，查詢你的流年牌表格，然後看著那張年度牌，觀看它的能量本質。例如，如果你在戀人之年結婚，顯然你會學習到你在關係中的渴望與需求，以及另一個人如何反映你的自我形象。但是人們在所有的

年度牌之下都會結婚，所以如果你在皇帝之年結婚，而且你是女人，你可能已經採取了主動。你也可以學習去組織和建立一個穩固的基礎。或者，如果你覺得堅持自我令人不舒服，你可能已經選擇了一位年長的人當作你的伴侶，來教導你皇帝牌的能量是什麼。命運之輪年是個不同的例子，它會強調改變的課題，並且以結婚的結果拓展你的經驗範疇。流年牌與你的婚姻或是任何正在進行中的承諾，通常會描繪你完整的參與其中。

女祭司之年

在你的流年牌表格上，你會找到四位基礎數字2000。它標註了女祭司牌以完全2號牌的生日牌出現，一個全新世代的循環和週期的接引，那就是，它同時是人格牌和靈魂牌（取代11或20的結合）。更進一步地說，大多數在二十世紀下半葉變成大人的人，會在人生中經驗到女祭司成為他們的流年牌。如果你在1998年以後出生，你就不會經驗到女祭司之年，但是取而代之的兩種11之年（正義牌或力量牌），以及20號流年牌（審判），是一部分女祭司的排列，並且與它的能量共振。

千禧年顯示出女人心靈上偉大的女神復甦以及廣泛的興趣，從榮耀女神的無數形式（有時稱為「千面伊西斯女神」）到聖母瑪麗亞的新面貌，到重申抹大拉的瑪利亞（Mary Magdalene）是耶穌的祕密配偶。有一個響亮口號，號召女人進入神職領域。我發現許多女人和男人在他們的女祭司之年體驗到特別的靈性覺醒，變得跟通靈、直覺或是療癒研究有關，並且在那一年初次發現偉大女神的神話與宗教。

年度 _____	為何難忘 _____ _____ _____
流年牌 _____	排列的原則 _____ _____ _____
小秘儀牌	**該年對應牌的特殊情況**
權杖 _____	_____ _____
聖杯 _____	_____ _____
寶劍 _____	_____ _____
金幣 _____	_____ _____
描述發展的主要課題 與能力：	_____ _____

小秘儀牌當作流年牌使用

當小秘儀牌在這裡不是獨立敘述時，它們是你會在對應之年的恩典與挑戰的指引（課題與機會）。對你過去難忘的一年展開對應的小秘儀牌組。看看這些牌如何表達那一年的情況，給予你最有力量的學習經驗（舉例來說，在戰車之年，所有小秘儀中的七號牌都是有重要意義的）。

根據左頁的格式探索小秘儀牌，看看你已經發展的主要課題和能力。

繼續以其他重要的流年做這個練習。不要嘗試「預測」它們可能在今年或來年的作用，除非你了解小秘儀牌在你的過去如何運作。

其他的週期牌

通稱流年牌

每一年對每個人都有專屬的流年牌。例如，2012 年加總起來是 5，它是「教皇之年」。簡單地加總任何一年的數字。

你的個人流月牌

你出生的月份加上出生的日期，加上今年和這個月份。

了解你的流年牌

下一章會對一些不同流年牌的課題與機會提出建議。然而，無可取代的是你自己實際觀察前幾年的同一張牌或排列所發生的事，並且也要直接跟牌卡的圖像對話。我鼓勵你至少和你今年的流年牌對話一次。

15

解釋你的流年牌意義

本章說明大秘儀牌是流年牌時，每年都有不同的建議功課需要學習（詳見第十四章的表11）。這些建議是作為提示之用，而非武斷的要求。不要把這些牌認作是代替你的牌。換言之，嘗試直接去發現這些牌想要告訴你什麼。在你當前的年度牌中，有許多元素都是心靈（有時候是實質）上你可以使用的工具。詢問牌中的那些角色，哪些是象徵工具的符號以及如何使用它們。與你的流年牌對話，逐一地向牌中的一個角色或多個角色詢問。其中一個開始對話的方法是問問題：今年我應該要從你那裡學到什麼呢？要抱持著自發的精神和若無其事的態度（像是神聖愚者的個性）來詢問。以輕鬆愉快的態度，不用頭腦思考地說出任何發自內心的話，如此你可以不斷地做筆記加以記錄。

為這些對話加註日期，記錄在你的塔羅筆記本上，並回溯前幾年的書面資料、每一年重大事件與牌的相關性。你可能也想要記錄在本書的空白處（在每一張流年牌的範圍內），寫下對應你流年牌的年齡和年份。

記住，流年牌不會告訴你未來會發生什麼，但是它會幫助你專注在為你設計的課題上，不論那是什麼樣的考驗。你將會發現，當流年牌重複輪迴時，你專屬的特定主題會重複，但會以螺旋狀的發展層次來展現。

流年牌是魔術師牌

在我們這個時代，不論是從個人牌、隱藏牌／導師牌或流年牌的角度，沒有人能夠經歷魔術師牌的魅力。自1998年1月1日以後，數字1已經不再出現，除非我們把數字加到一萬以上。從9957年12月31日開始，才

有可能再見到魔術師牌。但是你可以在流年牌遇到命運之輪牌或太陽牌時，參考魔術師牌的意涵。

流年牌是女祭司牌

　　女祭司牌是流年牌的情形，會發生在一些出生於1998年以前的人身上。過了1998年1月1日以後，一直要到9958年12月31日，數字的加總達到10001（可以簡化成數字2）。如果你的四位數字加總大於2000（生日年月日加總，詳情請見前面章節），你就沒有機會碰到女祭司流年。但這不代表你不能發展祂的特質。如果你已經擁有一些這樣的良善特質，你將會比以前有更多機會來接觸祂的智慧。

　　如果你有女祭司流年，請觀察祂。加上隨後的皇后牌流年，祂會是一股兩年週期的陰性力量。除此之外，檢視你的正義牌（11號）流年（或是你的11號是力量牌）和審判牌（20號）流年，從中得到在生活中運用女祭司力量的想法。女性對你的學習非常重要。通常你對心理學、玄學或理想國的興趣會逐漸變得濃厚。這是一個學習相信自己和練習獨立、自給自足的一年。許多人受女性精神運動吸引，進而繁衍出這一代的女性主義者。

　　身為女性的你，可能會發現人們會向你尋求建議和答案，視你如同紅粉知己或親密愛人，雖然你不屬於他們任何一人。身為男性的你，可能會發現在工作上或私生活中，女性對你的啟發就猶如你的創意繆思，她的存在如同你的靈魂投射，喚醒你的陰性特質。

　　去海邊或是靠近水源的地方度假放鬆，療癒和靜心冥想，將自己帶回大自然的平衡狀態。要注意月亮的週期，以及這週期如何影響

你。在這個流年，你必須相信自己的直覺和內在知識，讓它們來引導你必須學習的課題。有時候你會面臨最深的恐懼和希望，尤其是你的夢想（第十三章有關於女祭司更深入的解說）。

流年牌是皇后牌

　　皇后牌流年出現在女祭司牌流年之後，是陰性週期延續的第二年，並將女祭司的自給自足投射於外在世界。皇后牌在 2008 年 1 月 1 日以後便不再出現，要再經驗這樣的狀況得等到流年牌加到 2100 這個數字。另外，吊人牌（12 號）或世界牌（21 號）會帶著皇后的力量取代其牌的位置。皇后牌擁有女祭司牌的內在智慧，而現在是透過皇后創意地發想表達出來的時候。在皇后牌流年中，人們會變得收穫滿滿，腦袋裡充滿許多豐富奔放的想法，同時也讓你對顏色、形式和風格的感知能力更強烈而敏感。

　　你在流年運行到皇后牌時，會更願意與其他人連結。其他人也會感知到你敞開雙臂，被你吸引並回應你的殷勤對待。因為你對於和諧和美感的強烈品味，讓你想要被美好的事物圍繞，特別是你的家裡和你的身體。你可能會想改變自己的穿搭風格，或者調整自己的儀容。你視自己的體重猶如錢包般重要，皇后牌對於奢華的定義可以延伸為過度縱慾。

　　鑑於你的皇后牌流年建議你跟大地之母連結，這是個走進鄉村或花園的大好時機，應該對這樣的接觸多多益善。母系方面的議題也是重點，不論是跟母親的關係、或是你自己想要當母親、或照顧他人。你的創意豐盛、能量源源不斷，這樣的能量會透過一個孕育成熟的規

劃來呈現，無論是懷胎十月的寶寶或是嘔心瀝血的計畫。身為男性的你也同樣擁有用之不竭的點子，想要孕育某種事務的需求，準備好進入某一段關係中。你可以發展自己親切、好客及情緒敏感性的一面——前提是你敢去嘗試的話。在這段時期，孕育和關照他人的成長、健康和福祉的能力是重要的關鍵。

流年牌是皇帝牌

　　皇帝牌流年是兩年週期中的第一年，在此週期中，你會學到建立自己的主權。祂代表著父親們和父權——決定「誰是訂規矩的當家老大」。父權的議題因而浮現：當一位父親、處理和應付自己的父親、進入自己的「父權內在」、或是跟一個父權形象連結。皇帝牌很努力地建立秩序的規範，在他的環境中創造穩定的氛圍。在這樣的一年中，你若不是會建立自己的秩序規則，就是將面對外在的秩序規則。若是後者，你也許會反抗那些對你的自由造成限制的人、事、物。

　　當皇帝牌接在創意豐盛的皇后牌流年後面，你將會找機會讓自己的工作或作品從私人領域變成大眾化或市場化。你專心致力於得到成果上的認同或認證，找方法建立自己在商業和市場上的立基點。你的處女作將有望幫你打響名號。你會拓展新事物，也會勇往直前地開拓整個世界。

　　你的功課在於為自己的秩序規則建立主權領域，或者學習如何在別人的規則中生存。你變得有主見，甚至更能強烈地主張自己的想法。你會面臨「身分地位」或法律的衝突。你需要知道自己的領域，如此才能有效率地工作。你甘冒變身獨裁的風險，讓身旁的人、事、

物都感到窒息。過度依賴線性思考，讓你的思考變得「古板守舊，不知變通」。今年中，領導者和管理者的角色可能會帶領你朝向責任和聲望的職位邁進。

流年牌是教皇牌

　　教皇牌是權力和主權週期（在皇帝牌的後面）的第二個流年。人們通常會在這時重返學校完成學業，或是接受在職訓練或諮商等。如果你是教師、培訓師或顧問，這一年對你來說會是建立自己基礎或是發展專長技能重要的一年。如同小秘儀5號牌所顯示的，你能透過今年的逆境或是面臨需要解決的問題（所有5號都象徵著問題），達到最好的學習成效。所以這一年有可能是有壓力的一年，威脅著你嘗試在皇帝牌建立的穩定性。你可能會緊抓住傳統不放，也許是因爲這張牌跟金牛座有關。你可以趁這個機會，學習傾聽自己內在的聲音。金牛座是被金星（皇后牌）統治，月亮（女祭司牌）則是「尊貴的」，代表這是個倚賴自己內在智慧的好時機。

　　教育性質或矯正性質的機構，宗教團體和企業，是今年被認爲是主權代表的角色，而身爲反叛聲浪的你沒有置身事外，雖然看起來只有一個人反對。或者，你會成爲這種組織的發言人或代表。你面臨到自己的「應該」和「必須」，而這是你將擇一去支持或反對的。檢視你的價值和信念以決定哪個會繼續留在你的生活中。問問自己：哪個會限制你，哪個又可提供你成長。因爲你投入情感，你通常能夠感知到這樣的教皇牌狀況。循著這種情感反應線索，追本溯源地回到最初影響反應的原因，接著評估這些原因是否適合現況。在教皇牌流年，

通常會有個你認為是主權的人物，也許是個上師或精神領袖，或者是一個你會尋求建議的人。因為你在此刻代表了某種層面的知識，你也許會發現人們會尋求你的協助。當你在教導著傳統的教誨時，小心地聆聽自己所說的話——你是遵循內在智慧而說出心裡的話，還是照本宣科的朗讀教條呢？注意自己挖掘答案的能力。

流年牌是戀人牌

　　流年來到戀人牌時，焦點是關係。人們開始一段關係、結束一段關係、或者完全不想要一段關係，全都是因為他們不願意接受他們不想要或不需要的關係。這可能也涉及到家族、同事或是朋友關係。

　　這張牌跟雙子座有關，也被水星掌控，你的其中一個課題就是學習開放誠實地、毫無隱瞞地溝通交流。你期待在戀人牌流年中，他人能做到這點，而你自己也是。最好的課程綱要是：你想要的關係是什麼？什麼又是你需要的關係？那些你認真以待的人們正反映出你自身的形象，所以在戀人牌流年，是時候學習了解你對自己的感覺，並且正視別人是如何看待你和對待你。

　　這也是轉向內在來尋求更多自己所需要的支持和鼓勵的一年。你透過與最高本我連結的內在聲音（經常被視為異性的存在）的溝通，來理解這件事。透過自己對他人的投射而認識自己，也是這一年的年度重點之一。當你拋開對身邊的人的期待和投射，你就更有能力看見他們真實的樣子。這一年是你調和並平衡內在的陽性力量和陰性力量的開始。

　　這張牌有個舊稱號，叫做「兩條路」，這提醒我們戀人中的叉

路，或是關於重要的轉變之年，其實就是十年循環週期中的選擇之年。人際關係會對你的決定有重大影響，一切都仰賴你對決定的需要程度。記得坦承無私地溝通是這年度的座右銘，也是做一切決定的必備要素。

流年牌是戰車牌

流年來到戰車牌時，你會執行在戀人牌流年所做的決定。舉例來說，你可能在戀人牌流年時決定要結束一段關係，但直到戰車牌流年時才採取行動。戰車牌流年專注在你的目標上，所以你會駕馭你的能量去冒險犯難。如同數字7象徵開始，這個7的流年將你的能力帶領到另一個階段。你必須藉由經常處於左右為難的情境、處理困難的情況來證明自己的專業能力。當你能夠自制和自律，才能真正掌握情勢。如果你對於自己的直覺和情緒太過放逸（以人面獅身作代表），它們可能會讓你粉身碎骨。這可以透過某種程度的崩潰（讓你發脾氣或更糟的狀況）或是某個意外（有時候就如同牌面上所繪的交通意外）而體驗到這樣的經驗。

流年到戰車牌時，你可能被召喚如同戰士般的行動。牌中戰士肩上的月亮，代表著對服務的需求、或保護他人、或戰勝考驗。如同長久以來尋找聖杯的騎士，當你是目標導向或是有著明確方向而前進時，你的戰車流年的意義將達到最大化。你會發展出自己的主張，並且在世界上創立自己的一片天。如果你過於努力，可能會變得過於好戰或自私，冷酷無情地對待他人。

為了幫助你在世上找到立足之點，你穿上某些合身的盔甲、制

服，或是表現出某種個性或外觀。舉例來說，一套名貴的西裝可以將你提升爲成功的商業人士，因爲在你的掌握之下，特別的服裝儀容或是道具能激發出你的自信。這樣的道具也能掩飾你的敏感和不安全感。

　　流年來到戰車牌時，人們通常會經歷舟車勞頓或重整，但這張牌跟巨蟹座有關，在這動盪不安的一年中，爲了你的安全感，與根源連結是有必要的。有時候你變得非常戀家愛鄉，或是「如石頭般」武裝自己，變成堅毅不動的人。因爲月亮掌管巨蟹座，接近水能幫助你放鬆敏感的情緒和煩躁的神經。

流年牌是力量牌

　　流年來到力量牌時，核心的問題是：我有投入心力在手邊的事情上嗎？這是我真心渴望的嗎？經歷過爲了前進而壓抑感覺的一年後，你發現自己的情緒本質再次出現。事實上，如果你要繼續你所選擇的方向，你會需要這些元素。少了重生的熱情，你可能對於挑戰或隨之而來的擔憂都提不起勁。因此，你可能被迫要重新規劃努力的方向。是時候看清楚你與生俱來的本性，以及處理任何跟它有關的擔心害怕。在這一年中，跟動物的聯繫也特別重要。

　　這張牌跟獅子座有關係，這一年你會體驗創造力和自我表達的強烈慾望（如同克勞利所稱呼此牌）。就像樹液在春天時昇揚，你對生命產生慾望，想要展現對感情的渴望，因此決定冒險一親芳澤，勇敢地爲所愛而行動。這一年充滿感官和性的冒險。希望你能將這股熱情轉變成意義十足的事物，而不要浪費、放任其變成破壞性的能量。在

祭祀的魔法儀式中，這被稱為一股上升的「能量之椎」，當其能量被釋放時，必須被導向特殊用途，不然就會造成嚴重破壞。所以要小心你的一舉一動，因為你正如同古諺所說的「玩火自焚」。而如同火般，你的情緒是股強大的文明力量或是破壞力量，皆取決於你如何引導和使用這股力量。正視你的狂熱慾望。擁抱自己覺得自身醜陋或野性的那一面，因為唯有透過接受，你才能建立力量的特質。

　　力量牌流年的另外一面是非常困難的，它可能會挑戰你的堅毅不拔，讓你用盡所有的毅力只為對付極為艱困的狀況，不論那是職涯上、健康上或是家庭問題。你會奮力地想要平衡你愛的人和你之間的需求。你被檢視著是否具備能洞悉、處理人事物的能力，而你也會不辭辛苦地處理一切情況。透過勇敢的信念，當你挖掘內心深處時，你已打造了內在的力量。這股力量是內心跳動的脈搏，吟誦著：「一步一腳印，我持續朝著內心呼喚前進。」透過那些你喜歡的、通常充滿矛盾的事物，你探索到真正想要的事物。

數字8是正義牌

　　如果你看到正義牌是8號，那麼它會在戰車流年後面。這是個觀察哪張牌對你比較適用的絕佳機會。看似力量牌的中斷，可以被視為正義牌的優柔寡斷，兩者都要求平衡你生活中某個面向的需求與其他需求。以正義牌角度來說，你也許會更專注在根據前兩年的決定而產生的結果和方向所必須做的調整。現在則是將

你稍早前的計畫付諸行動的時機。這個在今年更顯理性的行動，會要求你注意在行動計畫中一直被忽略的協商和合約部分。誠信、資訊透明和承諾都是必備要素，尤其是得到他人的同意。

流年牌是隱者牌

流年來到隱者牌時，常常打從這一年年初，你就發現自己比平常更加孤僻地離群索居。你嘗試想找朋友聚一聚，但他們不是太忙、搬家了，就是有其他的事要處理。然而，你發現自己沉浸在獨處的時光。你需要獨處來處理需要反思、需要完成的事。來到9號流年這最後的一個根數時，你需要完結手上的事，將過去幾年的歹戲拖棚告個段落，如此你才能卸下包袱，展開未來的新生活。將這些事物打包，從你的生命中清除出去，否則這些事物將變成你的沉重包袱，跟你一起進入吊人牌流年。

你的隱者牌流年是自省之年，你回顧一直以來走過的路，並放眼未來要走的路。理解自己的成就，觀察自己在最後階段還有什麼要學習。你正站在某種成就的高峰——那是什麼呢？是時候重新連結你長期的人生目標了。隱者準確地捕捉到星星牌中的星星，也用願景來照亮人生這條路。什麼是照亮你人生道途的那道光呢？

你也許會在隱者流年時，找到一個人生導師或嚮導來幫助你。這樣的人看起來通常都成熟且睿智，流露出可以學習效法的榜樣風範。或者你可以成為某人的典範，記得帶著這股隱者的能量，你以身作則，而非嘴巴說說。不管你想要教授什麼內容，你淵博的學識觀點和

充滿慈悲的人道精神，會令許多跟你接觸的人受益良多。因此，你會被視爲精神領袖或是能夠激勵他人的良師益友。

　　經過力量牌流年的勞心費神之後，你可能覺得需要好好的休養生息。所以，請重新與你的本我連結，讓每個傷口得到療癒。因爲這張牌跟處女座有關，在隱者流年裡，你辛勤工作，無私地準備展望未來。要記住，可以小心謹慎但不需過分在意，可以堅持耐久但無須冥頑不靈，可以智慧如海但切忌道貌岸然。

流年牌是命運之輪牌

　　流年來到命運之輪牌時，通常的開頭都是清楚明瞭的。經過一年的孤獨和專注內在之後，你發覺自己已不在聚光燈中。你在花花世界裡翩翩起舞，或是忙碌得像個陀螺般旋轉。

　　流年走到命運之輪這張牌時，你也面臨生命中另一個轉折點。從你過往的經驗出發，你帶來新方向的契機種子，但也同時帶來承擔與義務。命運之輪是無可避免的、正在作用的相對力量的平衡，過程中包含高低起伏。你可能會在這一年變換職業跑道或模式，或者做出生命中轉捩點的選擇。我曾經看過人們在同時間失去工作、住所，還有男女朋友。不過，就如同這張牌所描繪的財富與運氣的部分，這些人通常在這一年年底運氣會好起來，擁有比年初還好的機運。透過在隱者流年的反省，你現在發現自己可以更加外向，並擴大社交範圍。你將會看到自己從未注意過的新機會和選擇主動來報到。

　　根據你去年完成的那些計畫，還有完成計畫的程度，你開始在這一年看見成果。你得到針對你的成就的認同和肯定，被推到大眾面前

亮相，或是被介紹到你熟悉領域以外的地方。你可能發現自己飛得又高又遠，不論是實際上還是比喻上。

對於學術上的追求、傳播業或是出版業，還是計畫的開始或擴展來說，都是絕佳時機——雖然這些播種不太會一下子就開花結果。現在是設定目標、確定夢想和規劃長久的行程計畫的時候，在付諸行動的細節前就先想像整個節奏。這也是實際上事情真的有動起來的一年，經常是長久以來的行動終於有了結果。舉例來說，十年不見的朋友可能會忽然巧遇，他們藉此提醒你去覺察自己行為的結果，讓你發現到經過這段期間，時間帶給你的成長與變化。

總而言之，這是幸運的一年，隨著季節流轉而學到的經驗，能夠幫助你專注於新的方向。

流年牌是正義牌

流年來到正義牌時，預言著做決定的嶄新開始。但首先，你需要評估所有方案的利與弊。這是調整的一年，你將特別需要內化所有發生在命運之輪流年的變化。你將會收割至今所播下的種子的收成。

在正義流年時，你可能會涉入法律事務（正義的天秤）或是處理財務事宜（商業的天秤）。你可能會考慮某種形式的夥伴關係，不論是商業的關係或是私人的生活。合約和文件理所當然變得非常重要，且需要被小心檢視。舉例來說，在正義流年結婚具有如同擁有合約協議般的特別意涵。釐清自己對任何形式的夥伴關係或商務交易抱有什麼樣的期望，是非常好的主意。

在我們的社會中，你受過訓練（尤其如果你是女人）來妥協和分

享，甚至在你明白自己的需求前，你只評估他人可能想要的，然後畫出你可以妥協的範圍。請你獨自坐下來，想像如果自己可以擁有世界上的任何東西，你會想要什麼。不要有所保留，寫下你那完美、毫無妥協餘地的幻想。然後，跟自己協商。如果每個人都這麼做，將會開啟互相信任的通道，消除那些之後幾年可能會折磨你的怨恨。在任何情況下，對自己誠實的這個挑戰，能夠讓你看清有哪些事情你可以不帶怨恨地放下，以及有哪些事情是你不能放棄的。正義牌象徵你的內心法庭，決定個人有罪與否。對你而言，自己所涉入的不公不義事情，都將在未來變得防不勝防。

因此，這是接受責任的一年，評估你的行為和判斷帶來的結果，做出必要的調整。你為了找出想要留在生命中的事物，以及什麼可以真實地（或錯誤地）表達你自己，你需要評估已經發生的變化。你必須審慎評斷自己如何分配時間和精力，還有你是否得到付出努力後的公平評價。如果你是自己當老闆，那麼你掌管的業務範圍和做事方式也許有必要做些調整。

數字11是力量牌

如果你看見力量牌是第11號牌，它會接在命運之輪的後面。這是另一個絕佳機會來看這張最適合你的牌。這是一個創意、熱情地表達自我的一年，但也需要奮鬥、自律和耐力。在經歷過社會的洗禮和命運之輪的機會擴張後，你必須想清楚該如何掌握力量和恩典來處理一切事物。你必

須把事物形塑成你能接受的樣子，不論那是個創新事件或是對人際關係的舊有恐懼。可能會有不同的考驗來測試你的屹立不搖，你的缺點也會在來年留下後遺症。那考驗是你正在處理的自然法則，抑或是社交人際法則呢？

流年牌是吊人牌

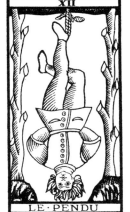

流年來到吊人牌時，你將必須釋放過往的人、事、物。有時當這樣的行為涉及你曾經在乎的人，感覺起來就像是種背叛。你在這一年會經歷如此地痛苦受傷，然而，這會帶來內在靈性的成長。讓自己放鬆和放手吧！釋放那些舊有的習性和頑固不靈的想法。在吊人流年時所做的犧牲，就是把他人的需要當作優先，或是犧牲小我完成大我。

在這一年中，你可能會覺得困擾或受阻，覺得人生窒礙難行，有志難伸。你也許讓自己無私奉獻於某些任務中，或是可能必須面對來自上頭的壓力，要求你處理不容質疑的「誇張狀況」。吊人是神祕學上孤單的象徵，像是儀式上的淨化。因此，犧牲你個人的利益，將其奉獻給眾生萬物，將能幫助你對自身的言行舉止有更深入的了解。

如果你發現自己正陷入一種無力感、無法行動的情況裡，你可能是在尋求虛幻不實、酒精、毒品或是工作狂模式等諸如此類的情境來逃避問題。一個全然不同的事也能夠幫助你；不要浪費精力去否定問題的存在，取而代之的是要將你的焦點和力氣放在反方向上，這可能

意味著顛覆你以前曾堅信不移的一切事物。不過，你可以體驗到神聖的靈性能量流過你的全身，從而釋放你在想像力、藝術和奉獻上的侷限。

流年牌是死神牌

　　流年來到死神牌時，死亡並不是很常發生，因為它除了有終結的意思外，也有轉化和重生的意涵。一般來說，比較像是把陳舊老皮去掉，讓新的長出來。吊人牌之後的流年，意味著無論什麼事物困擾你、使你受限，在此刻都讓你自由了，而且通常伴隨著一股強大的能量。你清理掉停滯不前的狀況，好完成對你有益的事。透過修剪生命的枯枝，轉圜生命停滯的方向，你能讓生命能量重返健康的狀態，讓其宛若新生。在這一年，任何損毀你的事物都會創造新生。

　　當你可能覺得支離破碎時，你將會發現自己認真對待生命中的殘破不全，或是那些創造性事物的殘餘碎片。一旦你去蕪存菁，剩下的就是你真正可以信任仰賴的事物了。再也不會有東西遮掩住它們，你的創新能力也可自由發揮，以便探索新的可能性。

　　所以流年來到死神牌時，其實是氣勢恢弘、從不適用的模式中解放出來的一年。將會有強大的生命和動力來維持你的生命能量，讓你面對自己最深的恐懼。

　　因為天蠍座是對應的星座，你有能力深入調查被隱藏的事物、加以探查、或是涉入黑社會的體制中。你也許會遇到危險，但你享受著生活在邊緣的快感。擁有完全融入某事物和環境的能力，意味著你的經驗將會深層轉化。像是你的性經驗，這種與他人融為一體、失去本

我的意識，就是伊莉莎白時期廣爲人知的「小死亡」。你關注著生活和愛情，但也能變得嫉妒和充滿占有慾。如果是這樣，那麼你得小心——你嘗試占有的東西會棄你而去，讓你更痛苦。在死神流年時，你需要捫心自問：什麼是你需要清除的事物，如此新的成長才能川流不息地向你湧來呢？

流年牌是節制牌

你的節制牌流年是你用許多新穎的方式，創意地將事物結合在一起。透過同儕或精神力感知這兩種方式，你會發現以前從未知道其存在的資源和協助。你主要的課題也許會與慈悲、和解和療癒缺口嫌隙——把問題變成與祝福有關。你擁有內在的耐力，用耐心和善意緩慢溫和地移開所有阻礙。有些人發現自己能夠掌握時間——故意將時間拉長、放慢。共時性和每日奇蹟都是以這樣相當特別的方式發生的。

這一年跟射手座有關，這是讓你的更高心智煥發生機的時刻，不論是哲學上、溝通上或是療癒上。你對事物的舊瓶新裝和如何翻新陳舊的理論有興趣。你甚至可能會從事某種古物的修復或保護工作。你也許能透過人際關係或是充當媒介來建立這類橋梁。你將會面臨解決問題的狀況，也將會嘗試和尋找你能適應、也適合你的解決方法。也許你會轉向靈性的指引，但你會想要實際的解答。

如果你在死神牌流年處於痛苦和分崩離析的狀態，在節制牌流年時，請好好花些時間讓自己復原，平衡自身的能量，建立新的本我。你可能會去旅行，或是重新分配你的能量和財產。靠近水源，花時間獨自與自己的內在本我對話，或是找尋一位能夠理解你的朋友，將會

有很大的幫助。如果你已經做到這些，這時，你便可以作爲一位慈悲爲懷的朋友和療癒者來服務他人。

流年牌是惡魔牌

你的流年來到惡魔牌時，你會想要發展在節制流年時找到的資源。你在去年建立多種溝通管道及人際關係，而現在你想要把這些資源組織成更宏大的計畫。你尋找保證可以成功的體制。摩羯座般的野心讓你勤奮工作，卻不容易懷有謙卑之心和耐心。

此刻是個能夠享受生命物質豐盛的美好時光。享受這些開心時光吧！淘氣地嗨翻全場吧！危險的是，你被你的慾望所占據，縱情於享樂，而且嘗試控制他人以達到你的目的。這一年的關鍵功課常與放縱和慾望有關：哪些放縱與慾望有良好的成長與善業，哪些又會奴役並綑綁住你呢？內疚和恐懼會讓你無法做到什麼事？如果你曾經不願在死神牌流年時放手，或是在節制牌流年時不願和解，那麼那些事物將會在惡魔牌流年回來打擊你。

你可能會因爲那些如同「老大哥」的政府、軍隊、大企業、有組織的宗教，或是任何想要控制或操縱你的人而深感自己被侷限，並爲此感到憤怒。若眞如此，你可能會想要打破禁忌，不實地報稅，或是從事破壞性的活動。悲觀和不信任的狀況可能會很嚴重。有時候你只需要一笑置之，走開不理。

在惡魔牌流年時，你將會想要反省自己的陰暗面，揭露那些忿恨和不滿，發現力量、創造力和無懼之愛眞的存在。是時候迎擊莫須有的內疚敵人，用幽默感反擊回去。讓歡樂和想像力將你從消極的束縛

中釋放出來。如果你在節制牌流年學會玩時間的遊戲，你便可以在惡魔牌流年學會把玩「舉足輕重」的事情。

流年牌是塔牌

流年來到塔牌時，這是一個移除多餘形式和結構、具毀滅性的進化。這代表一個能夠消除你和他人之間的隔閡，以及發現對你而言真正重要事物的機會。

這種變化的程度，是沿襲去年發生的事情。如果你用逾越他人的力量建造了成就的高塔，這一年就會是個充滿暴力的考驗。即使你的成就微不足道，這樣的風暴還是會來臨。如同這張牌也與火星有關般，組織傾倒，信念結構動盪不安，壓抑的能量忽然傾巢而出，缺失被揭露，你要麼會有意識地用新的洞見來打破舊有的僵局，或者大自然會藉由意外、自然天災或是他人的行為來讓你了解。你也許會失去或經歷工作、人際關係或生活周遭事物的改變。你的外觀被影響：你經歷手術、意外、發高燒或體重驟減。這通常代表需要清理或移除障礙物。

看看自己哪些地方想要重組和改革，並且有意識地採取行動吧！要注意那些堵塞的能量，承認隨之產生的感覺，並且釋放那些能量。當你發脾氣、覺得壓力很大，或者言行舉止偏差或不適當時，你已經找到那些堵塞和壓抑的能量。藉由有意識地釋放這些能量，這些能量便能夠藉由之前難以解決的問題讓你加速前進。

不論你遇到何種狀況才變得冥頑不靈、不再有成長的動力，現在都是解放自己的時候了。這一年的問題是如何才能在不造成大規模的破壞下，突破你的阻礙。首先，接受行動是必要的這個概念。以直觀

的概念、開放的想法或是「貌似不可能」的答案當作借鏡，視它們為對未來發展的新可能性。

這一年是個突破過往的絕佳時機，不論是字面上的或是象徵性的，請清理你的房子和你的行為。戒斷破除某些老舊習性，開始培養一些好的習慣。放掉對於生活中的各式偏見，讓生命有空間能夠容納嶄新的氣象。

流年牌是星星牌

你的流年來到星星牌時，通常是充滿反省和希望的時機。當去年的錯誤和不良動機被清除掉之後，你開始鋒芒畢露。你能夠欣喜地為自己所得到的自由、不費吹灰之力地展開新的人生方向，以及運用之前尚未開發的能力而感到開心。你也許會對那些潛能與尚未察覺並開發的領域顯得手足無措，卻不知道答案其實盡在你心中。你的挑戰就是全然對你的希望、夢想和慾望誠實。你能夠把吃苦當吃補的能力，取決於你在這幾年來釋放恐懼和阻礙的程度。

流年走到星星牌的另一個可能性，是你從前幾年的劇烈改組，覺醒成某種程度的亮眼人物：你的舉手投足充滿祝福，被眾人崇敬，成為蒼穹下的明星。要真的能閃閃發亮，你需要靈活運用自身的天賦和才能。

星星流年提供你一個機會，讓你開始看見自己的命運格局，了解在你生命中舉足輕重的影響典範，以及讓你承認出現在你生命裡指引你的光。透過不斷地將自己奉獻給你的命運和守護之星，你會在人生路途上得到指引。

星星流年與水瓶座有關，你對於全人類懷有熱忱和抱負，你透過特殊團體感知到宏大的生命藍圖、全人類的連結和人們的需求。別人也許會認為你是個懷抱無私心態，投注自己的力量在良善工作和人道救助而不求回報的人，然後你將因自己的美善和內在光芒而被他人注意。問問自己：什麼是我所希冀的目標，我又將做些什麼來達成呢？

流年牌是月亮牌

你的月亮流年可能是你去年一直努力夢想但卻幻滅的一年。實際上這是個考驗，測試這個理想在你的夢想不夠堅固的情況下，能否通過眾人的批評和你自己的恐懼。你對於大眾的廣大意識非常敏感，這深深地影響了你個人的身分認同。你對於要分辨哪些是自身的價值和感覺，哪些是大眾集體意識——你正本能地經歷發生在物質層面的事情——感到困惑不已。今年發生的事件都有著不可預測的因素和結果。

月亮牌是一張代表業力關係的牌，所以你所涉入的事情影響了其他輩子，包括前世與來生。你可能會吸引你在前世認識的其他人，或是在今生已經過世的人。當你不是從童年時期、也不是因為業力引發的情緒而對情境有所回應時，可能會產生迷惑、不必要的戲劇事件以及誤解。

這張牌對應雙魚座，這可能是通靈能力與直覺覺醒的一年。你可能會被異教、神祕主義或唯靈論吸引。善用夢境、符號、療法以及想像，可能非常有助益。事實上，你生命中的這個面向可能比日常清醒的生活更為真實，並且栩栩如生。它可能會在別人表達出不同的意見時影響到你，進而造成你與他們之間的分歧。當你平常的推理能力黯

然失色，並且讓神話般、詩意的薩滿意識狀態接管時，你要確定你能理解什麼是幻象和什麼是現實。不過，你可以透過觀想運用你的想像力而造成強烈的影響，如此一來，不管你想要創造什麼，都能賦予它肯定的力量。在紅塵俗世中繼續正常生活很重要。形而上與象徵性的人生情境闡釋，也許讓你對正在經驗的事物感到困惑或令人不安。試著將人生視爲夢一場吧。

　　開啓你的感知，並遵從你的直覺。在月亮之年，你可能會發現世界上有更多你平常所沒意識到的事物。

流年牌是太陽牌

　　太陽之年代表成功，預示著孕育前一年夢想的新計畫和想像。你散發著正向意圖，而且人們喜歡在你的熱情和快樂光芒下取暖。你達成了新的體現。你會減輕一直以來所背負的恐懼。現在有可能跟其他人和解。如果你對自己的夢想保持信念，現在你會收穫到成果。這個功課牽扯到辨認出你的宇宙中心在哪裡。什麼使你開心？什麼是你的重心？

　　這是適合讓自己身邊圍繞孩童的一年，因爲它比平常更輕鬆愉快。出去曬個太陽，度個假，讓自己更健康、更放鬆一點。花時間待在大自然和動物身邊。當你發現透過正向思考可以達成的願望有多少，你的構想和計畫就成熟了。自信地駕馭你的直覺，你會發現它們不會辜負你。保持溫情和慷慨，你做得到而且會得到回報。偶爾，身邊倦怠和疲憊的問題之所以層出不窮，是源自於你在單一、集中的根源傾注你所有的能量。

　　太陽充滿了溫暖與靈性，但也充滿輻射和灼熱。培養豐富的意

識，並且讓每一天帶來更多智慧與理解。一般來說，這是幸運的一年，許多機會將自動出現，所以你就準備好接招吧！

流年牌是審判牌

　　審判之年對應冥王星，不論是透過個人經驗、某個你認識的人死亡或是某件事的結束，來令你面對自己的死亡。這是一個時代的結束和一個時代的開端。一個對你人生的評價和成就可能會出現。這件事的結果最後會被釋放，儘管過程緩慢，你可能會花很多時間去領略這一年發生事件的全部弦外之音。你生活中的一些面向可能會全面轉型。你不期然地從一個限制或障礙中脫身，這能令你開啟一個全新的職業或是專業。

　　你也關心你的家庭結構或社群中的轉化。如果你在一個新的意識層次覺醒，或者經驗到心靈上的重生，你便會想要以新視角來說服其他人。在某些情況下，說服效果可能不錯，像是圍繞問題所發出的警報，需要全球一起來行動。不過，你個人的力量也會比以前更強大，在他人身上的效益可能會有明顯的結果，特別是你正在評論或是批評他們的時候。避免運用你的力量來自我誇大，反而要無私地善用在他人或社會上。至於橫幅上的十字架顯示出你正在十字路口，當命運召喚時，你要如何回應都是自己的選擇。

流年牌是世界牌

　　流年走到世界牌時，象徵著主要工作或計畫的完結，已經走到循環的盡頭，本我完整且獨立的意識將會展現。這年可能會是個成功的

一年，見證某些大型計畫的登峰造極。你也許會發現自己縱使在為廣大適切的任務而奮鬥，但卻處在一個窄小甚至受限的環境中。在審判牌流年的行進裡，你個人的問題和大眾的問題其實是殊途同歸、不能分開而論的。

想要照顧和滋養的急迫渴望，不論是以全球性影響或是宇宙萬物的觀點來說，都會影響到大地之母。你需要建立與自己自性的實在連結，因為這是你與外在世界投射的基石。要好好照顧自己的健康和外在身體。

你想要擺脫依賴其他人的不自由，想要達成自己在這世上獨一無二的成就。讓自己適應周遭環境是很重要的。知道你在萬事萬物中的位置在哪。就像人們談起房地產時總說：位置，位置，還是位置。你成功累積的方向感，將在下個流年──通常是愚者牌流年時，亦即當混亂逼近時產生巨大影響。

世界牌象徵創意十足的宇宙合成概念。你需要整合自身的肉體本我和靈魂本我。如同這張牌上的圖案，跳舞就是個宇宙起源的象徵，一種對於調整自己的頻率跟萬物同調的建議。舞者雌雄同體的特質，意味著你將能不受限於性別，而能運用全方位的人類特質來完成任務。

流年牌是愚者牌

對人們來說，最後能體驗愚者牌流年的人出生於 1991 年 1 月 1 日，再來要等兩百五十年後才能再體驗，但是可以在死神流年或是皇帝流年時感受愚者流年的餘威。當你的流年走到愚者牌時，你將很有可能有個重要的改變，用無拘無束的方式雲遊四海，或者至少有趟不尋常、意想不到的旅程。你承擔風險、義無反顧地行動，看似跳脫

你原有的性格。旅行讓你有機會嘗試新的角色，暫時忘卻自己的責任義務。你會活在當下，追隨每一刻的心血來潮。僅僅片刻的關照，你也許會做出一些看似沒有遠見的愚昧行為，但你無法在當下思考。未來看似遙不可及，而過去已被遺忘。

你的生活散漫，沒有秩序，承認自己的無知，穿著不合時宜的服裝，顛覆一般行為準則的標準。因為你模仿大眾的愚蠢，拒絕表現虛假，諷刺地嘲弄他們的價值，你可能會惹惱他們。這讓你成了愚者，也清楚可見你不見容於他們的規範。

然而在愚者流年時，你的靈性大開。你追尋自己的直覺，並時常在對的時機、對的地方使用這樣的直覺。你的天真和無邪（有種暫時的瘋狂），能讓你用一種全新的視野，在一般世人覺得平凡無奇的事物中，挖掘出令人血脈賁張的可能性。你將會在從事人們覺得過於莽撞、甚至不會嘗試的事物中獲得成功。

你散漫隨興的態度，在接下來幾年內可能會有麻煩。當你顛覆傳統、擁護無政府狀態，你就捲入麻煩之中了。另一方面來看，你對於基本的喜樂和生活的自發性信念是值得讚賞的。你是個體現出完美真理的原始存在：如果你選擇踏上人跡罕至的路途，將會發現這世界其實充滿各種的可能性。

THE MAGICIAN.

THE TOWER.

THE SUN.

DEATH.

THE EMPEROR.

THE CHARIOT.

WHEEL of FORTUNE.

THE STAR.

THE HIGH PRIESTESS

THE HIEROPHANT

THE FOOL.

THE MOON.

THE EMPRESS.

THE LOVERS.

TEMPERANCE.

JUDGEMENT.

STRENGTH.

THE DEVIL.

THE WORLD.

THE HERMIT.

JUSTICE.

THE HANGED MAN.

16

靈魂團體和關係的
運轉系統

　　如同塔羅排成三組各七張牌或是基於靈數順序排法，還有另一種展開大秘儀的模式，特別是用來說明人生牌和流年牌。我首先從維奇・諾柏（Vicki Noble）和強納森・田尼（Jonathan Tenney）那裡學到這種模式，他們撰寫《和平之母塔羅牌手冊》（*The Motherpeace Tarot Playbook*），但是之後我發現其他的塔羅占卜師，像是波布斯（Papus）和露絲・艾莉絲（Lois Ellis）也運用這種模式。我鼓勵你如同所述般展開你的大秘儀牌，並且瞧瞧你在過程中發現了什麼。

　　從按照順序展開你的大秘儀牌開始。因為時間順序之故，把愚者牌放在一邊。你需要一張大桌子或是地板的空間。你將會創造三組七張牌的陣列，如此一來，這三組牌是向上的三角尖端形狀（譯註：如288頁圖示）。

　　我們會從最後三張大秘儀牌開始（19號牌、20號牌、21號牌），但是，之後會按照順序從魔術師開始排起。把太陽牌當作第一組的第一張牌，依空間容許的範圍，要把它放在儘量遠離你之處。在你的左前方遠處放置審判牌（第二組）。在你跟審判牌位置的右邊放置世界牌（第三組）。魔術師直接放在太陽牌上方，碰觸它。女祭司在審判牌正上方，皇后牌在世界牌上方。皇帝牌隨即擺在第一組，在魔術師和太陽牌兩者的右邊（一半在魔術師上方，一半在太陽牌下方）。教皇牌以類似的方法排在第二組，戀人牌擺在第三組。繼續把牌分發在這三組裡，這樣它們在每一組裡都圍著第一張牌（例如，在第一組中，皇帝在魔術師的右邊，但是在魔術師下方，戰車牌在它左手邊，底下是太陽牌等等）。

　　由於它們互相關聯的方式，我們稱這些群組為「運轉系統」（Dynamics）。

★ **運轉系統一**：19號牌在中間，有1號牌、4號牌、7號牌、10號牌、13號牌和16號牌順時針圍繞著它。

★ **運轉系統二**：20號牌在中間，有2號牌、5號牌、8號牌、11號牌、14號牌和17號牌順時針圍繞著它。

★ **運轉系統三**：21號牌在中間，有3號牌、6號牌、9號牌、12號牌、15號牌和18號牌順時針圍繞著它。

要是你使用圓形牌，你會發現六張牌形成一個六角形，完美地圍繞著中間的第七張牌，它們的邊緣剛剛好碰到比鄰的牌。

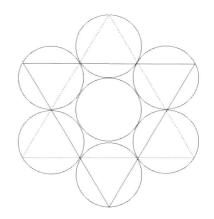

準備大吃一驚吧！你會發現在每一組中間的垂直三張牌是前三組塔羅家族排列：

★ 魔術師、命運之輪和太陽
★ 女祭司、正義和審判
★ 皇后、吊人和世界

在運轉系統中，斜對面的牌在塔羅序列裡是成對的。如果你希望的話，把愚者牌放在三組牌的中央。你自己的生日牌落在哪個系統裡呢？你不單單靠家族排列辨識出來，也要看你所屬的系統群組，亦要參考流年牌的特徵。這個識別的特徵表列在表12中。

流年牌的週期透過三個運轉系統，每年以這種方式創造節奏以回應前一年的能量，並遞嬗給下一年。你在一年內整合出的東西，會接受新的意涵，只被下一年的評量所囊括進去，以此類推。確切的品質取決於牽涉其中的特定牌卡。

　　你的生日牌所在的運轉系統顯露了你會與其他生日牌的人相遇，這說明了那種能量運轉系統。在表13中，標示了根據人們的運轉系統所產生的幾種互相連結模式。透過檢視你認識的人，你會發現其他有趣的特色。在每一種分類中，顯然有好的關係與壞的關係。在這裡，我會使用幾組著名的戀愛、創造性和商業的夥伴關係。

　　辨認出這些不同之處，探索運轉系統的關係是其中一個最有趣且運用生日牌最有用的方式，它可以幫助人們接受豐富的多樣性並同理地理解他人。

表12：三種運轉系統群組

運轉系統 1	運轉系統 2	運轉系統 3
有覺知的	直覺的	有想像力的
理性的	感性的	綜合的
有進取心的	善於接納的	善於整合的
專注的	吸引人的	可以形塑的
刻意的	易有反應的	動力強大的
思想	了解	如是存在
外在	內在	相互作用的
心甘情願的	反射的	轉化的
啓迪的	傳導的	適應的
堅持的	可判斷／評估的	沉思的
渴望的	接受的	表達的

表13：六種關係運轉模式

運轉系統 1 + 運轉系統 1	由於侵略性和競爭性很激烈，該運轉系統的人之間的關係最好是在當下有個強大的挑戰，有清楚的界線或規則，而且各人朝著共同目標努力。意識的呈現專注在刺激雙方達到他們最高的成就，雖然小我可能特別會礙事。冒險可以提供很大的回報，或是導致逐步失控。 範例： ●邦妮‧派克（Bonnie Parker）與克勞德（Clyde Barrow）（鴛鴦大盜） ●瑪麗與皮耶‧居禮（化學家夫妻檔） ●史蒂夫‧賈伯斯與史蒂夫‧沃茲尼克（Steve Wozniak）（蘋果公司共同創辦人） ●比爾‧蓋茲與保羅‧艾倫（Paul Allen）（微軟共同創辦人） ●賴瑞‧佩吉（Larry Page）與謝爾蓋‧布林（Sergey Brin）（谷歌共同創辦人）
運轉系統 1 + 運轉系統 2	這種組合傾向落入傳統的主從關係，或是演員與觀眾，其中有一人需要填補另一人缺乏的特質。當雙方尊重另一個人所扮演的角色時，他們可以運作得當。麻煩的是，例如，如果一個人抓住眾人的目光，另一個人可能會覺得被利用、背叛或是被忽視。當他們一起工作時，他們可以非常耀眼。 範例： ●馬克思與恩格斯（馬克思主義發起人） ●亨弗萊‧鮑嘉（Humphrey Bogart）與洛琳‧白考兒（Lauren Bacall）（演員，搭檔，配偶） ●瑪格‧芳登（Margot Fonteyn）與魯道夫‧紐瑞耶夫（芭蕾舞拍檔） ●甘迺迪與賈桂琳（美國總統與第一夫人） ●黛安娜王妃與查爾斯王子（威爾斯王子與王妃）

表13：六種關係運轉模式（續）

運轉系統 1 + 運轉系統 3	通常來說，這是非常有想像力的創意運作系統。在最好的一面，幾乎有不可思議的能力去感知和滋養彼此的創意火花。但那不是說這些關係會很輕鬆。這些個體的視野、風格和需求可能相當不同，而且需要伴侶關係以外的連結與理解。這段關係需要彈性，否則會變得難以相處且破裂。 範例： ● 佛洛伊德與榮格（心理學家） ● 芙烈達‧卡蘿與迪亞哥‧里維拉（Diego Rivera）（墨西哥藝術家，配偶） ● 約翰‧藍儂與保羅‧麥卡尼（歌曲創作拍檔，披頭四樂團成員） ● 奧茲與雪倫‧奧斯朋（Ozzy and Sharon Osbourne）（歌手，流行歌曲創作者與妻子兼經理） ● 班‧科漢與傑瑞‧葛林芬（Ben Cohen and Jerry Greenfield）（班與傑瑞冰淇淋共同創辦人）
運轉系統 2 + 運轉系統 2	雖然我們可能會認為這個組合未免太過消極，事實上，運轉系統2似乎在個人關係以及商業關係上表現良好，形成強烈直觀的連結。只要判斷其他人的需求，他們便能提供彼此支持與保障。然而，當情緒低落、上癮和心理創傷占上風時，在這種敏感關係中的個人會變得過度反應，進而對他們的伴侶和周遭的人施壓。 範例： ● 李察‧波頓與莉西‧泰勒（Liz Taylor）（演員，演出搭檔，配偶） ● 賈桂琳與歐納西斯（前第一夫人與第二春希臘船王） ● 露西爾‧鮑爾（Lucille Ball）與戴西‧阿納茲（Desi Arnaz）（喜劇演員，演員，演出搭檔與配偶） ● 巴拉克與蜜雪兒‧歐巴馬（美國總統與第一夫人） ● 碧昂絲與 Jay-Z（唱片歌手，合夥人，配偶）

運轉系統 2 + 運轉系統 3	在最好的一面，這一對組合學習在他們和諧相處以及一起工作時，接納另一個人。這似乎是偉大的組合，以柔性競爭維持深度、長久的關係。正好差異大到足以刺激出妥協的自在，不需要完全融合，而且也不特別需要由誰來支配。他們經常建立個人的特性，也許甚至是各走各的路，然而他們的互動似乎利益著彼此和其他人。 範例： ● 富蘭克林‧羅斯福與伊莉諾‧羅斯福（Eleanor Roosevelt）（美國總統與第一夫人） ● 保羅‧紐曼與喬安娜‧華德（Joanne Woodward）（演員，演出搭檔，配偶） ● 比爾與希拉蕊‧柯林頓（美國總統與第一夫人，政治家） ● 大衛與維多莉亞‧貝克漢（英國足球著名夫妻檔與歌手，流行歌曲創作者） ● 威廉王子與凱特王妃（劍橋公爵與公爵夫人） ● 威廉‧施文特‧吉爾伯特（W. S. Gilbert）與亞瑟‧蘇立文（Arthur Sullivan）（歌劇共同作者） ● 比爾‧惠特利（Bill Hewlett）與大衛‧普特德（Dave Packard）（惠普公司共同創辦人）
運轉系統 3 + 運轉系統 3	當這對組合一起分享、滋養並且表達夢想與浪漫的典範時，這種組合似乎能運作得最好。儘管已經做出偉大的犧牲，這段關係是彼此為了更大的理由犧牲而存在的，他們會一起朝著轉化而努力。假如各自獨立的個體有一方被壓抑了，雖然偶爾會有一股力量整合個性或是接納這種合併的空想，但它可能會變成一個問題。 範例： ● 約翰‧藍儂與小野洋子（藝人，共同作者，配偶） ● 伊莉莎白‧巴雷特與羅伯特‧白朗寧（詩人，配偶） ● 艾維斯與普莉西亞‧普利斯萊（Priscilla Presley）（歌手與配偶） ● 索尼與雪兒‧波諾（Sonny and Cher Bono）（音樂夫妻檔）

 +  =

THE MAGICIAN. + THE DEVIL. = THE TOWER.

TAROT

+

 +  +  =

JUDGEMENT. + THE MOON. + JUDGEMENT. = DEATH.

=

JUSTICE.

17

你的姓名牌

名字的意義

從最早的遠古時代，在大多數文化中，一個人的名字與他們的靈魂具有同質性。這是反映久遠以前魔法跟現實一致的黃金時代。賜名是個重要的儀式。在一些文化中，新生兒必須在能吸吮之前擁有名字。在其他文化裡，孩子由一位薩滿或部落長老運用占卜來發現靈魂已經知道的名字，這代表孩子的人生目的和特質。為一件事物命名或是知道它的名字，經常視為獲得凌駕於它的力量。一個人的真名就是一個人的靈魂名字，通常只有親近的家人才曉得。

名字一直都是一個人真實本我的深刻心理表達，一個人的名字甚至以書寫的形式成為靈性力量的象形符號。想想神祕的希伯來文的神之名，眾所皆知叫作 Tetragrammaton，它以四個輔音字母 YHVH 作為象徵。上面沒有標註發音，而且禁止發音。即使是基督徒，名字的意義向來都等同於個性與命運，而且小孩因此經常以父母期待他們呈現的聖人特質來命名。今日，人們更喜歡以電影明星、運動英雄或是一本書的角色為孩子命名；更有甚者，父母還希望他們微小的個人意志力量會令孩子耳濡目染而受到薰陶。因此，在歷史上和象徵意義上，你的名字是力量和個人意志的載具。如同《傳道書》（*Ecclesiastes*）第七章第一節所言：「名譽勝過美好的膏油。」雖然它指的是名譽，但也彰顯了名字的力量。

姓名牌

除了以你的出生日期決定生日牌，你還有一組從大秘儀來的牌，稱之為姓名牌，也是由你的出生姓名決定。那是由你名字每個字母構成的牌組從字面上拼寫出來的圖像，而且透過數字累加跟那些字母的縮排引申出其他牌。藉由塔羅的方式，你可以發現你賦予自己獨特名

字的隱藏意涵，它訴說著你的性格和你的靈魂命運。再次地，當作生日牌用時，一旦你運用在自己和朋友身上，你會發現這是最有價值的資訊，然後你會開始辨識出趨勢和格局。所有這些人生牌皆是用來了解的工具，而且應該以直觀的指標使用，而不是當成絕對。

　　人生牌由你的生日牌和姓名牌組成，就像是適用於你長長一生的個人解讀。如果你曾經改變名字，你便是選擇修改或重新定義你的個人方向，稍後在這一章會再做討論。你可以把週年紀念日（或是靈性的重生日等等）當成人生新階段的開始，或是致力於一個選定的目標之開始，但你從未擺脫實際的生日和官方的出生名字。當然，總有人以不尋常的方式出生，我就遇過有兩個生日的人，不知道何者才是正確的；我也認識在出生一年後才命名的孩子，他們的出生證明只簡單地寫著：「小女嬰瓊絲」或「小男嬰威廉」。在這樣的案例中，你必須使用感覺上是正確的資料，或者是接受所有可能性，當作是你自己的不同面向。

靈數的對應字母

　　有兩種主要方法可以決定你名字的字母和數字的對應。

　　第一種是標準英語系統（如下所示），在本書中，二十六個字母是從1連續編號到9，然後再從1開始。A等同於1，第十個字母J和第十九個字母S也是等於1。

A＝1，B＝2，C＝3，D＝4，E＝5，F＝6，G＝7，H＝8，I＝9，
J＝1，K＝2，L＝3，M＝4，N＝5，O＝6，P＝7，Q＝8，R＝9，
S＝1，T＝2，U＝3，V＝4，W＝5，X＝6，Y＝7，Z＝8

　　第二種系統是卡巴拉，以僅有二十二個希伯來文字母來對應英文字母。既然每個希伯來文也是數字，只要你確定從英文對應希伯來文的方式，你就可以知道數字了。然而，從英語對應希伯來文的眾多字母系統沒有準確的，因為它們是基於發音而非拼法。在權威專家中，這個系統有廣泛的歧議。例如，希伯來字母Heh代表英文的h，有時候是英文的e；Cheth這個字在一些系統中代表ch，而其他則是h；Teth通常代表t，而Tav則是th，不過在一些清單中它們是互換的，Tav偶爾代表x，Tzaddi特別難辨別，通常讀作tz的發音，比如czar（用cz這個字串甚至更難唸）。現在，你可以看出問題了！

　　我選擇了二十二個大秘儀牌數字當作靈數的基礎。我透過塔羅牌來創造本質自我的象徵性代表，並以英文字母搭配它們，好讓每個孩子可以學習，而當我在教孩子傳統的字母歌時，它就如同在我的表意識那樣，深深地烙印在我的潛意識裡。

　　語言學家確定小嬰兒在一歲以前能夠辨認和學習語言的基本發音，或是每天對他們說話的語言。在十歲以後，對一個人來說，不可能不學發音而學會另一種語言，那是很困難的。和公曆一樣，我們都被特定文化的常規制約了，它框住了我們對現實的理解❹。除非你確定會運用卡巴拉魔法，那麼以希伯來文字母拼出英文名字才算有點合理。

　　在表14中，每一個字母直接對應底下的數字，以及一張對照該數字的大秘儀牌，如此一來，A＝1＝魔術師，L＝12＝吊人等等。在這張表中的數字稱為「關鍵數字」，而且是在所有計算中都會用到的數字。任何兩位數的關鍵數字可以縮排到它的「根數」，根數永遠都是在1到9之間的個位數。根數是用在標準靈數學計算的，因此在本書中，你一直都在用1到22之間的數字。

你會注意到在英文裡比大秘儀塔羅牌多了四個字母，因此，字母W、X、Y和Z對應數字23、24、25和26，但是我們在此的用法是自動縮排為它們的根數和對應其根數的塔羅牌，即W＝23＝2＋3＝5，X＝24＝2＋4＝6，Y＝25＝2＋5＝7，Z＝26＝2＋6＝8。縮排的數字就是你應在所有算式中囊括的最後四個字母。它們也代表四元素，對應四組數字牌：W＝火元素，X＝土元素，Y＝水元素，Z＝風元素。

表14：字母對應關鍵數字表

A 1	B 2	C 3	D 4	E 5	F 6	G 7	H 8	I 9
J 10	K 11	L 12	M 13	N 14	O 15	P 16	Q 17	R 18
S 19	T 20	U 21	V 22	W 5 火元素	X 6 土元素	Y 7 水元素	Z 8 風元素	

你的基本姓名牌

現在讓我們使用前面的表格找出一些你的個人姓名牌。列出你名字上的所有發音及底下的子音。如下所示，分別把它們加總起來，並且縮排總和到22或更小的數字（請在表15的空白處計算）。

例如：

	1		7		1		5		9		5		5	5	＝38	＝3＋8	＝11
M	A	R	Y	K	A	T	H	E	R	I	N	E	G	R	E	E	R
13		18		11		20	8		18		14		7	18			18
母音加子音的總和														＝183	＝1＋8＋3	＝12

以下列補充行資訊：
第一行末尾：＝38 ＝3＋8 ＝11
第三行末尾：＝145 ＝1＋4＋5 ＝10
（註：永遠在縮排前把所有的數字都加在一起。）

301

表15：你的角色牌圖表

使用你在出生證明上的名字（也就是你原本的全名），改變在表14中的每一個對應字母。之後，你可以決定任何最近使用的名字所對應的靈數。
- 在底下空白處寫下你的名字。
- 在你的名字上面，寫下對應母音A、E、I、O、U和Y的數字〔像是在瑪莉（Mary）這個名字裡所用的母音〕。
- 在你的名字下面，寫下對應子音的數字〔如果Y當作子音使用也算，比如碧昂絲（Beyoncé）的名字〕。
- 在縮排前，加總獨立的母音與子音數字。

母音：	＝_____
全名：	
子音：	＝_____
母音＋子音的總和（不縮排）	＝_____

我的渴望與內在動機牌（母音）　　　　　　　　　總和（縮排）＝_____
大秘儀牌＝_____　　根數＝_____
來自_____家族
遵循_____的法則

渴望與內在動機牌意味著是什麼激勵你行動並驅使你衝動行事。它代表想要被表達出來，並運作靈性力量與業力。它展示你如何感覺，以及你的內在力量。

我的外在角色牌（子音）　　　　　　　　　　　總和（縮排）＝_____
大秘儀牌＝_____　　根數＝_____
來自_____家族
遵循_____的法則

外在角色牌意指你表面的特質和公開的身分，你如何表達自己，以及別人如何感受你。它暗示你的外在表達，以及如何在外在世界展現你的內在驅力。

我的命運牌（母音與子音的總和）　　　　　　　總和（縮排）＝_____
大秘儀牌＝_____　　根數＝_____
來自_____家族
遵循_____的法則

命運牌顯示你爲何出生，你被任命要做什麼，以及完成該任務所必要的經驗類型。

把母音數字加總，縮排到二十二張大秘儀牌或以下，這是賦予你渴望和內在動機的塔羅牌。（在以上的例子中，這是第十一張牌「正義」，屬於女祭司家族。）

把子音數字加總，然後縮排總和，這是你的外在角色牌。（在我的例子裡，這是第十張大秘儀牌「命運之輪」，屬於魔術師家族。）

你的命運牌是將你的名字數字全部加上去，並縮排到22或更小的數字。（在我的範例中，我有在皇后家族中的第十二張大秘儀牌「吊人」。）

你的個人藍圖

讓我們更仔細地瞧瞧這整個內容。根據煉金術和形而上哲學，個體靈魂選擇以特定功課和挑戰的人生出世，它會發現這些東西何在。通常那是透過特定歷史階段提供的經驗架構，給予靈魂最大的進化機會——國籍、種族、文化信仰架構，以及肉身父母基因的貢獻。如同珍‧羅伯茲（Jane Roberts）的靈性導師賽斯（Seth）在《個人實相的

本質》（*The Nature of Personal Reality*）所言：「然後無意識地，你可能會以為內在的你是一套你想要在特定種類物質實相中實現的藍圖。你即是那建築師。」❻因此，你的姓名牌幫助你了悟特殊的特性，與天賦的個人特色。

　　你的任務是運用自己身上最好的天賦──知曉，如同賽斯所詮釋的：「你的那個（天賦）即在你的個人實現中。」❼然後，這就是你的命運！你的生日牌與姓名牌則是你有創意地面對日常生活的挑戰，所演化出的天賦、能力與特色。你的職責是以最好的能力去活出你名字的意義。自由也意味著你可以選擇要不要照做。如果你不要，那麼你的名字成為你「注定」相隨的一切事情。這令我想起我讀過的一篇研究，文中揭露擁有不尋常名字的人傾向鶴立雞群，要不就是異常地獨立、有創意和成功，要不就是孤獨、不安和不適應環境。

　　查爾斯・嘉菲德（Charles Garfield）的商業著作《頂尖高手》（*Peak Performers*）指出，人們在工作上的頂尖價值成就與其人類才能的完全發展。嘉菲德說：「他們有所謂的骨氣──一股內在的力量，來自人類為了存在而想變得卓越的決定。」❼而且他們需要發展那份卓絕所帶來的挑戰。如果我們接受運用我們的天賦達到登峰造極，任何一個人都能成為頂尖高手。

　　考量到這一點，你名字的獨立字母代表對你來說渾然天成的基本信仰或是假設，形成了你的特質。例如，在我的名字裡，字母M＝13＝死神，而且指出我藉由超越事物之間的界線，深深地體驗人生。我的模式是持續地刪減或除去不再服務原本目標的形式。既然M是我名字開頭的第一個字，它便成了最重要或主要的特色。

　　比起你名字中對應字母的所有個別牌卡所塑造的模式，它甚至更為重要。同時，既然每一張牌都在塔羅家族排列裡頭，那些最常出現

的家族不代表全部的特質，而是主要人格特質的指針。

A ＝ 魔術師（1）		N ＝ 節制（14）	
B ＝ 女祭司（2）		O ＝ 惡魔（15）	
C ＝ 皇后（3）		P ＝ 塔（16）	
D ＝ 皇帝（4）		Q ＝ 星星（17）	
E ＝ 教皇（5）		R ＝ 月亮（18）	
F ＝ 戀人（6）		S ＝ 太陽（19）	
G ＝ 戰車（7）		T ＝ 審判（20）	
H ＝ 力量（8）		U ＝ 世界（21）	
I ＝ 隱者（9）		V ＝ 愚者（22）	
J ＝ 命運之輪（10）		W ＝ 教皇（5）	
K ＝ 正義（11）		X ＝ 戀人（6）	
L ＝ 吊人（12）		Y ＝ 戰車（7）	
M ＝ 死神（13）		Z ＝ 力量（8）	

「拼寫」你的名字

(1)擺出你的塔羅牌

　　以大秘儀牌「拼出」你的全名，使用以上的字母與塔羅牌對應表。因爲可能會重複好幾個字母，就會有重複的牌，所以你會需要以下的東西之一：從幾副塔羅牌而來的大秘儀牌，重複出現的塔羅牌影本，或是紙片（需裁切大小）讓你寫下重複出現的塔羅牌。計算最常出現的字母，這會告訴你必須要有多少副不同的塔羅牌。

　　把母音對應牌輕輕地置於子音牌上方，這樣你就可以清楚地看到

是哪張牌。如果使用好幾種牌，就用任何吸引你的組合，從你的牌中去整理塔羅牌。嘗試幾種組合。可參照前面的表格作為如何擺設你的塔羅牌的參考。

(2)母音牌

檢查你名字裡的母音，嘗試找出它們能量的感覺。要記住，母音是你的基本渴望和內在動機，它們往往會推動你，給予你驅力去完成事情。它們顯示出什麼可能會帶給你內在的力量。第一個在你名字中的母音特別重要，那是你最具特色的能量表達。

以下提供母音的簡短解釋，包含它們在希伯來字母中的來源。提供這些解釋主要是為了激勵你自己去詮釋。

在每一個條目結尾是以該字母為開端、從神話來的不同名字。因為這些虛構的名字很少用於個人，並且對任何熟悉這些故事的人來說，能夠立即喚起某些特質，它們經常展現字母的原型能量。可以在圖書館的神話學專區、網路或是《新拉魯斯神話學百科全書》（*New Larousse Encyclopedia of Mythology*）查閱這些人物。例如，注意有多少以I開頭的名字有長途旅行或是追尋，特別是在陰曹地府。你會發現其他這類的「巧合」，這可幫助你了解這些字母。

母音的發音不是長的就是短的。一個發音長的母音聽起來像是字母本身。短母音可以有其他各式各樣的發音。可查閱任何字典裡的發音部分中，長母音與短母音的範例。長母音往往更有活力、過分自信，並且突顯一個人的才能；至於短母音則是更為內在、接受性強和自重。

A（源自希伯來文字母Aleph）

　　魔術師善於溝通、技術高超且充滿新點子。他多才多藝，但是可能變得散亂。魔術師的功課是保持專注。這張牌給予你專一的意志、志向遠大以及開拓進取的靈魂。它受到情緒驅使、展開事務並且創造活動，但需要其他人跟隨。它可以是自私和自我中心的。魔術師知道自己要的是什麼。（亞當、火神阿耆尼、天照大神、埃及阿蒙神、江河女神阿納希塔、埃及死神阿努比斯、希臘愛神阿弗洛蒂、太陽神阿波羅、戰爭女神雅典娜、腓尼基豐產女神阿斯塔特、猶太神話的海洋女神阿希拉、觀世音菩薩。）

E（源自希伯來文字母Heh）

　　當教皇想要的時候，他是自信、權威且沉默的。特別是如果你有好幾個E，你往往會很有行動力、冒險犯難，並有好奇心、有彈性，但是固執己見。對你來說，學習是重要的激勵手段。在你追尋意義和意涵的時候，感知是強大的能力。感官享受與靈性是你人生中主要的驅力。當這個字母在字的末端，它的獨立力量會喪失，但是它會協助前面的母音變得更為活躍。在這種情況下，教皇要不就是幫助承先啓後，要不就是變得更像教條且僵化。（蘇美水神埃亞、閃族的上帝埃爾、《聖經》中的預言家以利亞、蘇美神話的天空之神恩尼爾、高盧馬神艾波娜、希臘復仇三女神厄里尼厄斯、希臘慾神艾洛斯、腓尼基公主歐羅巴、希臘海洋女神歐律諾墨、希臘樂神之妻尤莉狄絲、夏娃。）

I（源自希伯來文字母Yod）

隱者象徵謹慎和小心，又具有耐性，渴望完成事物。你受思維能力驅使，尋求智慧，但是會批判地處理事情。你尋求完美。你需要平靜，以及時間去思考。許多有I的人可能有天生的療癒能力。你在事物的內在價值裡發現珍寶，以愛作為你的首要動機。你可能過度敏感，並傾向悲觀、易怒和喜歡論戰。（希臘神話中墜海的伊卡洛斯、養大宙斯的寧芙女神艾達、伊斯蘭教領袖伊瑪目、古埃及建築師印和闐、蘇美戰爭女神伊南娜、印度教天神因陀羅、希臘神話人物伊俄、希臘神話的神使伊里斯、美索不達米亞女神伊絲塔、埃及魔法女神伊西斯、以色列、印度教神祇自在天、日本神話中的伊奘諾尊與伊奘冉尊。）

O（源自希伯來文字母Ayin）

惡魔牌是世俗、有力量且野心勃勃的，而且它徹頭徹尾地體驗事物。它全力以赴、專心致志，並且把事物吸引到它身邊，以內在的驅力去組織，有能力去理解和觀想整個系統。你會完成由你起頭的事，很少會承認挫敗。你可以固執頑強，憂鬱沉思，以及敏感地挑剔你吸引到自己身上的事件。有許多O的人會藉由嘗試扛下一切而放慢一個人的速度。你是那麼地謹慎固執。去蕪存菁會協助O類人釋放空間。（約魯巴信仰的天父歐巴塔拉、希臘海神俄刻阿諾斯、北歐天神奧丁、希臘神話英雄奧德修斯、希臘悲劇英雄伊底帕斯、日本神話中的大國主、希臘神話諸神之居處奧林匹亞、希臘神話中的奧斐爾女王、希臘神話中

的獵人奧利安、希臘樂神奧菲斯、約魯巴信仰的女神奧湘、埃及冥神歐西里斯。）

U（源自希伯來文字母Vav）

世界牌是敏感且滋養的，它渴望去保護和控制。它抗拒外在的影響，恐懼奚落，而且基本上是保守的。它維護個人的尊嚴與排他性，並且可能表現出淡漠疏離與排外。它唯有在逕渭分明和條件限制的情況下，才會感覺想要自由且有創造性地表達自己，並且喜歡旅遊。U類人對需要你們保護或協助，或者是害怕被驅散的人非常有責任感。你們有強烈的第六感，而且可能很會判斷人的性格。（下埃及守護神烏吉特、印度教雪山女神烏瑪、伊特拉斯坎文明的婚戀女神尤妮、祖魯族的天神烏古隆古魯、埃及聖蛇烏拉艾斯、希臘繆思女神烏拉妮雅、希臘天空之神烏拉諾斯、蘇美國王烏拉納姆、阿拉伯神話中的豐饒女神烏扎、日本神話的黎明女神天鈿女命。）

Y（源自希伯來文字母Yod）

戰車牌具有直觀並內省的天賦，能夠洞察奧祕。它是情緒化、不負責任的，武斷並具有挑戰性。它可以駕馭想像力朝目標努力，但是討厭任何束縛和要求，把自由地行動看得比什麼都重要。Y類人需要心智、靈性和肉體上的滿足及追求自由。他們發展出耐心朝長期目標前進。他們需要小心情緒失控，或是因為外物而「激動得失去自制力」。（猶太教的上帝耶和華、閻魔、斯拉

夫的夏天太陽神亞里羅、約魯巴信仰的海洋女神葉瑪亞、北歐神話中的世界之樹、愛爾蘭神話的伊索德公主、日本童話中的雪女。）

（3）你的個人節奏牌

　　你能感覺到自己名字中母音所創造的節奏──能量的脈動或是節拍嗎？注意它們何時重複、在哪裡重複。

　　你的每個名字架構都有專屬的節拍與韻律。根據靈數學家瑪蒂達‧崔西（Martita Tracy）所言：「你是個樂器。你的肉體經驗和你的人生狀況，端看藉由你的名字或是你身上彈奏的結果，是協調和諧或五音不全。」⓲一開始，讓我們只拿你的姓氏出來，學習如何用你的手打出它的節奏。讓你的左手打出子音，再用右手打出母音，用手拍你的膝蓋。強調你名字的第一個字為強拍。你可以像在朗誦詩作時作標註抑揚頓挫那樣，對這些音節作類似的標註，像是這樣：

在這裡寫下你的全名，把母音與子音標註為節拍：

_____

　　一次打出一個名字的節奏。最後，當你可以輕易地打出所有的節拍時，把它們放在一起，這樣你便可以拍出全名的節拍，就像個人專屬的節奏，以循環的能量節奏重複它，直到你變得自動自發、不假思索為止。跟著節奏搖擺，感覺它深深地在你之內，成為你誕生時的模式。感覺你自己經年累月地以這模式移動。保持這節奏一陣子。一旦你可以感覺到這個節奏在你之內，嘗試其他任何你已經用過的名字，

好比暱稱。感覺一下節奏有何不同。這當中有什麼改變呢？

(4)對應音調

有幾種系統對應大秘儀與音調。以下的音調對應表使用保羅・佛斯特・凱斯根據黃金晨曦會的對應 ❿ 發展出的系統。使用這些系統的其中一個，或者是你自己發明的系統，在樂器上演奏你的名字。使用以下提供的名字空白處，標註你名字字母的對應音調。你奏出的音調可能會不太悅耳，但是就讓你自己去體驗、玩耍一番，直到你發現某個聲音聽起來像你。不要害怕創造你的系統。你可以從中選擇一個適合自己名字的音調，進而發展出對應系統。

表16：音樂對應表

A（魔術師）	E 大調	N（節制）	升 G 大調
B（女祭司）	升 G 大調	O（惡魔）	A 大調
C（皇后）	升 F 大調	P（塔）	C 大調
D（皇帝）	C 大調	Q（星星）	升 A 大調
E（教皇）	升 C 大調	R（月亮）	B 大調
F（戀人）	D 大調	S（太陽）	D 大調
G（戰車）	升 D 大調	T（審判）	C 大調
H（力量）	E 大調	U（世界）	A 大調
I（隱者）	F 大調	V（愚者）	E 大調
J（命運之輪）	升 A 大調	W（教皇）	升 C 大調
K（正義）	升 F 大調	X（戀人）	D 大調
L（吊人）	升 G 大調	Y（戰車）	升 D 大調
M（死神）	G 大調	Z（力量）	E 大調

(5) 領袖字母

看看你名字的第一個字母，這是你的領袖字母。如果它是母音開頭，你已經在檢視你的驅力與動機時檢查過它了。領袖字母是母音，意味著你被你的能量和情緒所領導。它可能會讓你行動迅速，但通常第一時間都欠缺思考。例如，「伊莉莎白」（Elizabeth）這名字的開頭是E，教皇是對應的輔助牌，意味著像這樣的事：「你有自信且權威地表達你的意見，然而，你的好奇心驅使你尋求體驗新事物。」以子音為首的話，你會「典型地」以那個字母的特質來反應。

(6) 子音

留意子音通常如何給予名字特定的特質或是「風元素」。子音的數量勝過母音，它們是個人化的，而且為你的基本驅力增添細微差別。它們更為清楚地定義你。它們的功能在語言學上是用來區別聲音。它們創造節奏。特別注意你每個名字的第一個子音。改變它，基本上你就改變了名字，舉例來說：泰德（Ted）、奈德（Ned）、弗萊德（Fred）、杰德（Jed）、雷德（Red）。

請注意這裡給出的每個字母涵義僅僅是我個人的建議。特別要讓塔羅牌自己彼此結合，在你的名字裡賦予它們意義。藉由查詢那些展示你名字的塔羅牌，你會開始理解它們如何整合和流動。

B（源自希伯來文字母Beth）

女祭司能接納周遭精微的情緒流動。她是個直觀、敏感的夢想家，但是有規矩和有智慧。她是自給自足、獨立且隱而不宣的。她善於外交與冥想，她建立並架構了形式，又和已經存在於新穎方式的部分有所結合。（迦南神

話中的豐饒之神巴力、斯拉夫傳說中的女巫芭芭雅嘎、希臘酒神巴克斯、北歐光明之神巴德爾、基督教中的惡魔巴風特、埃及貓神芭絲特、巴比倫人的上帝柏爾、希臘神話的英雄柏勒洛豐、賽爾特神話中的花之女布洛黛薇德、古羅馬神話的良善女神波娜·得亞、印度神話中的梵天、布蘭庇佑之釜、賽爾特神話中的大地之母布麗姬、佛陀。）

C（源自希伯來文字母Gimel）

皇后涉及任何事物在創造性、有想像力與審美的面向。這張牌／這個字母是善於交際、樂意合作、有愛心、親切和高貴的風度。（亞當的長子該隱、特洛伊公主卡珊德拉、希臘神話中雙子座的凱斯特、看守地獄的三頭犬刻耳柏勒斯、希臘穀神刻瑞斯、賽爾特神話的鹿頭神科爾努諾斯、威爾斯神話的女神賽德溫、約魯巴信仰中的風暴之神襄戈、阿茲提克的河湖女神查爾丘特里魁、希臘神話中的賢者凱龍、希臘巫術女神喀耳刻、印地安神話中的郊狼、弗里吉亞人的大地之母希栢利。）

D（源自希伯來文字母Daleth）

皇帝是有效率、井井有條、務實且保守的，並且有顆敏銳、警醒的頭腦。這張牌／這個字母是果斷的——把握良機並緊抓不放。難以表達自我，所以需要鼓勵。（希臘神話中工匠代達羅斯、古伊朗神話中的魔怪德弗、賽爾特神話的眾神之父達格達、大日如來、藏傳佛教中的空行母、賽爾特神話中的達奴神族、希臘豐產女神狄蜜特、印

度教的提毗女神、希臘月神黛安娜、希臘酒神戴奧尼索斯、斯拉夫毛
怪守護靈多摩夫、蘇美神話中的牧者國王杜姆茲、印度教的降魔女神
難近母。）

F（源自希伯來文母 Peh 或 Vav）

　　戀人牌非常了解人生的抉擇有時是疲於奔命的責任，
並且左右為難。它暗示著伴侶關係的需求。當周遭環繞著
靈感與和諧，它會實踐夢想；在不協調與衝突時，會帶
來焦慮。（希臘命運三女神、羅馬宗教的畜牧之神法烏努
斯、《列王紀》中的王子之妻費蘭娜、羅馬神話的花之女
神芙蘿拉、羅馬神話中的幸運女神福爾圖娜、北歐神話的
豐饒之神弗雷、北歐愛慾之神芙蕾亞、北歐眾神之后弗麗嘉、不動明
王、富士山、復仇女神三姊妹。）

G（源自希伯來文字母 Gimel）

　　戰車了解領導與目標的價值。這張牌／這個字母是堅
定自信、果決和勤奮積極的。它包含了控制情緒，需要專
注的冥想或練習。你會發現它很難在你掙扎奮戰、並看見
別人的相反觀點時運作。因此，你偏好去控制或是滋養、
關心他們。（大地之母蓋亞、佛教神話中的樂神乾闥婆、
印度教的象神甘尼許、恆河女神甘迦、印度神話的金翅鳥
迦樓羅、圓桌武士中的高文、埃及的大地之神蓋布、阿拉伯傳說中的
魔僕、蘇美神話中的英雄吉爾伽美什、希臘神話中的蛇髮女妖戈爾
貢、希臘美惠三女神卡爾忒斯、亞瑟王的妻子桂妮薇爾、賽爾特神話
的天空之神格威迪恩。）

H（源自希伯來文字母Heh）

力量牌運用其天賦去幫助他人、社會和國家。它心胸開闊、包容、勇敢無畏，具有與生俱來的精神力量。在最好的一面，它意味著你從心出發。（希臘冥王黑帝斯、印度教猴神哈奴曼、埃及神話中掌管肺部的神哈碧、希臘和諧女神哈爾摩尼亞、埃及愛神哈托爾、希臘魔法女神赫卡忒、北歐冥國女神海拉、希臘火神赫准斯托斯、希臘眾神之后希拉、希臘神話的大力士海克力斯、希臘商業之神赫密斯、希臘灶神赫斯提亞、埃及法老守護神荷魯斯、中印度的伊斯蘭教國王胡尚、阿茲提克的戰神維齊洛波奇特利、希臘健康女神海吉兒。）

J（源自希伯來文字母Yod）

命運之輪是個領袖，能輕易地適應改變。這表示你結交益友，但可能受到過度影響。它是熱情、仁慈，並且喜愛新鮮點子和事物，天生具有創造力和本身的原創性。你努力改進並拓展事物。（印度水神哈達帕蒂、玉皇大帝、羅馬門神雅努斯、希臘神話英雄伊阿宋、希伯來文中的上帝耶和華、耶穌、波斯神話的仙王賈姆希德、希臘悲劇女主角伊俄卡斯忒、羅馬神話眾神之王朱比特、希臘美惠三女神中的歡樂女神、羅馬婚姻之神朱諾、希臘愛神丘比特。）

K（源自希伯來文字母Kaph）

正義與真相、誠實有關。這張牌／這個字母代表決定、解析，並且視動機而定。它讓調整變得容易，力求保持平衡。它意味著你能說善道，或者按照字面上解釋是擅長口語表達。當正義被冒犯時，它是堅定不移、絕不退讓的。（埃及神話中的靈魂「卡」、伊斯蘭教的宗教審判官職位卡第、印度教殺戮女神卡莉、神道教中的「神」、觀音的日文發音「Kannon」、日本的樹神、希臘神話的惡靈克蕾絲、埃及甲蟲神凱布利、希臘神話的冥后科蕾、印度教的梵天神克里希那、觀音。）

L（源自希伯來文字母Lamed）

吊人為自己的夢想而犧牲自己。這張牌／這個字母愛護正義，但是傾向反諷、悲觀與擔憂。它指出你發現服務他人的快樂。它需要一個刺激或是推力來前進。（斯拉夫神話的和諧女神拉達、蘇美古城拉葛什、印度教財富女神吉祥天女、特洛伊國王拉俄墨多、圓桌武士蘭斯洛特、老子、希臘神話的斯巴達皇后麗達、希臘泰坦女神勒托、羅馬神話的植物女神麗貝拉、蘇美神話中的惡魔莉莉絲、威爾斯神話的英雄勒烏、巫毒教的聖靈羅亞、北歐惡作劇之神洛基、聖海倫火山的印地安名字露薇特、路西法、賽爾特神話的太陽神魯格、羅馬月亮女神露娜。）

M（源自希伯來文字母Mem）

死神牌有效率地帶來物質界的變化，並且實際上消除過往的問題與擔憂。苦澀與悲痛伴隨著這張牌／這個字母，但是也和重生、重建有關係。它讓你成爲有能力、有直覺力的領袖或是執行者。這個字母帶來強烈深刻的感受，卻難以輕如鴻毛地看到事物。它是感性的。（蘇美神話中的山岳之母「瑪」、埃及正義女神瑪特、愛爾蘭女戰神瑪查、希臘女神邁亞、彌勒佛、印加神話的月神瑪瑪基莉亞、蘇美戰神馬爾杜克、希臘戰神馬爾斯、希臘悲劇女主角美狄亞、蛇髮女妖梅杜莎、羅馬信使神墨丘里、希臘聰慧女神墨提斯、希臘點石成金的邁達斯國王、羅馬智慧女神彌涅耳瓦、希臘神話的牛頭人身怪獸米諾陶、古老中東契約之神密特拉、穆罕默德、繆斯女神。）

N（源自希伯來文字母Nun）

節制牌是率直的、適應性強又多才多藝。它可能緊張不安，過於在乎細節。它喜歡旅遊和運動。你以同情回應他人，但是有強烈的個人價值觀。（蘇美神話的創造神納木、希臘神話美少年納西瑟斯、埃及生育之神妮特、希臘復仇女神涅墨西斯、埃及生育之神奈芙蒂絲、羅馬海神涅普頓、希臘海神涅柔斯、蘇美戰神涅爾迦勒、蘇美戰神寧吉爾蘇、神道教天神瓊瓊杵尊、蘇美的南風女神寧利勒、希臘神話的底比斯皇后尼俄柏、北歐的命運女神諾恩、賽爾特戰神的努亞達、埃及水神努恩、埃及天空之神努特。）

P（源自希伯來文字母Peh）

　　塔是力量導向的，具有潛在的爆炸性。這張牌／這個字母代表巨大的意志力和道德勇氣，但是容易發怒。它關注的是結合巨大力量的表達的改革，你可能不是哲學家就是革命家。它只關注自身的權力與社會地位。（安地斯土著的生育女神帕查瑪瑪、希臘的泰坦巨神柏拉斯、希臘牧神潘、希臘神話的美女潘朵拉、聖杯騎士帕西法爾、印度教雪山女神帕爾瓦蒂、希臘神話的天馬珀伽索斯、希臘冥后波賽鳳、希臘神話英雄珀耳修斯、希臘神話英雄忒修斯之妻准德拉、羅馬神話的冥王普路托、希臘海神波賽頓、希臘泰坦巨神普羅米修斯、印度教中的一切萬物源頭普拉賈帕第、愛神邱比特之妻賽姬、埃及造物神卜塔、希臘神話的雕刻家皮格馬利翁。）

Q（源自希伯來文字母Qoph）

　　星星牌是激勵人心的，充滿希望和歡悅之情。它性格高傲、從容不迫，因此常常有其他人跟從。它也有著無法滿足的好奇。你善於運用聰明才智，而且致力於直到遙遠的未來才會體現的願景。在最糟的一面，這個字母代表狂妄與教條主義。（迦南神話的女神卡達詩、北美原住民女戰神賈邁特絲、埃及掌管腸子的神凱布山納夫、瑪雅神話的羽蛇神。）

R（源自希伯來文字Resh）

月亮牌透過直觀的知識激發自信。這張牌／這個字母對歧視十分敏感，而且儲存深奧的知識。它刻苦耐勞，但還有一些問題或悲哀未向他人披露。它遵循內在的時間感。它讓你有魅力又慷慨，也許會使你被神祕學吸引。（埃及太陽神拉、印度幸運女神拉達、印度神話英雄羅摩、印度神話的魔王羅波那、希臘冥界判官拉達曼迪斯、希臘泰坦女神尼亞、賽爾特神話的牝馬神里安農、傳說中的羅馬創始雙生子羅慕路斯和雷穆斯、印度風暴之神樓陀羅。）

S（源自希伯來文字母Samekh）

太陽牌有充滿力量的意志，但是仁慈厚道、外向且樂觀。當它喜歡社交接觸時，是振奮自我、激勵且獨立的。這張牌／這個字母可能會在你的願望裡，以智慧和全知的方式顯現，而且是眾所皆知的和事佬。你是有原創性又獨立的思考者，但有時候缺乏誠心誠意和坦白。（《聖經》中的大力士參孫、撒旦、羅馬農業之神薩登、印度神話梵天之妻莎薇德麗、埃及女戰神賽赫邁特、希臘泰坦女神賽勒涅、埃及風暴之神賽特、印度教的大母神夏克提、美索不達米亞太陽神沙瑪什、約魯巴神話中的雷神桑戈、猶太教的神之顯現「榭奇納」、基督教中的原罪「Sin」、印度教破壞之神濕婆、悉達多太子、北歐的吟遊詩人史卡德、所羅門王、印度月神蘇摩、人面獅身史芬克斯、希臘神話女預言家西碧。）

T（源自希伯來文字母Teth或Tav）

審判牌通常有來自一些精神空間的「召喚」或意圖。它對家國熱心，而且是個協調者，但是首先關注的是自制力。這張牌／這個字母的人們與提升集體意識有關。他們可能非常挑剔，喜歡探究他們所質疑的任何事物。他們喜歡挑戰。（蘇美神話的牧者國王杜木茲、古迦太基月亮女神塔尼特、綠度母、希臘神話的地獄「塔耳塔羅斯」、埃及雨神泰芙努特、古地中海「特提斯洋」、阿茲提克神話中的第一太陽「特斯卡特利波卡」、希臘正義女神忒彌斯、希臘神話英雄忒修斯、希臘海洋女神忒提斯、北歐雷神索爾、埃及智慧之神圖特、巴比倫的地母神迪亞馬特、北美波尼族的最高神祇蒂拉瓦、阿茲提克的雨神特拉洛克。）

V（源自希伯來文字母Vav）

愚者牌有大師的標記。這張牌／這個字母的人非常個人主義、愛冒險，是根深柢固的流浪者（即使只在他們的心裡）。當他們企圖招徠新鮮和不尋常的事物時，或者因為企圖切割自己和感受而變得沮喪時，他們可能變得更散逸。他們需要被欣賞。（北歐女武神瓦爾基麗、北歐神話的華納神族、印度教的雨神伐樓拿、希臘愛神維納斯、希臘灶神維斯塔、羅馬勝利女神維多利亞、北歐森林之神維達、印度教的保護之神毗濕奴、古羅馬廣場伏坎納、羅馬神話的火神兀兒肯。）

W（源自希伯來文字母 Vav）

教皇在他熱情、子音的部分是意氣風發、多才多藝與聰慧的。這張牌／這個字母的人是很好的診斷專家，而且擇善固執，對於自己的愛好與情慾十分執著。他們喜歡給予建議或是諮商，而且是很好的學習者。他們覺得和「有秩序」的事物同在，以及遵循法律或規則很自在。（印地安蘇族的大靈瓦卡‧譚卡、天主教聖女瓦爾普吉斯、文昌帝君、北歐眾神之王奧丁的別稱「兀丁」。）

X（源自希伯來文字母 Tav，像十字架一樣）

這個字母代表戀人牌在俗世的形式。這張牌與商務成功、世俗事務、公益和藝術創作有關。它相當能意識到責任的重擔，然而在人生的十字路口，要是確定能得到回饋，它便願意承擔艱困與難熬的途徑。你選擇願意幫助你的朋友。（波斯國王薛西斯一世、阿茲提克神話的金匠之神西佩托提克、阿茲提克的火神修堤庫特里、阿茲提克的女花神休奇奎策爾。）

Y（源自希伯來文字母 Yod）

這個字母代表潮濕且有子音形式的戰車牌。它是通靈又有預言性質的，有天分去滲透奧祕，而當它的理想被喚醒時，它是果斷且有決策力的。它可能是通靈與能量的管道。（參見 Y 的母音列表中的神話名字。）

Z（源自希伯來文字母Zayin）

這是力量牌的風元素型態。這些人是極端分子。他們有自信、進取心和能量去進行他們想要的事情。他們放大並誇大實情，還尋求組織並控制他人，否則他們會非常地焦躁不安。他們可能會透過行銷與發展其他人的創意而變得非常成功。（宙斯之子札格列歐斯、祆教創始人查拉圖斯特拉、波斯古經《阿維斯陀經》、帕米拉國王之妻芝諾比亞、希臘西風之神澤菲羅斯、希臘眾神之王宙斯。）

(7) 名字的原型

把你的每個名字分成音節。看看任何雙母音或是濁音；重疊這些牌表示它們不是獨立的。（一本好的字典會提供發音和大部分名字分開的音節。）在這些群組裡合併塔羅牌的意義。

舉個例子，我中間的名字是凱瑟琳（Katherine），我發音成「Kath'-er-in」。第一個音節是Kath，包含一個th的濁音，它是重音。在第二音節，幾乎沒有聽到e，而是滑到了r的音。最後音節的e是不出聲的。審判牌（T）與力量牌的（H）混合成th，暗示我的要求對其他人是有幫助的。正義牌（K）的領袖字母／塔羅牌強調誠實和關聯性，當指涉到母音牌時，魔術師（A）為了溝通的目的而強調我的驅力。因此，第一個音節顯然協調了我身為教師與作家的工作。在第二音節，幾乎是不發音的教皇牌（E）指出我需要學習直覺——月亮（R）。剩下的隱者（I）與節制（N），加上不發音的教皇（E），指向一種求新求變的能量，堅持完美，關注學習上的細節，以及體恤並關心其他人的福祉。

你的姓名曼陀羅

把你的每一張姓名牌抽出來，用任何感覺平衡或你覺得對的模式排列它們。不要擔心正確的排序 —— 只要以塔羅牌創造出一幅圖畫，便似乎能夠表達你的名字。研究每個名字。你的命運去是完成你整個人格特質，也就是去實踐你的名字。雖然這裡給的是你的基本姓名曼陀羅，但你從你的名字便能發現更多關於你自己的事。

把以下這些全部加起來

我們大多數人在出生就取了三種名字：一個先名或個人名，一個中間名，最後是家族的姓氏。接下來的過程會給你一些概念，告訴你這些名字如何個別地影響你。但是你們大多不會使用「常見」的英文或是美國的名字結構。例如，我有個外甥只有先名和姓氏。最後在大學時，她為了解決申請表格時因為中間空格而被退件或拒絕的問題，便合法地加了一個中間的字母（但不是名字）。你能在似乎適合你的情況時，以任何方式改編以下的主意，特別是如果你的名字遵循一些其他的命名傳統或是非常獨特的時候。

你的個人名

你的第一個名字也稱為你的「賜名」，它通常很個人。直到這個世紀，只有一個人的家人和朋友會用這個名字。它也是親密的表示，以及信任某個人用你的個人名來稱呼你。今日我們更加隨興，而且開放與友善，所以這可能是你慣常辨識自己的方式（稍後我會討論暱稱和其他你為自己設定的名字）。你的個人名是「我」（I），或是「意念我」（thing Self），處理你最能意識到自己的部分。它也近似和你同世代的同輩。有些特定的個人名因為潮流、社會風俗、風格、甚至

事件而來來去去。對你的世代來說，你可能會有個不尋常的個人名；不過，在其他的世代卻是常見或是相反的。例如，我在我的世代從沒聽過有人叫傑森，但現在我至少認識一打傑森，全都是打從1972年出生的。許多在六〇年代和七〇年代之間出生的人，會獲得反映他們世代對大自然、文化傳承或神話的關注。因此，個人名通常象徵著歷史世代。

你的中間名

你的中間名可能代表很多事物。通常是你隱藏的自我，大多數人並不知道你的那個名字，所以它可以表示一個未發展的潛能。如果它是你母親的娘家姓，它便具有基因和繼承的功能，指的是可能不會外顯的種族根源。如果它也是個「賜名」，它可能是來自家族的根，像是以阿拉貝雅姑婆爲名，或者也許它反映了你父母天馬行空的幻想。問問你自己（或你父母），你爲何取這個名字。你必須爲自己去判斷你名字的狀況，但通常它意味著微妙的傳承、你不知道關於你自己的事物、或你可能沒有外顯的一致個人面向（除非你用中間名當作你的個人名）。中間名也扮演你個人跟社會／文化面貌之間的連結關係。

你的家族姓氏

你的姓氏（在你的出生證明上）可能是你的父親姓氏，雖然並不一定如此。它可能是你母親的姓氏，一個你母親和父親姓氏的結合，或是給你一個完全原創的姓氏（全部最罕見的）。我稱之爲你的家族姓氏，因爲即使你是爲自己取的，它往往會把你分到一些社交或文化的框架。你的姓氏代表你最正式的自我，以及通常來自你的文化與傳承的背景。它是「我們」——意念我，你以此從核心家庭或國家或血

緣辨識出，你是一些團體的一份子。當家族姓氏在移民過程中改變，
它通常會標誌一個對新國族或家庭觀念重塑的承諾。

個人名對應牌	中間名對應牌	家族姓氏對應牌
表意識的本我 個人與世代的「我」──意念我	隱藏我 基因與傳承 未發展的潛能	形式我 社會與文化的「我們」──意念我

你的個人姓名牌

這張牌拼出你的名字，而這張牌代表每一個名字的總數，你應該
考慮用以下的關鍵字來檢驗：

運用表17，在這些指引後面各自填上你的每個名字，然後將塔
羅牌加總。

個人名對應牌

將你個人名的所有母音加總，並且在指定的表格上寫下總和。子
音同樣加總，在提供的空白處寫下總和。把兩個加在一起（只用個人
名），找到總和1，並縮減數字到22或以下。這暗示塔羅牌代表你的
「意識我」（Conscious Self），找出你的名字對應牌，寫在表格上。

中間名對應牌

對你的中間名做同樣的事情，找出代表你的「隱藏我」（Hidden
Self）的塔羅牌，並找出你的中間名對應牌。

姓氏對應牌

然後對你的姓氏做同樣的事，確定表達你的「社會我」（Social Self）的塔羅牌，並找出你的姓氏對應牌。

你的「主和弦」

你才剛認出的三張牌像是獨立的音符，表達你三個名字的精髓。它們一起產生共鳴，那是你三個名字齊奏的結合。我將這三張牌的結合稱之為你的「主和弦」。它「奏出」你人生之歌「主題曲」的主和弦。（這三張牌也許能、也許不能以一般的方式排出塔羅家族。）反映你人生主和弦的方法，就是展開三張牌，運用上一頁的關鍵字當作三個位置的意思。

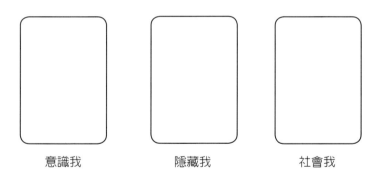

意識我　　　　　隱藏我　　　　　社會我

你的命運牌

當你加總名字裡的數字，你可能會注意到有很多種計算方式，而每一種可能會給你些許不同的數字。例如，如果你分開算好你的個人名、中間名和姓氏，縮減數字至塔羅牌的1到22之間，然後全部加總，你可能得到的答案是21（世界），然後在縮排之前，你加總了整個名字的所有字母，你會得到12（吊人）。21與12兩個都縮減到根

數3，這就成了皇后家族，代表愛與創造的想像法則。（這和《跟著大師學塔羅》的命運牌不同，那是用小秘儀牌，叫作你的「星座與機會牌」。）命運牌正如在此使用的方式，它來自對應標準靈數學的大秘儀牌。

　　你的名字有不同的方式加總數字，算出重要的總數，成為你的命運牌，分別稱為你的主音符牌、你的韻律牌和你的旋律牌。這些牌向來源自同一個塔羅家族，加總後會成為同一個根數。它們是你基本命運主題的變奏曲（被你的名字所註解）。

表17：姓名牌與人生潛能牌表格（第一部分）

個別姓名牌　　　　　　　　　　　　　未縮減　　縮減到22或以下
　　　　　　　　　　　　　　　　　　　　的總和

個人名：
母音：　　　　　　　　　　　　　　　　＝＿＿＿＿
字母：＿＿＿＿＿＿＿＿＿＿＿＿＿＿＿＿＿
子音：　　　　　　　　　　　　　　　　＝＿＿＿＿
　　　　　　　　　　　　　總和1＝＿＿＿＿　　＝＿＿＿＿：＿＿＿＿＿＿＿＿
　　　　　　　　　　　　　　　　　　　　　　　　　　　個人名對應牌

中間名：
母音：　　　　　　　　　　　　　　　　＝＿＿＿＿
字母：＿＿＿＿＿＿＿＿＿＿＿＿＿＿＿＿＿
子音：　　　　　　　　　　　　　　　　＝＿＿＿＿
　　　　　　　　　　　　　總和2＝＿＿＿＿　　＝＿＿＿＿：＿＿＿＿＿＿＿＿
　　　　　　　　　　　　　　　　　　　　　　　　　　　中間姓名對應牌

姓氏：
母音：　　　　　　　　　　　　　　　　＝＿＿＿＿
字母：＿＿＿＿＿＿＿＿＿＿＿＿＿＿＿＿＿
子音：　　　　　　　　　　　　　　　　＝＿＿＿＿
　　　　　　　　　　　　　總和3＝＿＿＿＿　　＝＿＿＿＿：＿＿＿＿＿＿＿＿
　　　　　　　　　　　　　　　　　　　　　　　　　　　姓氏對應牌

表17：姓名牌與人生潛能牌表格（第二部分）

命運牌

主音符牌（運用縮減的總和）：

總和1＋總和2＋總和3 ＝_____：_____

個人名對應牌

旋律牌（運用縮減的總和）：

總和1＋總和2＋總和3 ＝_____：_____

旋律牌

你的個人牌（源自第十五章）

渴望與動機牌：

縮減所有母音的總和 ＝_____：_____

渴望與內在動機牌

外在形象牌：

縮減所有子音的總和 ＝_____：_____

外在形象牌

韻律牌：

渴望與內在動機牌＋外在角色牌 ＝_____：_____

節奏牌

我的主音符牌、旋律牌和節奏牌（我的命運牌）全部屬於

_____家族

以及_____的法則

這個家族以下的塔羅牌不會以命運牌的方式出現，

因此是隱藏特質的姓名牌：_____

人生潛能牌：

生日＋月份＋年份 ＝_____（基本數字）

總和1＋總和2＋總和3（不縮減） ＝_____

減至22或以下 ＝_____

_____

我的人生潛能牌

主音符牌

按表格的指示，縮減你的個人名、中間名和姓氏總和，縮減至塔羅牌的數字（22或以下）。這是你的主音符牌，這個單一「音符」詮釋你主和弦的總和（三張牌源自你的個人名、中間名與姓氏）。對照在本章前面的表16，你實際上可以和你的主和弦一樣發出你的主音符。

韻律牌

在這一章的開頭，你加總全名的所有母音，找出你的渴望與內在動機牌，而你加總所有的子音以找出你的外在形象牌（參閱表15）。只需將這兩張牌的數字加起來（若有必要，縮減數字至22或以下）。既然你的母音和子音代表你名字的內在節拍，我稱這張牌為你的「韻律牌」。它加上你的個人節拍，展示你表現人生中的能量流節奏的方式。

旋律牌

在你縮減之前，加總全名所有獨立的數字（在表格中，取總和1＋總和2＋總和3，然後縮減）。這個過程，需要你傾聽每一張牌的獨特音調，一個接著一個演奏它們，當作你個人的旋律。我稱這是你的「旋律牌」。其總和就是它的本質。

隱藏特質的姓名牌

既然你的主音符牌、韻律牌與旋律牌源自你加總自己名字的諸多方式（你可以加上同樣的數字，只要在不同地方縮減總和即可），它們會加總到根數，因此會在同一個塔羅牌家族裡頭。這個家族是由你

名字描述的最後詮釋，或者是你個人命運的綜合。任何在你塔羅家族的牌不會像主音符牌、韻律牌或旋律牌那樣出現，如同在你的生日算式裡面的隱藏特質姓名牌呈現。這就是你的隱藏姓名牌。

表18：姓名牌確認表

渴望與內在動機牌	＝縮減全名的母音數字的總和
外在形象牌	＝縮減全名的子音數字總和
個人姓名牌	＝縮減所有個人名字對應數字的總和
中間名對應牌	＝縮減所有中間名對應數字的總和
姓氏對應牌	＝縮減所有姓氏對應數字的總和
主音符牌	＝縮減前三張牌的總和
韻律牌	＝縮減以上前兩張牌的總和
旋律牌	＝縮減所有姓名數字的總和（總和1＋總和2＋總和3）
命運牌	＝前三張牌的任何牌（與根數相同）
隱藏特質姓名牌	＝以上牌卡中，在同樣根數裡剩下的牌。（譯註：比如三號牌是靈魂牌，有皇后、吊人與世界，這是同一個家族，但只有提到皇后和吊人，那麼隱藏特質牌就是世界牌。）
人生潛能牌	＝縮減全名的數字加上生日的基本數字

註：「縮減總和」意思是任何從1到22，然後等同於大秘儀牌的數字。

人生潛能牌

這張牌同時加上你的名字和生日，它展示你最大的潛能和你可能達到的最高成就。它永遠都是用最為靈性和理想的方式去呈現你可能達成的最終目標，根據你的靈魂目標，你藉由統整你所有的力量去成就自己的命運。把你的出生年、月、日四位數（不要縮減），加上你名字所有未縮減數字的字母（總和1＋總和2＋總和3），最後，把這個數字縮減到1和22之間。這就是你的人生潛能牌。

計算你的塔羅家族

在表19中的數字對應九個塔羅家族。我們會使用方塊來確定在你的名字中強調的是哪一個家族。

表19：塔羅家族計算表

1	2	3
4	5	6
7	8	9

首先，你需要找出你全名每一個字母的根數：把你的名字寫在以下空白處，對應關鍵數字（1到22，對應塔羅牌，見表14），然後縮減每一個數字變成它的根數（1到9）。

例如：

字母：	M	A	R	Y	K	A	T	H	E	R	I	N	E	G	R	E	E	R
關鍵數字：	13	1	18	7	11	1	20	8	5	18	9	14	5	7	18	5	5	18
根數	4	1	9	7	2	1	2	8	5	9	9	5	5	7	9	5	5	9

我的名字：

字母：＿＿＿＿＿＿＿＿＿＿＿＿＿＿＿

關鍵數字：＿＿＿＿＿＿＿＿＿＿＿＿＿

根數：＿＿＿＿＿＿＿＿＿＿＿＿＿＿＿

現在，把你名字的每個數字標記在上面的方格裡（用點的、打勾或直線等等）。這個盒子裡的某處是它的根數。然後對每一張牌在表15與表17中找到的塔羅牌依樣畫葫蘆（這些至少有九張牌）。

哪一個塔羅家族最能強烈代表你（也許一般的名字有五個或以上的標記）？

它們的核心原則是什麼？

塔羅家族	原則

哪一個家族和原則完全沒有出現在你的名字裡？

塔羅家族	原則

你缺乏的任何家族即是你所缺乏的特質或能力。除非由你的生日牌彌補，你可能會發現自己強烈地被這個家族（或星座）的人們吸引。這些是你必須有意識地去發展的特質，因爲它們不是你天生的表現。然而，它們是強大的動機，因爲你在自身之外看見它們，並且可能爲之著迷。這可能會給你一些洞見，解釋爲什麼你不可抗拒地受特定人士吸引。

當你改變了名字

終於，我們談到了任何你可能擁有的其他名字：暱稱、婚後名、靈修名字、工作上的名字或是別名，或是其他名字改了。你或許從來都沒有改變過你出生的名字潛藏的節奏，那是你爲什麼會花這麼多時間在這裡了解它的原因。誠然，其他的名字代表你選擇去修正或改變，或者增添你的命運，它們顯得非常重要。當你取新名字，你的外在生活便有了相應的改變。通常當你冠了夫姓或是配偶姓，或你們兩人換了新的名字，新名字就會代表你在那段關係中要承擔的事物。

別人稱呼你的暱稱，代表他們回應你的那個獨特本質。這些代表你和他們密切合作的部分，可能表示他們需要從你那邊獲取的東西。你在他們面前的表現就是他們對你的稱呼，而他們也會引出你身上的那些特性。

雖然你可能想要在結束之前，先看看靈數學上的名字變化或是塔羅牌，不過我不相信會有任何「糟糕」或「錯誤」的名字；或者，因爲你的生日牌是一個數字，爲了與它和諧共處，你的命運牌應該加上特定的數字。許多人在困難和不協調的靈數模式上做了有益於成長的挑戰，因爲逆境而發展出強大的力量、慈悲，以及個人能力。每個名字都擁有自己的潛能；和諧來自於重視其中的教訓。

　　當你取了新名字，你可以為此舉行一個儀式。這個儀式應該專屬於你自己，但是基本上，你可能要囊括以下一些事情：

　　對你過去學習到的一切致上謝忱，並感謝你不用的名字。也許你一開始在塔羅牌上排了舊名字，然後更改塔羅牌，留意你需要添加進去的牌，以及必須抽掉的牌，重新排列它們，形成新的名字。

　　從這一章查看新名字的一切概念，試著了解它，以及它的節拍、節奏及韻律。發出聲音，以確認你選擇透過這個名字帶入你生命中的特質與個人特性。對你自己喊出聲，好像你在大聲說出自己的名字。

　　如果你對取這個名字猶豫不決或游移不定，像是婚後名字或別名，包含肯定的陳述在內可幫助你從對這名字的經驗中，得到最大程度的理解。你的猶豫，可能顯示出你在比較你的出生名字和新名字，特別是如果你現在必須取的名字有很多本名所缺乏或較弱的特質。看看你最可能面對的那些功課，這樣當它們發生時，你會認出來的。

你的魔鏡與人生曼陀羅

　　抽出所有構成你名字的塔羅牌，並用任何一種你覺得正確的方式把它們放在地板上，這樣它就會形成一個曼陀羅或完整的圖案。（這是你的基本姓名曼陀羅，但現在你能不可思議地運用它了。）如果你想要，可以放有力量的物體或是你周遭塔羅牌的個人元素象徵。放一面小鏡子在中央，然後看著你自己，這樣你就可以只瞧見鏡中的眼睛，當塔羅牌圍繞它時，就成了你的「臉」。均勻地、有節奏地深呼吸。覺察你的優點和缺點，你擁有什麼和缺乏什麼。記住你的名字帶著不可思議的節奏與旋律，可以在另一個存在的層面上被聽見。要知道如果你對抗那個節奏和那首歌，它將會步履蹣跚、壓抑與寸步難行。重申你的個人力量吧！感覺它在你之內。為你的名字打拍子，跟

著移動，創造一個有生命力和喜悅的舞步。站起來，並自發地即興創作你的動作。舞出你的名字，舞出你的命運。要知道這舞步不會停歇；只是你並不總是會意識到這一點。這是個開端。

　　如果你取了新的名字，爲它放一面魔鏡，並且看看鏡中的你。運用你的想像，大膽地穿過這面魔鏡，進入你個人所選擇的命運。你可能會希望列印、拍照、繪畫或使用你已經用塔羅牌創造的影像來拼貼。從雜誌和明信片上增添圖片。使用眞正的鏡子或是其他象徵性的物品當作中心點。將這幅圖片掛在牆上。

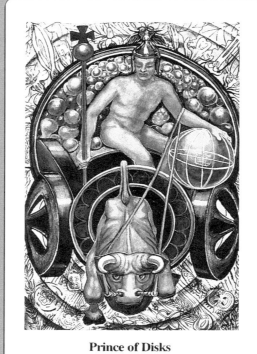

Prince of Disks

18

人物牌或宮廷牌

在《跟著大師學塔羅》一書中，有一個我認為已經完全地介紹了人物牌的章節，但當然我只是蜻蜓點水而已。在我與湯姆·里透（Tom Little）合寫的書《了解塔羅宮廷》（*Understanding the Tarot Court*），我們更深入地探索這些牌。本章將著重於你在塔羅宮廷牌的角色。

每一年都有許多副經過設計包裝的新塔羅牌問市，在市場上穩定成長。其中有許多副塔羅牌，把宮廷牌的人物抽離原本環境，而加入其他新的內容讓人們有新的體驗。在這樣的過程中，也一改人們對宮廷牌的稱呼，將它們重新命名，稱為家庭牌、人物牌、部落牌、皇宮牌、甚至三面女神牌。

在本書中，你需要去思考你不只是國王、皇后、騎士或隨從這樣的身分，你也可以是王子、公主、兒子、女兒、戰士、僕人、長老、女長老、守望者、指引者、求道者、初學者、兒童、老太婆、聖人、天使、繆思、薩滿巫師、女巫師、全知者、天賦者、學徒、主席、盟友等。

你屬於宮廷牌的哪個角色？

一種最常見的宮廷牌用法就是充當牌陣中的指示牌。指示牌是可以在解讀過程中代表當事人和事件的一張牌。當牌陣在回答問題時，通常這張牌在某種象徵意義上，是作為一個人的身分、存在或代理身分的象徵。它同時也可以代表塔羅占卜中問題的主要目的和主旨，而非單純由當事人所詢問的問題表象（所有七十八張牌都可以做這樣的用途）。

大多數時候沒有用到指示牌並沒有關係，即使有些牌陣需要指示牌。（有時候指示牌出現在未抽到的牌中，這會凸顯它周遭牌的重要

性，或指示出在事件中的行為方向。）如果你有強烈對應到某張宮廷牌，你可以把它留在牌裡面，並特別留意它是否在占卜中出現。與你生活中特定人們相關聯的牌，通常代表著那個人在事件裡的影響力。

當宮廷牌出現在占卜中時，可以被當成你或其他人的化身。更明確地說，它可以代表你的個性、一種行事風格、一種態度，或是你或其他人覺得自己正在扮演的角色。更抽象地來說明，它可以是一種在你生命中的工作能量或影響力。傳統上，騎士同時代表旅行和行動，隨從則象徵新聞、思想和訊息。

選擇你的指示牌的傳統方法，包含依照你的性別、年齡、髮色，和（或）太陽星座來挑選。然而，這種具有歐洲外表的眼睛和髮色，並不適用於地球上絕大多數的人。我建議如果允許的話，可彈性地使用以下的標準。

傳統牌組的相關事物

權杖	聖杯	寶劍	金幣
火元素 紅金髮 藍眼或淡褐色眼	水元素 淺褐髮 藍眼、褐眼或淡褐色眼	風元素 褐髮 褐眼	土元素 深褐髮或黑髮 藍眼或黑眼

傳統階級的相關事物

國王	皇后	騎士	隨從
成年男子或 已婚男子	成年女子或 已婚女子	年輕男子或未婚男子 （30歲以下）	年輕、未婚女子 或孩童

但你會發現，事情不是你想的那麼簡單。永遠都有一種時刻，你是你母親的心肝寶貝，而你當家時又如同國王或女王，在奉他人之令時又像個騎士或隨從。

另一種選出指示牌的方式，是展開全部十六張的宮廷牌，從中挑選你當時最有感覺的牌。挑選其他人的指示牌也是如此，要他們自發性地為自己從這十六張牌中選出一張牌。

或者，問事的當事人可以從整副塔羅牌或是宮廷牌這兩種方式中，取一種方式來隨機挑牌，這張牌能視為問事者在詢問問題和在整個問題情境中，其看待事情的態度及觀點。

你挑中哪一張牌？

在更進一步之前，你也許會想要瀏覽一下塔羅牌中的宮廷牌或人物牌，直覺地挑選一張看起來最像你的牌。

你挑中的牌是：＿＿＿＿＿＿＿＿＿＿＿＿＿＿＿＿＿

你喜歡這張牌的哪個地方？

＿＿＿＿＿＿＿＿＿＿＿＿＿＿＿＿＿＿＿＿＿＿＿＿＿

＿＿＿＿＿＿＿＿＿＿＿＿＿＿＿＿＿＿＿＿＿＿＿＿＿

＿＿＿＿＿＿＿＿＿＿＿＿＿＿＿＿＿＿＿＿＿＿＿＿＿

你扮演的角色

不論這些牌的名稱是什麼，其最主要是代表那些我們扮演著、而我們也認同的角色、面具或次人格。

有許多方式可以定義你扮演的不同角色和不同本我。有一個可能會嚇到你的檢驗方式，就是瀏覽你的衣櫃，看看自己有什麼樣的服飾。你身上的不同特質，各穿著什麼樣的服裝呢？衣櫃裡可能有平常

上班的商業衣著，週末休閒旅行特質的衣服，還有週六夜狂歡的衣服。然後還有健走、登山、滑雪、游泳、划船、騎自行車或腳踏車的裝備。還有那些性感的夜店裝，或者那件媽媽買給你放在衣櫃十幾年的靚裝，或者你自己深藏已久、等待復古潮流再度襲來的嬉皮裝，還有別忘了那件被潑上油漆、穿起來很像藝術家或油漆工的牛仔褲呀！顯而易見地，衣櫃裡有很多不同的「你」。

另一個可以觀察你的角色的地方，是充斥著新歡舊愛、興趣和活動工具書等等可以反映出你夢想要做的、想要變成的人的書架。看看屋子裡的其他房間，你可以在其中找出本我的千萬個面向的蛛絲馬跡。

如同被不同光芒照射、反射出不同事物的迪斯可球（迪斯可舞廳裡的閃光燈球），一起來瞧瞧這些不同面向的你吧！

請你在下面空白處，列出六或七項你正在生命中扮演的角色或生命容貌。（如果你在《跟著大師學塔羅》一書有做過類似的練習，你會發現這絕對值得再做一次，因為你自己一直在改變觀點，因此答案可能跟上次不同。）

1. _____

2. _____

3. _____

4. _____

5. _____

6. _____

7. _____

現在將你塔羅牌中的人物牌抽出來，看看它們，把它們的特質記在心中。

人物牌所代表的發展階段

這些牌代表你的心理發展、技巧發展和性格發展。我將會沿用傳統的稱呼來進行解說。把傳統的偉特人物牌和你最喜愛風格的塔羅牌進行比較。你覺得它們有哪些相似的概念？哪些概念又不一樣呢？

隨從

隨從（也稱爲孩童、公主、女兒、僕人、初學者等）是最少發展、不成熟，但也最具有開放胸襟、願意冒險一試的人。身爲一位隨從，你是個渴望嘗試一切的學習者，一位運用自己都尚未完全領悟的知識的初學者。你是個保持好奇和樂觀的人，驚嘆於天地萬物的奇妙並以之爲樂。隨從擁有某些在力量牌中出現的女子之特質。它們也跟愚者牌中的愚者有異曲同工之妙，同樣承載著純眞、信任和嶄新的開始。它們與土元素有關。

騎士

騎士（又稱爲求道者、王子、兒子、戰士、女戰士、舞者等）已經達到一種自覺自己有點見識的階段。身爲一位騎士，你正在探索你能做什麼；你積極地使出渾身解數，砥礪精深這些技能。你透過自身發覺事物的面貌並內化這些體驗，但可能與世俗背道而馳。你追尋挑戰和冒險，進而可能顯得充滿野心或莽撞衝動。騎士牌與戰車牌類似。它們通常與火元素有關。

皇后

皇后和國王同樣成熟老練，女王擁有獨特的個人才華和人際關係的天賦（也被稱爲女人、母親、女長老、指引者、女算命師、天賦者、女巫師等）。皇后專注在事物更深層的意涵，會盡其所能地展現出仁慈和啓發人心。如果你是聖杯皇后或金幣皇后，那麼你是感性、照顧人、滋養和撫慰人心的。如果你是權杖女王或寶劍女王，你是有領導力、富含教導、觀察力和激勵人心與劍及履及的。女王旨在完成事情，並給予建言。皇后牌最可能類似皇后牌。它們與水元素有關。

國王

KING of CUPS.　　KING of WANDS　　KING of SWORDS.　　KING of PENTACLES.

國王（也被稱爲男人、父親、族長、長老、守望者、聖人、薩滿巫師、主席等）展現出對外公眾的氣宇軒昂、不凡聲勢。因爲其專業擅長之處，使他們看起來自信從容，安於現位，但他們也容易變得冥頑不靈、老調過時；他們的能量會逐漸消退。身爲一位國王，你有能力管理、審判、掌管、處理你的外在事物。你建立程序、打造你的王國。國王這個身分，展現出你已經發展的運籌帷幄之術，但這也會讓你變得沒有彈性，讓你覺得自己已沒有東西可學。國王牌其實頗像皇帝牌。它們通常與風元素有關。

發展角色的練習

不要太仔細思考，請快速地瀏覽這些牌，從中挑出你已經列出來、符合你生活中所扮演角色的牌。要隨興而不要思考分析。如果可以的話，一張牌不要出現超過一次。在你的清單上，在列出的角色旁寫下那些代表你的牌名。

選完那些牌後，回答以下問題：你有用到每個牌組嗎？沒被挑到的牌組，它們代表的特質是什麼？在生活中，你能夠在哪些地方顯露這些特質呢？

_____

_____

哪一個牌組占最多張？那些牌哪個地方形容你的詞句最讓你感到自在？這牌組和其相關元素也有在其他符號系統出現嗎（例如你的星座、榮格人格性向表等）？

_____

_____

其中有沒有任何人物（國王、皇后、騎士、隨從）是你沒選的，或是令你不自在的？它們的發展階段為何？是男性或女性？比你應該有的年紀是大還是小？在你的名單中缺席的這些角色，擁有什麼樣的特質？

_____

_____

　　什麼樣的人物形象是你最常用到的？它們的發展階段爲何？這些人物對於你自身的自我掌握能力，有什麼樣的認知詮釋？

　　將十六張牌在你面前攤開，看看國王牌吧。承認並意識到在你的生活中，你已經發展的掌握外在世界的能力，並能對外展現這樣的能力。這樣的你，宛如威嚴的王者。選一張國王牌來代表你自己，同時說出你的專長和優勢：

　　看看皇后牌吧。承認並意識到在你的生活中，你已經發展的掌握內在世界的能力，並能以此能力滋養自己或他人。這樣的你，宛如高貴的皇后。選一張皇后牌來代表你自己，同時說出你的專長和優勢：

　　看看騎士牌吧。承認並意識到在你的生活中，那些讓你主動積極地使出渾身解數而投入的興趣領域，或是追求的想望夢土。這樣的你，宛如勇猛犯難的騎士。選一張騎士牌來代表你自己，同時說出你的技能和興趣：

_____
_____
_____

　　看看隨從牌（公主牌）吧。承認並意識到在你的生活中，讓你冒險犯難、學習新知、或是運用你的感知能力獲取的訊息等領域。這樣的你，宛如年輕奔放的隨從。選一張隨從牌來代表你自己，同時說說自己得到的訊息和學習內容：

_____
_____
_____

　　舉例來說，當我是女兒的媽媽時，我是聖杯皇后。當我在寫作或演講時，我變成寶劍皇后。當我用熱情來詮釋演繹著我最喜愛的塔羅牌議題時，我是權杖國王。對我母親來說，我將永遠都是她那位還沒學會長大的聖杯隨從。而當我決心要創造穩定的財務狀態時，我是錢幣國王。以此類推。

　　現在來做些進一步的練習：列出三到四位在你生命中占有一席之地的人。現在就把他們的名字寫下來。

1. _____

2. _____

3. _____

4. _____

在每個人的名字旁邊，寫下你認為那些人跟你的關係，哪一張宮廷人物牌最能夠說明或代表。

花點時間來閱讀你寫出來的東西，明白這些人都像你一樣，戴著面具、扮演著他們的角色。試著想像那些人會為他們自己選擇什麼樣的宮廷牌。你對他們的印象，跟他們覺得自己的形象有什麼樣的出入呢？如果你有機會的話，請那些人挑選他們覺得最能描述自己的牌，並且發現其中原因吧。

從宮廷牌到人物牌

人物牌不好被定義，且耐人尋味。大多數的塔羅學生、甚至是長期解讀塔羅的人，都會在解讀人物牌時，遭遇到比其他牌更多的困難。以我個人的經驗來說，傳統的宮廷牌人物，給眾人的感覺都像是外國中世紀的宮廷人物。當然，我是可以想像自己的父親和母親是國王與皇后，而我也的確在生活中遇過一些穿著閃亮盔甲的騎士。我的女兒有時候看起來也如同權杖隨從般地甜美可愛。

但很多時候，我會懷疑錢幣騎士是否象徵著工作上遇到的人、認識很久的男性友人、我從沒遇過的人，或者任何一堆我認識的土象星座人。

在創作這些塔羅牌時，許多塔羅牌畫家單純照著傳統模式去設計。但宮廷環境在物換星移下，已與我們的社會大相逕庭，它已經失去了豐富的人物意涵，在在顯露出宮廷牌在解讀時的尷尬及不敷使用。幸運的是，許多當代的塔羅設計者在鑽研過整套宮廷牌的關係後，重新根據我們的時代背景、神祕學符號，以及現今心理學所了解的人性作概念性的整合，革命性地將我們對宮廷牌角色的概念作了修正，也創造出更多能呼應我們的不同角色。

即使你所使用的是一套傳統的宮廷牌，你也可以根據這些由塔羅藝術家所設計的圖案來進行評價和鑑賞。

在第一批由宮廷人物轉化成其他人物的塔羅牌中，有一副叫作和平之母塔羅牌，是由維奇‧諾柏和凱倫‧渥吉（Karen Vogel）所共同創作的，其人物牌分別稱為薩滿巫師、女巫師、兒子和女兒。薩滿巫師代表力量和經驗，掌管整套牌組。女巫師則是從內心出發，它們是牌組中接收和流通力量的管道，關注著生命的神聖性。兒子代表自我，擁有閃閃發亮、玩心重的特質，也可以專注、目標導向。女兒的感官敏銳，象徵我們心裡都住著一個小孩。

艾德‧布爾義（Ed Buryn）在《威廉‧布萊克塔羅的創意發想》（*The William Blake Tarot of the Creative Imagination*）中，稱宮廷牌為人物牌，名稱分別為天使、女人、男人和兒童。他註記「人物」（person）一詞是源自「面具」（personare），一種演員戴在臉上的面具，意思是「藉此發聲」。一個人可以用聲譽和角色定義，也可以用身體和個性定義。為了符合宮廷牌這樣的主旨，這些牌代表了我們體內的藝術家和英雄氣概。天使代表心向神聖，孩童代表純真的面貌，女人和男人則是在我們每個人裡面皆有的陰性氣質和陽性氣質。

Child of Earth

Elder of Air

Explorer of Fire

Guardian of Water

　　由喬安娜‧波渥‧寇伯特（Joanna Powell Colbert）研發的蓋亞塔羅牌中，角色有老者、守望者、探索者和孩童。老者傳遞著牌組的智慧和教導，以長遠的眼光來行事，它們代表了智慧的傳播和發揚光大。守望者則是培育及保持牌組涵義的角色，它們代表成熟的狀態和成果。探索者在牌組中帶有發現的涵義，如同青少年時期，基於它們的身懷大任、胸有大志，而研究出的方法和意見。孩童提醒了我們的好奇心，它們代表出生、事件的開始和學習，行為有如傳達訊息的使者。

　　世界上有許多其他塔羅牌是透過跨文化的符號系統，來表達我們的發展階段和內在心理狀態。舉例來說，你也許會好奇要怎麼解釋在皇后、女巫師、守望者和女人這些角色涵義的差別，但其實這些牌義都能夠增加你對於陰性本質的了解。

　　每一副牌都有自己的符號系統，能夠透過你的內在來指引你。因此找到一副讓你覺得最能表達出你的價值觀的牌，便顯得舉足輕重。某種程度來說，每副塔羅牌（因為它們是如此地耐人尋味）必須用其自身的符號學來轉譯。

黃金晨曦塔羅牌：托特牌和偉特牌

通常人們想要用傳統的偉特塔羅牌方式，來解讀阿萊斯特·克勞利的托特塔羅牌時，都會產生很大的問題。然而，這兩副牌都是從一個於1888年倫敦所建立的魔法組織「黃金晨曦會」發源而來的。

黃金晨曦會認為宮廷牌與Tetragrammaton有關，或是一個不可言喻的神的名字（一共四個單字）：Yod-He-Vau-He（希伯來文發音），這四個希伯來文單字分別代表發展過程的要素如下：

Yod ／火元素：啟動能量　　　　Vau ／風元素：轉化的能量

He ／水元素：回應、支撐的能量　Final He ／土元素：能量顯化

這樣生氣勃勃、積極且能量十足的宮廷牌，是先由以下的牌所構成：活力充沛的騎士代表著 Yod，或者是國王也可以，因為要跟皇后（He）搭配。為了創造男女之間的平衡，其他的宮廷牌就變成兒子和女兒，或是由騎士（國王）和皇后延伸而來的王子和公主。王子是受訓中的國王（也被稱為皇帝）。黃金晨曦會成員則被告知要在他們的塔羅牌上，將騎士更改成國王，國王變成王子。因此這三組宮廷牌角色可分類如表20所示。

表20：宮廷牌比較：黃金晨曦會規範與一般規範

特性	Yod ／火元素	He ／水元素	Vau ／風元素	Final He ／土元素
黃金晨曦會	國王	皇后	王子／皇帝	公主／皇后
托特	騎士	皇后	王子	公主
傳統 & 偉特	騎士	皇后	國王	隨從

Knight of Cups

Prince of Disks

Princess of Swords

Queen of Wands

　　如同表20所示，托特塔羅牌主要的一對是騎士和皇后，被他們的兒女——王子和公主所承歡膝下。話到這邊，必須得說明一下作這些牌義上變動轉換的原因，是從很久很久以前的一個童話故事開始。

　　很久很久以前，社群部落與世隔絕，讓他們的社會基因發展成近親關係，因而逐漸失去活力和富饒的能力。因為當時的統治者在部落中有著如同神一般的地位，他們的健康和存在就象徵著整個大地和社區。當國王逐漸變老、失去生產能力或是受傷（如同聖杯傳說中的魚王般），那塊社群的土地開始枯竭，變得寸草不生，或者是國王再也無法消滅肆虐的怪物。這時就需要新的血液（基因），讓皇室的血統透過皇后們而復甦活力。當一位陌生的騎士騎進城中，他會面臨一個考驗來測試他的力量和智慧——他被要求消滅惡龍或怪獸以解決難題，或是殺掉舊的國王。如果他成功了，那麼他將能與皇后攜手邁向婚姻。他們倆的結晶就是王子，一位有待訓練的準國王。王子被要求成為外交和領導的人才，但卻沒有繼承他父親（騎士）那開疆闢土的勇猛精神。公主是另一個結晶，當她的母親（皇后）代表著王室正統血液時，公主代表的是年輕且具富饒生產力的女子。

　　因此，我們必須解讀到這兩套牌中，宮廷牌的不同之處——克勞

利的托特系統中的騎士牌，遠比偉特系統的騎士牌來得有影響力且能幹，托特系統的騎士牌具備許多偉特系統的國王牌特質，但是也保留了偉特系統騎士牌的活力和冒險精神。托特系統的王子牌是正在受訓的準國王，充分體現了其牌組的外交手腕、藝術特質及技巧手段。托特系統的公主牌則強調出陰性潛能，而非偉特系統隨從牌的天眞稚嫩。

我們的內在家族

人物牌可以當作我們成長和發展中的步驟或階段，說明了我們必須讓自己達到平衡的多樣不同技藝，讓自己臻至完整且圓滿的個體。它們是我們內在的家族成員，也是我們認識的人們。當我們在被稱爲「成熟」的領域中游移時，我們能以各種樣貌呈現。

舉例來說，當你基於豐富的經驗而給予某個人建議時，你的發言像個國王般擲地有聲。但就算你已經五十五歲了，當你第一次學吉他時，你的表現就像隨從牌，無知純眞得像個小孩，你冒著看起來無知、甚至是傻的風險。幸運的是，我們通常都能夠適時地轉換角色。在塔羅牌占卜中，我們有機會在身處的時空情況裡，觀察自己所扮演的不同角色，以及觀察自己是否扮演得恰如其分。

人物牌的靈數研究

塔羅牌可以被視爲「認識你自己」——這句被刻在德爾斐神廟大門的箴言典範。因爲很多數字構成了塔羅的內在結構，我們可以試圖接近這些數字，好讓自己更了解宮廷牌。宮廷牌與數字牌的關係並非單一事件，而是包含了十六個數字。也許舉個顯著的例子吧。

第十六張大秘儀牌是塔牌，同樣也被稱爲神之所、崩壞塔和大解

放。

這張牌將我們從無法接觸自己真實本我的既定結構形式中解放出來。其中，真理的閃電摧毀了一切虛假的邊界和信仰。這裡所說的被摧毀的結構、邊界和信仰，想當然耳，就是我們在日常生活中扮演的角色。這些角色的面具後面藏著真實的我。這些都是我們自己建造、阻擋我們了解真實自我的高牆。這些角色和性格結構成為一道藩籬，疏離孤立了我們與其他人。這座高牆阻隔我們和未知的聯繫，我們因而依偎在錯誤的安全島裡，而之所以說是錯誤，是因為這樣的性格角色——稍早前你在本書條列寫下的那些自我敘述——其實都不是真正的你。你不是被那座高牆圈住，而是以多種精神形式駐留在那塊領域。

因此，塔牌傳達的事實是：宮廷牌是我們扮演的角色、我們藏身於後的面具，而如果我們覺察到真實的自己，我們所具像化巍峨的高塔結構，到最後一定會毀滅。塔牌強調因為我們欺瞞自己而產生世間裡的無常：榮華富貴、對於事物輕重的錯誤價值觀，以及對成就的傲慢。當我們不用再扮演任何角色、當我們的無限潛能不再被限制時，我們才能真正地自由。

現在，如果我們將數字1和6加總，得到7，而也許數字7系列的大秘儀牌能夠告訴我們更多關於這十六張宮廷牌的本質。

7是戰車牌的數字，同時也被認為象徵勝利或通達的意義。在牌中的車子象徵著我們的能力透過自身的個人轉化，將力量落實成日常生活的體驗。在人類神聖秩序（The Holy Order of Mans）的組織中，他們的塔羅研究稱之為「智者的珠寶」（Jewels of the Wise），其中解

釋了我們如何建造這樣的載具，或是限制了我們內在潛意識本我的外殼。在這些外殼中，我們在日常生活裡創造雕塑自己，並且發展出各式各樣的執著。❷

戰車牌中的戰士，肩膀上的月亮面具和人面獅身的二元複雜性格，都展示出我們戴著面具、寫下我們自身對於人面獅身的問題：我是誰？黃道帶暗示著：只要時間和空間限制住我們的一天，我們都是戴著這些面具的。

我們各自的載具外殼，就是我們所創建的自己。因此，宮廷牌是我們獲得掌握訣竅和完善自己的方式。宮廷牌是我們發現自己身分認同的發展階段。像是戰車牌，宮廷牌告訴我們如何發展、掌控自己的外在環境，利用個人資源來達到目的，以及如何直觀地使用自身才能，來闖過那些透過小秘儀數字牌的挑戰關卡。宮廷牌形容我們身處在一場自我發展之旅。如同薄伽梵歌裡提及的：「身體是車，拉車的馬是感官，韁繩是控制感官的心智。」我們的本我藏在一個不斷變換社會角色和發展角色的載具中。

即使我們明白應該如何砥礪發展和完善我們的性格，然後如同在塔牌所表示的，我們戳破所有虛假的結構，想重新慢慢奠定基礎。接著，我們會發現這也不是我們的真實樣貌。所以，我們必須毀掉那些阻擋我們能照映到至真至善的所有事物。然後，我們才能看見自己在聖杯中的倒影，一如托特牌的戰車牌圖所示。

最後，讓我們再來回顧一下十六張宮廷牌，注意數字16。這是由兩個數字所組成：數字1和數字6。轉換成大秘儀牌，就變成了魔術師牌和戀人牌。透過轉譯，這似乎很合理，因為宮廷牌是以兩種主

要方式運行：

第一種方式，如魔術師牌的涵義，宮廷牌永遠代表著人們在占卜中的觀點：老舊的自我；「第一人稱」：我、我、還是我。

第二種方式，如戀人牌的涵義，宮廷牌也延伸為與你有某段關係的人。

在戀人牌中，內在本我和外在自我形成一種對照。就像是保羅‧佛斯特‧凱斯提到的：專注在追尋指引的更高本我，這樣的意識心智看起來像是潛意識心智。我們可以把我們在生活中吸引到的人，當成是一面可以反射出自己內心的鏡子──有時候是我們的負面黑暗形象，有時候是我們沒有覺察的真善美特質。

所以當宮廷牌出現在牌陣中，從兩種觀點來解讀它們顯得至關重要：從你自己的觀點，和其他給予你教導的角色觀點。

當然，1加6等於7，這樣我們會回到戰車牌：我們透過自己和他人的互動、透過我們接觸的每個人，與之對照啟發出我們的不同面向，來發展我們的自制能力。

人物牌占卜

這是一種簡單的兩張牌占卜，我發覺這種占卜可以協助讓人理解一段不斷進行、充斥著變化的關係，或者快速領悟為何有些特定的人總是在你的生命中短暫停留。你也可以發現那些你之前從未意識或留

心的、關於你自己的事情。把這個方法用在所有的關係上：家庭、朋友、同事、導師、戀人和你的不同性格面向，這能夠延展出更多資訊，我稍後會提到。

只要使用十六張人物牌，你先從中挑出一張牌，要它告訴你：這次，你從某個特定人物身上學習到什麼特質。再挑出第二張牌告訴你：這次，他人從你身上學習到什麼特質。這些形象也許將會對應到那些人在你心中的形象，以及你在他們心中的形象。如果牌所描繪的特質與你感知到的自己大相逕庭，你可以捫心自問：為何你沒有注意到自己的那些特質？

雖然你可以自己做這個占卜，但如果你先跟一位朋友一起試做這個占卜，你將會更了解它的運行模式。首先，你和朋友都隨機地選一張牌來代表對方讓你學習到的特質，然後根據你選的牌，向你的朋友解釋你從他們身上學到了什麼。你可能會對自己在朋友眼中的形象大吃一驚。他們可能感知了你從來都沒有注意到在自己身上出現的特質。一旦你和朋友有過這個占卜的經驗，當你一個人占卜時，就更能明白這個占卜的意義何在。

挑選宮廷牌

將十六張宮廷牌洗牌，然後把它們用電扇吹散，正面朝下。

1. 用你的左手，選一張牌來代表你從他人身上學習到的特質。把這張牌擺在左邊。

2. 用你的右手，選一張牌來代表他人從你身上學習到的特質。把這張牌擺在第一張牌的右邊。

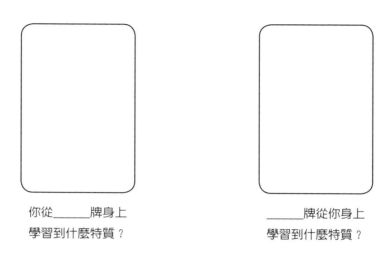

你從＿＿＿＿牌身上　　　　　　　　　　＿＿＿＿牌從你身上
學習到什麼特質？　　　　　　　　　　　學習到什麼特質？

延伸解讀

如果你想知道更多資訊，可以額外再抽三張牌給以上的牌，從你發現的學習契機中，你能夠定義現在的情勢狀況。

把剩下的塔羅牌再洗牌一次（把所有人物牌抽走），將牌分成兩份，從右邊到左邊切牌。將左邊最上面的三張牌翻開，擺在一張人物牌下方，代表你學習的事物。再將最上面的三張牌翻開，放在其他人物牌的下方，代表你朋友學習到的事物。將三張牌的意義混在一起解釋，直到找到一個可以解釋你當前人際關係的狀況，或互動關係的敘述。你也許會發現它們展現出你的互動關係和學習中的發展階段，例如：(1) 發生了什麼事件；(2) 事件當前的狀態；(3) 事件的可能性。

跟朋友一起做這個練習，會比你自己一個人做更具啓發性，因為你可以討論：包含你自覺你必須給予自己的意見，並接受其他人的意見的這些感覺，以及你是如何進行這次的練習。

附　錄

【附錄一】
8號牌與11號牌的爭議

在撰寫本書時，其中一個最讓我為難的問題一直是，決定如何處理力量牌與正義牌。既然我的第一副與唯一一副使用多年的塔羅牌是偉特牌，而我早年的研究也都支持那個排序，我個人擁戴的力量

牌是8號牌，正義牌是11號。這異於大多數歐洲大陸的牌組——馬賽塔羅牌的體現，在其中，正義是8號，力量是11號。這個靈數順序在1557年第一次出現在法國里昂地區的加特萊·卓福沃（Catelin Geofroy）研發的牌。但事實並非如此，直到十七世紀，這個排序還沒有穩定，而眾所皆知的馬賽圖案則尚未問世。❷

歷史上，有好幾種塔羅數字的組合存在，塔羅學者和創作者則持續建議替代的排序。

最古老的塔羅數字排列在一份十五世紀末反對賭博的佈道手稿《遊戲中的佈道和其他事物》（*Sermones de Ludo Cum Aliis*）被發現。有這些牌在以下順序中列出：

1 魔術師（The Magician）或雜技演員（The Juggler）
2 皇后（The Empress）

3 皇帝（The Emperor）

4 女教皇（The Popess）

5 教皇（The Pope）

6 節制（Temperance）

7 愛人（Love）

8 凱旋戰車（The Triumphal Car）

9 力量（Strength）或堅韌（Fortitude）

10 命運之輪（The Wheel）

11 駝子（The Hunchback）或隱者（The Hermit）

12 吊人（The Hanged Man）

13 死神（Death）

14 惡魔（The Devil）

15 箭（The Arrow）或塔（Tower）

16 星星（The Star）

17 月亮（The Moon）

18 太陽（The Sun）

19 天使（The Angel）或審判（Judgment）

20 正義（Justice）

21 世界（The World）

0 愚者❷

　　有一副十六世紀未切毛邊的塔羅牌收在華盛頓特區的國家藝廊羅森沃德（Rosenwald）作品集，在當中，力量牌與正義牌都是8號（VIII）。❷佛倫亭・米夏（Florentine Minchiate）塔羅牌經常把四個主要的美德（節制、堅韌、正義與謹慎〔隱者〕）一起排在戰車和命

運之輪中間。

　既然我已經在我的許多著作中選擇使用靈數學系統，塔羅牌的數字乃變得至關重要。一些新塔羅牌設計者已經回歸到馬賽牌的數列，因爲他們覺得它更「傳統」，雖然馬賽體系幾乎不是最古老的一個。在本書中，我選擇遵循偉特—史密斯的數列，它讓力量牌是8號，正義牌是11號。

　偉特是黃金晨曦會的成員，他是現代第一位在出版牌組上運用這些數字的人。偉特自己對於這項更動僅作了下列陳述：

　　　爲了滿足我自己，這張牌（力量）一直都是用來取代正義，它通常是數字8。隨著這個變化，沒有什麼要對讀者表示的，沒有需要解釋的原因。[24]

　偉特儘量透露他已經發誓隱瞞的塔羅祕密。

　有個流行的傳說，表示偉特牌故意排錯數字來作爲藉口，對門外漢隱瞞眞實的途徑。另一個傳說則聲稱，只有偉特的靈數揭露了塔羅的眞實奧祕。在現實中，所有塔羅牌的次序已經在它們自己的年代和地點完成了一個目的，而我們永遠無法分辨。

　偏離馬賽牌的順序源於肯尼斯・麥肯錫（Kenneth Mackenzie），他是一位頑固的神祕儀式設計者以及密碼破譯家。在專業上，他是幾本埃及學、神祕學與民間傳說的譯者，以及共濟會百科書的作者。1861年，麥肯錫拜訪偉大的法國僧侶埃利法斯・利維（Eliphas Lévi），來測試他自己的塔羅理論。他想就塔羅牌來出版一本書，但是當他稍後詢問此事時，他寫信給其中一位黃金晨曦會的創辦人W・韋恩・維斯克特（W. Wynn Westcott）：

對照真正的塔羅……我不打算隨意地討論塔羅系
統，雖然我對此很熟稔。這麼做會將最危險的武器交到
比我還不謹慎的人手上。❷⑤

在麥肯錫死後，維斯克特從其遺孀那裡購買一箱他的手稿，旋即
雇用Ｓ・Ｌ・麥奎格・麥瑟（S. L. MacGregor Mathers）翻譯一篇密碼
手稿，包含一個魔法教團的入門儀式，在該組織裡，塔羅牌被當作入
門層級的基礎運用。這份密碼手稿在1888年時被發現，它成為黃金
晨曦會的核心文件，因為它基於數字排序的改變，囊括了對應占星與
希伯來卡巴拉，精采對應且與塔羅原理互通有無。二十世紀最主要的
塔羅革新就是從這些黃金晨曦會的教導興起的。

保羅・佛斯特・凱斯也是黃金晨曦會新入會者，以及內殿基石
（the Builders of the Adytum，BOTA）的創辦人，該單位還出版了他
的對應課程，遵循偉特的塔羅牌靈數系統。阿萊斯特・克勞利持保留
態度，直到他的畫家佛烈達・哈里斯（Frieda Harris）要求他作出選
擇，這樣她才能夠畫出牌的數字。儘管他運用馬賽牌的數字順序，他
同時也使用了黃金晨曦會的占星與卡巴拉的屬性，其中力量牌跟隨於
戰車牌之後，正義牌則跟隨在命運之輪後面。

在黃金晨曦系統的愚者牌（0）等同於希伯來文字母的aleph（這
個字母在希伯來文也代表數字1）。魔術師是數字1，它對應字母beth
（數字2），而且儘管如此，這個系統似乎超過了標準。不過，對這
種錯亂還是有辦法的。最古老的卡巴拉文獻《創造之書》（*Sepher
Yetzirah*）表示，世界透過神的話語被創造出來。希伯來字母語發音
被描述為建造的基石，而每一個字母對應星座、元素或是行星。當愚
者排到第一位時，它是風元素，所有其他的牌以黃金晨曦會認為合理

的方式，用希伯來文字母和它們的星座標誌排列——除了正義牌，它對應字母teth／獅子座，力量對應lamed／天秤座。一旦切換這兩張牌的順序，力量會對應teth／獅子座，正義會對應lamed／天秤座，感覺這一切恰如其分。

安哲莉說過，這兩張牌實際上曾經是一體兩面，緊密連結。它們代表單一力量的兩個運作面向。有趣的是，來自十六世紀的羅森沃德作品集的塔羅牌，力量與正義都是數字8（VIII），即使它是個明顯的錯誤，在刻刀滑掉之前，有一張可能是數字9（VIIII）。這兩張牌的密切關係也在黃金晨曦會的密碼手稿中解釋了：

> 正義（VIII）＝Lamed與天秤座，力量（XI）＝Teth與獅子座，導致了位置調換，因為它們是同源詞的符號。但是有時，正義牌的利劍是埃及獅子座的鐮刀符號，這時，正義牌的秤尺意味著太陽已經離開了最高度傾斜的平衡點（夏至點）。所以，女性與太陽的力量賦予了維納斯的概念，正義女神代表羅馬火神伏爾坎之火躍升（土星在天秤座）。然而，最早的是獅子女神對應獅子座，埃及正義女神瑪亞特和她的秤子對應天秤座，而這樣比較好。㉖

在這兩張牌找到的單一力量就是「法則」。力量牌代表「自然的法則」，其中需要存活，而且根據其天性而行動。一隻獅子為了要吃東西而殺害羊隻，不應該為此受到懲罰，因為牠的天性如此。不過，獅子穿過街坊漫遊，就脫離牠本性的和諧法則，而且可能會生病。然後，正義牌代表努力編制自然法則的文化，對我們的行為創建一套可

以客觀衡量的標準。當社會的法則沒有依據自然法則時，我們就會不公平——當我們強迫一個生物去做不符合其天性之事，或是不能做符合其天性之事的時候。手稿原本只發給黃金晨曦會的會員，麥瑟說，力量牌是「不受拘束的力量」，而正義牌是「勇氣與力量，但如同審判牌的行動，是受到限制的」。㉗

塔羅牌的重新排序標示著一個新神祕秩序的開端，需要這副牌的新解釋，也或許，一個修正的教導已經失去了它的平衡。當力量牌跟隨著戰車牌，我們看見這兩張牌對應力量與勝利的兩種形式。戰車需要物質界的力量，透過施展力量駕馭元素，掌握大自然。力量展示靈魂與身體合一的價值，而且完美地信賴能成就它內在的天性力量。按照這個方式，力量牌的人物變成女性魔法師，當牌被放在每七張排一列的次序裡，力量牌成了8號牌，或是八度音階，直接在魔術師底下出現。隱者牌跟在力量牌之後，代表雌雄同體（如同希臘戲劇中的先知特伊西亞斯），組合男性與女性的能量，合而成為一個個體。當正義牌遵循業力的命運之輪轉動，並領先吊人與死神，它意味著力量必須「被限制」；在決定懲罰或犧牲並執行前，先完成審判。當正義牌出現在三行牌中、七張牌的中間，它成為所有塔羅牌承先啟後的樞紐。值得一提的是，塔羅的第三個美德——節制，是這一列的最後一張，所以中間那一整行牌被美德圍繞，且集中在美德上。

塔羅數列的變化反映在世界觀的變化，起初是義大利不同的城邦，然後是法國和英國魔法師之間的序列。當人們實驗改變連續的排列，它變得更清晰，有一些改變是極為個人的，而其他的改變則服務更多人。後者經得起時間的考驗，直到我們需要某人激進的修正，甚至更激進地改變為止。

表21：字母─星座─靈數對應表

字母	字形	數字同義字	字形的意義	英文同義字	埃利法斯·利維（法國學派）（1856）		黃金晨曦會（英國學派）（1888）	
Aleph	א	1	牛，母牛，公牛	A	雜耍演員	♎	愚者	♎
Beth	ב	2	房子，庭院	B	女祭司	☽	魔術師	☿
Gimel	ג	3	駱駝（用以運輸）	G	皇后	♀	女祭司	☽
Daleth	ד	4	入口（用以開啓）	D	皇帝	♃	皇后	♀
Heh	ה	5	窗戶（用以張望）	H, E	教宗	♈	皇帝	♈
Vav	ו	6	釘子（用以建設）	U, V, W	戀人	♉	教皇	♉
Zayin	ז	7	寶劍（用以切割）	Z	戰車	♊	戀人	♊
Cheth	ח	8	藩籬（用以包圍）	Ch	正義	♋	戰車	♋
Teth	ט	9	巨蛇（用以扭結）	T	隱者	♌	力量	♌
Yod	י	10	手（用以抄記）	I, J, Y	命運之輪	♍	隱者	♍
Kaph	כ	20	手掌（用以抓取）	C, K, Kh	力量	♂	命運之輪	♃
Lamed	ל	30	刺棒（用以鞭打）	L	吊人	♎	正義	♎
Mem	מ	40	海，子宮	M	死神	▽	吊人	▽
Nun	נ	50	（移動的）魚	N	節制	♏	死神	♏
Samekh	ס	60	樁（用以支撐）	S, X	惡魔	♐	節制	♐
Ayin	ע	70	眼睛（要分開）	O	塔	♑	惡魔	♑
Peh	פ	80	嘴（要餵食）	P, Ph, F	星星	☿	塔	♂
Tzaddi	צ	90	鎌刀（要收穫）	Tz	月亮	♒	星星	♒
Qoph	ק	100	頭後面，繩結	Q	太陽	♓	月亮	♓
Resh	ר	200	臉（用以推論）	R	審判	♄	太陽	☉
Shin	ש	300	牙齒（用以訴說）	Sh	愚者	△	審判	△
Tav	ת	400	標誌（用以註記）	T, Th, X	世界	☉	世界	♄

【附錄二】
卡巴拉的九個密室

　　在 S・L・麥奎格・麥瑟《卡巴拉揭密》（*Kabbalah Unveiled*）的導讀中，透過找出隱藏的意涵以及對應希伯來文字母，他以數字排列呈現三種文字分析的形式。其中廣為人知的是阿奇格貝克（Aiq Becker，意即：卡巴拉的九個密室）或是「卡巴拉與九個密室」，它也被共濟會當作祕密文字的暗碼使用，隨著工匠海勒姆之死而佚失了──這是一個在共濟會入門儀式的核心情節。

　　表格中的九個密室能轉換希伯來文字母變成它們的根數（1＝10＝100），而且是創造符咒與護符的主要技巧。對一位打字員的鍵盤來說，「阿奇格貝克」（縮寫：AiQ BKR）接近QWERTY的術語，它源自頭兩個密室的希伯來文字母：aleph / yod / qoph，以及 beth / kaph / resh（表22從右往左閱讀）。這個表格用來當作範本，為了查出隱藏的真相，重新排列字母而來。這個畢達哥拉斯的「九項規則」，其中數字縮排為它們的皮斯梅尼斯（pythmenes，即根數或寶座），被希波呂托斯（Hippolytus）用來當作希臘字母，而按照他的說法，這也為埃及人所用。據說它會為宇宙帶來和平與和諧的品質。

表22：九個密室表格

3 Sh　L　G 300　30　3	2 R　K　B 200　20　2	1 Q　Y　A 100　10　1
6 M　S　V 600　60　6	5 K　N　H 500　50　5	4 Th　M　D 400　40　4
9 Tz　Tz　T 900　90　9	8 P　P　Ch 800　80　8	7 N　O　Z 700　70　7

　　表22應該從右往左讀。數字500以上對應一些希伯來文字母假設的「最終」形式，而且沒有對應的王牌。

　　以下由克勞利（Frater Perdurabo）①在1907年至1911年之間撰寫，而且清楚對應卡巴拉的九個密室與塔羅的大秘儀牌。

　　除了愚者的位置，注意在群組中的大秘儀牌對應一個人的人生牌，亦即塔羅家族。不過在這個範例中，每一個塔羅家族或「密室」是由希伯來文字母的根數決定的。正是這個理由，隱者和月亮，跟愚者放在第一個密室。黃金晨曦會似乎無人發展相對於王牌的進一步概念。

由克勞利撰寫的塔羅註記

　　來自《泰勒瑪的聖經》中的《卡巴拉的九個密室》〔這本書是真正達到豁免達人（Adeptus Exemptus）〕②等級。

　　萬物是合一的——△正三角形

　　體現的十——▽逆三角形

　　平衡的百——✧六芒星合併了正逆三角形

　　〔托特牌的名字與占星對應（在以下空白處）被我加上原始的文本，好讓塔羅的夥伴關係更清楚。〕

譯註：

①克勞利的神祕學圈化名是Frater Perdurabo，Frater的意思是「兄弟」，Perdurabo的意思是「我會持續到最後」。

②Adeptus Exemptus是黃金晨曦會十一個會員階級當中，從上數來第四階，算是很高的階級了。

1.「光」──「這裡沒有邪惡。」

1：Aleph ／愚者／風元素。隱藏的光──神賦予人類愚拙的智慧。

10：Yod ／隱者／處女座。行者承載光。

100：Qof ／月亮／雙魚座。在黑暗與幻象中之光。（即將升起的聖甲蟲。）

2.「行動」──

2：Bet〔h〕／魔術師／水星。主動與被動──交流電等等──在和諧中的交替力量。

20：Koph ／命運之輪／木星。競爭的力量──地球生命的波動。

200：Resh ／太陽／太陽。擁抱的雙胞胎──在太陽下和諧生活的最後榮耀。

3.「道路」──「這裡也沒有邪惡。」

3：Gemel ／女祭司／月亮。較高自我。

30：Lamed ／審判／天秤座。道途的嚴峻訓練。

300：Shin ／新紀元／火元素。審判與重生。（0 ＝ 10 而 5 ＝ 6 儀式。）③

---

③譯者認為這裡指的是黃金晨曦會的會員階級制度，共有十一階，這裡提到的 2/11/20 家族，象徵著十一個會員階級的重要階段，十一階中間的那一個位置不是 5 就是 6，因為後面或前面第一個階級都是被當成數字 0。這個階級稱為小達人（Adept Minor），作者 Mary 可能有筆誤，因為按照此邏輯，0=0，不會是 10。請參考英文網址的表格：http://hermetic.com/gdlibrary/gd-faq.html

4.「生命」——

    4：Dalet ／ 皇后 ／ 金星。神母。聖母（Aima）。

    40：Men ／ 吊人 ／ 水元素。被殺害的兒子。④

    400：Taw ／ 世界 ／ 土星。新娘。⑤

5.「威力」（Force）（淨化）——

    5：Heh ／ 皇帝 ／ 白羊座。天界的硫磺被火焰淨化。⑥

    50：Nun ／ 死神 ／ 天蠍座。地獄的水元素——天蠍座被腐敗的力量淨化。

    這項工作沒有完成，因此沒有平衡。

6.「和諧」——

    6：Vau ／ 教皇 ／ 金牛座。神之名 Yod-Heh-Vau-Heh 中的調節者 Vau。⑦

    60：Samekh ／ 藝術 ／ 射手座。（獅子和老鷹等等⑧）以下的調節者。

    這項工作也還未完成。

---

④ 這裡「被殺害的兒子」指的可能是耶穌，或是以吊人象徵馴服人類的小我，成全靈魂意志。以下是某篇網路的英文論述：http://hermetic.com/kimbell/lectures/the-hanged-man.html

⑤ 根據《托特塔羅解密》中文版239頁，「新娘」可能是指努特／巴巴隆，是處子女神的原型，但克勞利沒有說是哪一種。

⑥ 《托特塔羅揭密》189頁曾提到皇帝牌跟硫磺有關係，克勞利認為硫磺是宇宙的陽性火象能量，是迅捷的創造性能量，是一切存有的原動力。

⑦ 克勞利設計的教皇牌有一個六角星環繞中央的人物，他認為 Vau ＝ 6。

⑧ 在托特牌中的「藝術」牌出現獅子和老鷹，兩者站在煉金女術士之前，老鷹應該是白色，獅子應該是紅色，在牌中卻兩者調換，象徵融合兩者不同事物的特質，成為新的特質，好似化學實驗一樣。

7.「誕生」——

　　7：Zain ／ 戀人 ／ 雙子座。靈性重生的力量。（Z.A.M.是在伊西斯與奈芙蒂絲女神之間復活的埃及冥神歐西里斯。Gemel的途徑，在他頭上是黛安娜。）

　　70：Ayin ／ 惡魔 ／ 摩羯座。世代的繁盛力量。

8.「支配」——

　　8：Chet ／ 戰車 ／ 巨蟹座。有秩序地支配迥異的力量。

　　80：Peh ／ 塔 ／ 火星。摧毀不平衡的力量。

9.「穩定」——

　　9：Tet ／ 力量 ／ 獅子座。抑制邪惡的力量。

　　90：Tzaddi ／ 星星 ／ 水瓶座。恢復世界的力量被邪惡摧毀。

　　注意：在這份文獻中，克勞利把正義／調整和女祭司跟審判／新紀元放在一起。同樣地，力量與星星擺在一起。

【附錄三】
牌名統整、註釋與參考書目

人生牌

表23：人生牌表格			
	生日牌	姓名牌	
大秘儀或王牌	**人格─靈魂模式：** ● 人格牌 ● 靈魂牌 ● 隱藏特質姓名牌 　＝陰影牌 　＝導師牌	● 渴望與內在動機牌 ● 外在形象牌<hr>**命運牌（相同根數）：** 　● 主音符牌 　● 韻律牌 　● 旋律牌 　● 隱藏特質姓名牌<hr>**主和弦牌：** 　● 個人名對應牌 　● 中間名對應牌 　● 姓氏對應牌	● 人生潛能牌 ＝ （生日牌 ＋ 姓名牌）
小秘儀牌	**數字牌**	● 課題與機會牌 ● 星座與機會牌	
	宮廷牌或人物牌	● 指示牌	

流年牌

對應每一年人生的塔羅牌；

　　★業力流年牌

註釋

❶ 參見卡普蘭（Stuart R. Kaplan），《塔羅百科》（*The Encyclopedia of Tarot*）第一冊與第二冊（New York: U. S. Games Systems，1978年與1986年），或是敦麥特（Michael Dummett）的《塔羅遊戲：從費拉拉到鹽湖城》（*The Game of Tarot: From Ferrara to Salt Lake City,* London: Gerald Duckworth and Co., 1980）。

❷ 皮爾斯（Joseph Chilton Pearce），《探索宇宙之蛋的裂縫》（*Exploring the Crack in the Cosmic Egg,* New York: Pocket Books, 1975），第19頁。

❸ 哈定（M. Esther Harding），《心靈能量：其源頭與其轉化》（*Psychic Energy: Its Source and Its Transformation,* Princeton, N. J.: Princeton University Press, 1973），第307頁，寶麗金X系列叢書。

❹ 同前，第308頁。

❺ 法蘭茲（Marie-Louise von Franz），《占卜與共時性：有意義的機會心理學》（*Divination and Synchronicity: The Psychology of Meaningful Chance,* Toronto: Inner City Books, 1980），第57頁。

❻ 同前，第58頁。

❼ 同前，第72頁。

❽ 同前，第94頁。

❾ 麥克林（Gertrude Moakley），《波尼法西‧班布所繪製的塔羅牌》（*The Tarot Cards Painted by Bonifacio Bembo,* New York: The New York Public Library, 1966），第43-53頁。

❿ 我原本從安哲莉學來這段內容。

⓫ 哈斯布魯克（Muriel Bruce Hasbrouk），《塔羅與占星：命運的肖像》（*Tarot and Astrology: The Pursuit of Destiny,* Rochester, VT: Destiny Books, 1989; reprint of The Pursuit of Destiny, 1941），第28頁。

⓬ 同前，第224頁。

⓭ 哈定（M. Esther Harding），《女人的奧祕：今與昔》（*Woman's Mysteries: Ancient and Modern,* New York: Harper Colophon, 1971），第125頁。

⓮ 關於我們世界觀對時間架構的語言與文化習俗方式，請見語言學家班傑明‧李‧沃爾夫（Benjamin Lee Whorf）的《論語言、思維與現實》（*Language, Thought, and Reality*）。

⓯ 珍‧羅伯茲（Jane Roberts）的賽斯書《個人實相的本質》（*The Nature of Personal Reality: Practical Techniques for Solving Everyday Problems and Enriching the Life You Know;* A Seth Book, New York: Bantam, 1978），第413頁。

⓰ 同前，第444頁。

⓱ 嘉菲德（Garfield）在《頂尖高手》一書引用加拿大政治家鮑徹（Norman Boucher）的話，*New Age Journal*（February 1986）。

❸ 崔西（Martita Tracy），《恆星靈數學》（*Stellar Numerology,* Mokelumne Hill, CA: Health Research, n.d.），第1頁。

⓳ 保羅・佛斯特・凱斯（Paul Foster Case），《塔羅重點》（*Highlights of Tarot,* Los Angeles, CA: Builders of the Adytum, 1970），第46-47頁。

⓴ 人類神聖秩序組織的《智者的珠寶》（*Jewels of the Wise,* San Francisco: Holy Order of Mans, 1974），第73-79頁。

㉑ 參見卡普蘭《塔羅百科》第一冊與第二冊，以及敦麥特的《塔羅遊戲》，在此議題上作特別的參照與學術上的討論。

㉒ 參見卡普蘭《塔羅百科》第二冊（New York: U.S. Games, 1986）第182-196頁，根據十五世紀末到1909年之間的二十六副塔羅牌的差異，完整討論大秘儀牌的次序與提名。

㉓ 同前，第186頁。

㉔ A・E・偉特（A. E. Waite），《直覺式占卜：塔羅牌的奧義》（*The Pictorial Guide to the Tarot,* New York: Causeway Books, n.d. [originally 1910]），第100頁。

㉕ 引用自艾利克・豪（Ellic Howe）《黃金晨曦會的魔法師》（*Magicians of the Golden Dawn,* York Beach, Maine: Samuel Weiser, 1972），第29頁。

㉖ 坎茲（Darcy Küntz）編輯《黃金晨曦會完全密碼手稿》（*The Complete Golden Dawn Cipher Manuscript,* Edmonds, WA: Holmes Publishing, 1996）對開本第36-41頁，以及朗耀（Carroll "Poke" Runyon）的《黃金晨曦會暗號手稿的祕密》（*Secrets of the Golden Dawn Cypher Manuscript,* Pasadena, CA: C.H.S., 1997）摹寫本第34-38頁。

㉗ 出自署名S.M.R.D（麥瑟在黃金晨曦會的神祕學名字）的《T之書》（*Book T*）。這份手稿現在於羅伯特・王的《黃金晨曦塔羅導讀》中，以及瑞格迪（Israel Regardie）的《完整的黃金晨曦會魔法系統》（*The Complete Golden Dawn System of Magic*）第九冊可以找到。

參考書目

Since there are now so many noteworthy tarot books, I have limited this bibliography to books most directly related to the concepts presented here.

Amberstone, Wald and Ruth Ann Amberstone. *The Tarot School's Birth Card Notebook.* www.tarotschool.com/BirthCards.html.

Arrien, Angeles. *The Tarot Handbook: Practical Applications of Ancient Visual Symbols.* Tarcher/Putnam, republished 1997.

Bunker, Dusty and Faith Javane. *Numerology and the Divine Triangle.* Whitford Press 1979.

Buryn, Ed. *The William Blake Tarot of the Creative Imagination. Tools and Rites of Transformation,* revised, 2010.

Cehovet, Bonnie. *Tarot, Birth Cards, and You: Keys to Empowering Yourself.* Schiffer Books.

Colbert, Joanna Powell. *Gaian Tarot.* Llewellyn Publications, 2010.

Crowley, Aleister, *The Book of Thoth: An Interpretation of the Tarot.* Samuel Weiser, 1974.

Greer, Mary K. *21 Ways to Read A Tarot Card.* Llewellyn Publications, 2006.

———. *The Complete Book of Tarot Reversals.* Llewellyn Publications, 2002.

———. *Tarot for Your Self: A Workbook for Personal Transformation.* New Page Books, revised 2002

———. *Tarot Mirrors: Reflections of Personal Meaning.* Newcastle Publishing, 1988.

——— and Tom Little. *Understanding the Tarot Court.* Llewellyn Publications, 2004.

Hasbrouck, Muriel, *Tarot and Astrology.* Originally *Pursuit of Destiny,* 1941; republished Inner Traditions/Destiny, 1987.

Michelsen, Teresa C. *The Complete Tarot Reader.* Llewellyn, 2005.

Nichols, Sallie, *Jung and Tarot: An Archetypal Journey.* New York: Samuel Weiser, 1980.

Noble, Vicki and Jonathan Tenney. *The Motherpeace Tarot Playbook.* Wingbow Press, 1986.

Pollack, Rachel. *The Forest of Souls: A Walk through the Tarot.* Llewellyn, 2002.

———. *Tarot Wisdom: Spiritual Teachings and Deeper Meanings.* Llewellyn, 2008.

Von Franz, Marie-Louise. *Divination and Synchronicity: The Psychology of Meaningful Chance.* Inner City Books, 1980.

Waite, Arthur Edward. *The Pictorial Key to the Tarot.* Rider, 1910.

國家圖書館出版品預行編目（CIP）資料

生日塔羅密碼書：一次看懂人格牌、靈魂牌、陰影牌、流年
牌，認識你的天賦與使命！/瑪麗 K 格瑞爾(Mary K. Greer) 著
; Dephin譯. -- 二版. -- 臺北市：橡實文化出版：大雁出版基
地發行, 2023.05
　　面：　公分
譯目：Who are you in the tarot? : discover your birth and year
　　cards and uncover your destiny
ISBN 978-626-7085-99-8（平裝）

1.CST: 占卜

292.96　　　　　　　　　　　　　　　　112003628

BC1037R

生日塔羅密碼書：
一次看懂人格牌、靈魂牌、陰影牌、流年牌，認識你的天賦與使命！

Who Are You in the Tarot? : Discover Your Birth and Year Cards and Uncover Your Destiny

作　　者	瑪莉‧K‧格瑞爾（Mary K. Greer）
譯　　者	Delphin
責任編輯	田哲榮
協力編輯	劉芸蓁
封面設計	陳瑀聲
內頁構成	歐陽碧智
校　　對	蔡函廷

發 行 人	蘇拾平
總 編 輯	于芝峰
副總編輯	田哲榮
業務發行	王綬晨、邱紹溢
行銷企劃	陳詩婷
出　　版	橡實文化 ACORN Publishing
	地址：臺北市 10544 松山區復興北路 333 號 11 樓之 4
	電話：02-2718-2001　傳眞：02-2719-1308
	網址：www.acornbooks.com.tw
	E-mail 信箱：acorn@andbooks.com.tw
發　　行	大雁出版基地
	地址：臺北市 10544 松山區復興北路 333 號 11 樓之 4
	電話：02-2718-2001　傳眞：02-2718-1258
	讀者傳眞服務：02-2718-1258
	讀者服務信箱：andbooks@andbooks.com.tw
	劃撥帳號：19983379　戶名：大雁文化事業股份有限公司

印　　刷	中原造像股份有限公司
二版一刷	2023 年 5 月
定　　價	480 元
I S B N	978-626-7085-99-8